GERHARD EGGETSBERGER · KARL-HEINZ EDER

DAS NEUE
KOPFTRAINING

Psychogenes Hirnfeld® und
Biokybernetisches Training® sind
eingetragene Marken.

GERHARD EGGETSBERGER · KARL-HEINZ EDER

DAS NEUE KOPFTRAINING

So aktivieren Sie
Ihre mentalen und
physischen Kräfte

Die Deutsche Bibliothek – CIP-Einheitsaufnahme

Eggetsberger, Gerhard:
Das neue Kopftraining : so aktivieren Sie Ihre mentalen und physischen Kräfte / Gerhard Eggetsberger und Karl-Heinz Eder. – Landsberg am Lech : mvg-verl., 1998
  (mvg-Paperbacks ; 583)
  ISBN 3-478-08583-7

Lizenzausgabe mit freundlicher Genehmigung des Verlages Orac im Verlag Kremayr & Scheriau, Wien

Copyright © 1996 by Verlag Orac im Verlag Kremayr & Scheriau, Wien
Titel der Originalausgabe: „Das neue Kopftraining der Sieger"
Alle deutschsprachigen Rechte beim Verlag Orac im Verlag Kremayr & Scheriau, Wien

© der Taschenbuch-Ausgabe 1998 bei mvg-verlag im verlag moderne industrie AG, Landsberg am Lech

Alle Rechte, insbesondere das Recht der Vervielfältigung und Verbreitung sowie der Übersetzung, vorbehalten. Kein Teil des Werkes darf in irgendeiner Form (durch Fotokopie, Mikrofilm oder ein anderes Verfahren) ohne schriftliche Genehmigung des Verlages reproduziert oder unter Verwendung elektronischer Systeme gespeichert, verarbeitet, vervielfältigt oder verbreitet werden.

Umschlaggestaltung: Gruber & König, Augsburg
Satz: Fotosatz H. Buck, Kumhausen
Druck- und Bindearbeiten: Ebner, Ulm
Printed in Germany 080 583/398502
ISBN 3-478-08583-7

Inhaltsverzeichnis

Danksagung 10
Einführung 13

Teil A
Die biokybernetische Sicht:
Vom Wissen zur Praxis

Abschnitt 1: Die Erschließung neuer Dimensionen 18

Auf der Suche nach der neuen Dimension 18

Das psychogene Feld 21
   Das psychogene Ganzfeld 24
   Die Formen der Hirn-Typen 28
   Kopfrezept Nr. 1: Hirndominanztest 30
   Die Arbeit am psychogenen Hirnfeld – Hirndominanztraining 34

Das Biofeedback 40
   Was ist Biofeedbacktraining? 40
   Mentales Training 44
   Die Biofeedbacktechnik in der Praxis 47

Biofeedback und Streß 49
   Kopfrezept Nr. 2: Streßtest 50
   Kopfrezept Nr. 3: Puls-Atem-Test 52
   Streßursachen 53
   Biofeedback als vorbeugende Maßnahme 58
   Holistisches Denken 61
   Liste möglicher Streßsymptome 65

Streßtypen 67
   Streßtyp nach Vagus und Sympathikus 67
   Was bestimmt unser Verhalten? 75
   Kopfrezept Nr. 4: Suggestionsformel 78
   Das motorische Lernen 79
   NASA-Astronauten und Streßmanagement 81

Der neue Weg – Das Biokybernetische Training (BKT) 85
   Das Streßprofil 86
   Kopfrezept Nr. 5: Nahrungsmittelallergie-Test 88
   Biofeedbacktraining: Arten und Anwendungen 89
   Zusammenfassung: Neurophysiologische Meßanwendung 100
   Die kohärente Schwingung beider Gehirnhälften 103
   Kopfrezept Nr. 6: Atemkontrolle 106
   Kreativität ist erlernbar 109
   Werbewirkungsforschung 113

Abschnitt 2: Die Anwendung mentaler Techniken 116

Hypnose, Selbsthypnose und Entspannung 116
   Physische Veränderungen in Hypnose 117
   Psychische Veränderungen in Hypnose 120
   Anwendungsmöglichkeiten von Hypnose und Selbsthypnose 122

Mentale Techniken: Autogenes Training, Hypnose, Entspannung, Trance 123
   Augenfixation: Meditation und Netzhautbild 128
   Selbsthypnose-Fixationspunkte 130

Hypnose und Kommunikation 132
   Das Kommunikationskreuz 132
   Der Gesprächszyklus 137
   Kopfrezept Nr. 7: Gesprächsverhalten 140
   Kopfrezept Nr. 8: Unsere Sprache – Kommunikationsregeln 143
   Kopfrezept Nr. 9: Die zehn Regeln der richtigen Suggestion 144
   Redewendungen und ihre Symptome 146
   Kopfrezept Nr. 10: Hypnosetest – Suggestibilitätstest 148

Die Praxis der Hypnose 154
　Der Hypnotiseur 154
　Hypnoseeinleitung 154
　Hypnose: Grade und Tiefe 160
　Selbsthypnose – die mentale Selbsthilfemethode 161

Möglichkeiten der Hypnose 162
　Hypnotische Altersregression 162
　Die posthypnotische Suggestion, die Termin-
　suggestion 164
　Hypnose und Geburt 166
　Hypnose und Muskelzuwachs 167
　Hypnose bei Gewichtsproblemen 169
　Befreiung von Schmerzen 170
　Selbsthypnose im Sport 172
　Kopfrezept Nr. 11: Richtig liegen 173
　Kopfrezept Nr. 12: Fingerpulsfühlen 173
　**Kopfrezept Nr. 13: Selbsthypnose ist der schnelle
　Weg zu Ihrem Unterbewußtsein** 175
　Kopfrezept Nr. 14: Suggestionsformeln 178
　Suggestionskassetten 179

Das Autogene Training 181
　**Kopfrezept Nr. 15: Autogenes Training in der
　Praxis** 183

Mentaltraining im Sport 186
　Das mentale Trainingskonzept 186
　**Kopfrezept Nr. 16: Tips für Leistungs- und Hobby-
　sportler** 187

Abschnitt 3: Biologie und Kybernetik 192

Die Lehren der Essener 192

Chronobiologie 195
　Kopfrezept Nr. 17: Leben mit der „Körperuhr" ... 197

Sexualität und Biofeedback 201

Das innere Feedback 202
 Mit dem Ton der Lebensenergie zu Wohlbefinden und
 Selbsthypnose 202
 Kopfrezept Nr. 18: Der innere Klang 203

Die subliminale Methode 207

Psycho-Neuro-Immunologie oder wie es der Psyche gelingt, uns krank oder gesund zu machen 210
 Kopfrezept Nr. 19: Sind Sie depressiv? 210
 Gesundheit beginnt im Kopf 214
 Krebs und Immunsystem 215
 Kopfrezept Nr. 20: Stärkung des Immunsystems ... 217
 Kopfrezept Nr. 21: Denktyp-Test 219
 Kopfrezept Nr. 22: Natürliches Hirndoping 221
 Heilung – aus ganzheitlicher Sicht 221

**Teil B
Biokybernik im Management**

Abschnitt 1: Wirklichkeit – Wahrnehmen – Erkennen 224

Die Wahrnehmung der Wirklichkeit 224

Äußere Rahmenbedingungen 225
 Kirche und Naturwissenschaften: Prägende Denkstrukturen 226

Innere Rahmenbedingungen 229
 Informationsaufnahme 229
 Informationsverarbeitung 233
 Umwelteinflüsse auf die Wahrnehmung 235

Systemisches Denken im Management 238
 Kopfrezept Nr. 23: Typische Fehler im Unternehmen 240

Abschnitt 2: Selbstmanagement und Unternehmensführung 242

Management: Dimensionen – Wertungen 242

Verändertes Umfeld – Veränderte Anforderungen ... 246
  Neue Rollenanforderungen 246
  Anforderungsprofile 2000 250

Rolleneinteilung im Unternehmen 257
  Führungsstile 258
  Anforderungen an einen guten Manager 262
  Unternehmenskultur 266

Mentaltrainingspanorama 268
  Das Panoramabild 268
  Das Kompentenzrad 272
  Körpermanagement 273
  Gesundheitsmanagement 276
  Mentalmanagement 277

Abschnitt 3: Psychogenes Feld im Management . 280

Unternehmen und Mitarbeiter 280

Teammanagement 287
  Die Zusammenstellung eines Teams 287
  Die Führung eines Teams 290
  Kopfrezept Nr. 24: Führungsfähigkeit 291
  Kommunikation und Teamkultur 293

Leistungsniveau und Entscheidungsdruck 296
  Die Leistungskurve 296
  Die Kraftfeldanalyse 300
  Kopfrezept Nr. 25: Schrittweises Verändern 302
  Streß und Vitalkraft 303

Visionäres Führen 306
Biokybernetik als Leitfaden 307

Lexikon 309

Danksagung

Unser Dank gilt allen, die an der Entstehung dieses Buches mitgewirkt haben: Karin Tritsch, die aus unserem Manuskript in Rekordzeit einen „Text", Walter F. Pamberg, der aus diesem Text, seinen Fotos und seinem grafischen Fachwissen ein „Buch" gestaltet hat. Ihr Anteil läßt sich nur schwer ausdrücken. Mit ihnen verbindet uns eine persönliche Freundschaft, die über Jahre gewachsen ist.

An dieser Stelle möchten wir auch jenen danken, die uns in all den Jahren mit Rat, Tat und meist ehrenamtlicher Hilfe zur Seite standen. Darunter Erich Reitinger, der mit uns die ersten (u.a. Hypnose-)Kurse gehalten hat, Henryk v. Kystowsky, mit dem wir zusammen die ersten Biofeedbackgeräte entwickelt und der uns die Grundlagen der IC-Technik vermittelt hat, Dipl.Ing. Rudolf Sedlaczek (Technische Universität Wien), der uns immer bei Soft- und vor allem Hardwareproblemen behilflich ist, nochmals Walter F. Pamberg, dem es immer wieder gelingt, aus unseren Ideen lauffähige Computerprogramme zu machen, und Dr. med. Alfred Kislinger, der uns medizinisch betreut.

Unser Dank gebührt Irene Eder, die ihren Mann in seiner Arbeit bestärkt hat.

Abschließend wollen wir Renate Eggetsberger danken. Sie half mit, die von uns entwickelten Biofeedbackprogramme, -geräte und Trainingstechniken in die Praxis umzusetzen und so ihre Anwendung erst zu ermöglichen. Sie leitet am Institut den gesamten Trainingsablauf. Von ihr stammt auch das Kapitel über Hypnose und Schmerzabschaltung bei der Geburt.

Gerhard H. Eggetsberger
Karl-Heinz Eder

Gesundheit, Wohlbefinden und
Leistungsfähigkeit
sind von der
Struktur des psychogenen Feldes
abhängig.
Wie weit es
dem einzelnen Menschen
gelingt, das individuelle
psychogene Feld zu beeinflussen,
entscheidet über seine
Lebensqualität.

Sollten Sie nach der Lektüre zu diesem Buch und den darin beschriebenen Verfahren noch Fragen haben, wenden Sie sich bitte an die Autoren:

Gerhard H. Eggetsberger, Karl-Heinz Eder
Institut für angewandte Biokybernetik
und Feedbackforschung
A-1080 Wien, Josefstädter Straße 72/01, Austria

Tel: (0222)	408-38-72	int. +43-1-408-38-72
	408-77-36	+43-1-408-77-36
	408-65-45	+43-1-408-65-45
Fax: (0222)	403-41-51	int: +43-1-403-41-51

Internet: http://www.biofeedb.ac.at/
E-Mail: info.ibf@magnet.at

Bei MAGNET finden Sie ein Forum, das sich mit unserem Institut, Biofeedback und PCE befaßt (Magnet/Gesellschaft/Körper&Geist/Inst. f. Biofeedback).

Einführung

Dieses Buch beschäftigt sich mit der stärksten Kraft im Universum – dem menschlichen Geist – und damit, wie dieser auf den Körper wirkt. Dies zu erforschen war und ist die Aufgabe des Instituts für angewandte Biokybernetik und Feedbackforschung, an welchem die beiden Autoren tätig sind.

Das Buch soll die Erkenntnisse und Forschungen der letzten 20 Jahre im Bereich der Medizin und der Humanwissenschaften aus einer biokybernetischen Sicht des Menschen einer breiteren Leserschicht zugänglich machen. Diese Sichtweise entwickelte sich in den letzten 20 Jahren im Versuch der Integration verschiedener wissenschaftlicher Modellbilder des Menschen, die meist leider nur auf eigene Fachdisziplinen beschränkt bleiben. So sieht die Physiologie den Menschen ausschließlich unter dem Blickwinkel der Körperfunktionen, der Psychologe setzt sich oft nur mit psychologischen Modellen und Theorien des Menschen auseinander usw.

Die hier vorgestellte Sichtweise des Menschen unterscheidet sich in manchen Punkten merklich von der üblichen. Dies hat seinen Grund in der starken Verflechtung der Biokybernetik mit praktischen Anwendungen. Der enorme Einfluß sportwissenschaftlicher Erkenntnisse, die durch langjährige wissenschaftliche Förderung und Betreuung zustande kamen, ist hier in erster Linie wichtig. Es bot sich ein nahezu grenzenloses Anwendungs- und Erfahrungsgebiet wissenschaftlicher Modelle im Spitzensport. Die aus dem Bereich des Leistungssportes gewonnenen Erfahrungen konnten mit großem Erfolg in modifizierter Form auf „Nicht-Spitzensportler" – Menschen aus der Bevölkerung – angewendet werden. Der Grund für diesen Erfolg liegt nahe: Ähnlich wie für den Spitzensportler das dem eigentlichen Wettkampf vorausgehende Training wichtig ist, ist es für den Durchschnittsmenschen in der Arbeitswelt wichtig, adäquat auf seine Streßbedingungen im Beruf durch geeignete Formen von Training vorbereitet zu werden. Die Entwicklung entsprechender Programme war die Aufgabe des Institutes für angewandte

Biokybernetik und Feedbackforschung. Dabei ist klar, daß der hier gemeinte Begriff des *Trainings* wesentlich weiter gefaßt werden muß. Die von uns entwickelten Techniken und Methoden waren seit Beginn des Institutes darauf ausgerichtet, Spitzensportlern in Wettkampfsituationen mentale und psychologische Hilfestellungen zu geben, um mit Nervosität, Angst und Konzentrationsschwächen umgehen zu lernen bzw. sich optimal vorbereiten zu können.

Heute kann nahezu jeder, ob jung, ob alt, ob Frau oder Mann, in belastenden Situationen, die einem Kraftaufwand, Aktivität, Klarheit im Denken abverlangen und oft übermäßige Spannung, Ermüdung, ja sogar psychosomatische Krankheitssymptome mit sich bringen können, diese Methoden zur Verbesserung und Beseitigung der unerwünschten Folgeerscheinungen erlernen und nach Belieben anwenden. Darüber hinaus liegt im Trainieren der besseren Verarbeitung von Belastungen jeglicher Art eine weitere Dimension: Indem Belastungssituationen viel leichter verarbeitet und integriert werden, erhöhen sich die mentalen Fähigkeiten der Entspannung, Selbstsicherheit, Ruhe und Zuversicht.

Im folgenden werden eine Reihe von Wissenschaftsgebieten beschrieben, die unter dem Blickwinkel der Festigung und Erweiterung mentaler Möglichkeiten und Fähigkeiten betrachtet werden sollen. Damit ist der Begriff *Biokybernetik* einmal grob definiert. Im Verlauf der Lektüre wird immer klarer werden, daß sich die hier dargestellte Richtung der Biokybernetik aus praktischen Anforderungen entwickelt hat. Sie entlehnt aufgrund der hohen Anforderungen von verschiedenen wissenschaftlichen Disziplinen Forschungserkenntnisse und -ergebnisse, um sie auch praktisch umzusetzen. Gerade dieser Praxisbezug ist der Angelpunkt der verschiedenen Einzelwissenschaften aus der Sicht der Biokybernetik. Sie kann es sich gestatten, den Menschen als eine Ganzheit zu sehen, was andere Wissenschaften aufgrund ihres eingeschränkten theoretischen und methodischen Inventars nicht können. Genau das macht den großen Unterschied: die ganzheitliche Sichtweise!

Wie schon oben erwähnt, ist die angewandte Biokybernetik sehr eng mit den Erfordernissen der Sportwissenschaft verbunden. Sie hilft dem Spitzensportler, Leistungssteigerungen zu erzielen und den dabei auftretenden Schwierigkeiten entgegenzuwirken. Inzwischen ist dieser Ansatz verallgemeinert worden und wird zur Stärkung mentaler Fähigkeiten von Menschen eingesetzt.

In den folgenden Kapiteln sollen nun die für die Entwicklung der Biokybernetik wesentlichen Spezial-Wissenschaftsgebiete anschaulich und praxisnah erklärt und dargestellt werden. Im einzelnen sind dies: Psychologie, Physiologie, Psycho-Neuro-Immunologie, Chronobiologie, Kommunikationsforschung usw.

Es gibt aber keine Wissenschaft, die von sich aus etwas nützen könnte, gäbe es nicht durch sie entwickelte Methoden und Techniken, die die praktische Anwendung des Erforschten übernehmen. Dies sind unter anderem: Biofeedback, Autogenes Training, Hypnose, Suggestion, Meditation usw. Es gehört zur Aufgabe des Buches, diese Methoden und Techniken in ihrer Anwendbarkeit im biokybernetischen System zu erläutern.

Teil A des Buches, der von Gerhard H. Eggetsberger stammt, gliedert sich in drei Abschnitte, wobei die einzelnen Wissenschaftsgebiete und Techniken im Rahmen der Biokybernetik beschrieben werden. Abschnitt 1 beschreibt die Entdeckung des psychogenen Feldes und enthält eine umfangreiche Darstellung des Biofeedbacks, dessen Entwicklung und Anwendungen. Abschnitt 2 beschreibt die Techniken der Hypnose, der Suggestion und des Autogenen Trainings und deren Schlußfolgerungen für Kommunikation, Sprache und Anwendungen. Abschnitt 3 geht auf weitere Teilbereiche der Biokybernetik ein, wie: Chronobiologie, Psychoakustik, Psycho-Neuro-Immunologie, Implikationen einer biokybernetischen Sichtweise usw.

Teil B des Buches ist von Mag. Karl-Heinz Eder verfaßt. Dieser Teil fällt in den beruflichen und privaten Wirkungsbereich sowohl von Managern als auch von jedem, der seine eigenen Fähigkeiten und Leistungskraft zur Wirkung bringen will. Er gliedert sich ebenso in drei Hauptabschnitte. Abschnitt 1 beschreibt die grundsätzlichen inneren und äußeren Bedingungen der persönlichen Informationsverarbeitung. Das Ziel ist, die Wertigkeit der äußeren Einflüsse und der inneren Bedingungen sowie deren Rückwirkung auf Erkenntnis- und Entscheidungsfähigkeit zu erkennen. Abschnitt 2 ist die praktische Umsetzung der bisher erarbeiteten Erkenntnisse in den Möglichkeiten, Biofeedback für die Unternehmensführung und genauso für das Selbstmanagement, die persönliche Lebensführung, einzusetzen. Biofeedback ist Hilfestellung und Antwort, wie Veränderungen gemacht werden können. Abschnitt 3 stellt die Zusammenhänge zwischen kybernetischer Denkweise, psychogenem Feld und der Praxis des Managements her. Auch der zweite Teil des Buches gibt praktische Anleitungen für das tägliche Leben.

Teil A
Die biokybernetische Sicht: Vom Wissen zur Praxis

Abschnitt 1
Die Erschließung neuer Dimensionen

> Wir haben in den letzten Jahren gerade erst angefangen, die grenzenlosen Möglichkeiten unseres Geistes zu entdecken.
>
> *Jean Houston*
> *Präsident der amerikanischen Association for Humanistic Psychology*

Auf der Suche nach der neuen Dimension

Frederic Tilney, einer der führenden Gehirnspezialisten, behauptet: „Wir werden durch die Beherrschung des Bewußtseins Gehirnzentren entwickeln, die uns Kräfte erschließen, von denen wir heute noch nichts ahnen." Auch Richard Leakey, einer der bedeutendsten Paläoanthropologen und „Ausgräber" von drei Millionen Jahren Menschheitsgeschichte – er fand die Gebeine von „Lucy", dem bislang ältesten menschlichen Skelett: „Lucy" ist damit die afrikanische Eva –, hält die Kapazität des menschlichen Gehirns für beinahe unbegrenzt.

Diese „Grenzenlosigkeit" des menschlichen Geistes zu erforschen und wenn möglich nutzbar zu machen ist daher das wissenschaftliche Gebot der Stunde. Der Gehirnforscher Manfred Clynes hat aufgrund streng wissenschaftlicher Untersuchungen festgestellt, daß wir uns derzeit auf einer Entwicklungsstufe befinden, die uns die Erschließung ganz neuer Gefühle, Wahrnehmungen und noch nie erfahrener Bewußtseinszustände ermöglicht. Doch um an diese Potentiale heranzukommen, sie zu erschließen und auszuwerten, müssen wir neue Wege beschreiten. Wege, die effektiver sind als die „altmodische", herkömmliche Forderung, sich mehr anzustrengen. Wir müssen nicht den Willen vermehrt einsetzen, sondern das sogenannte passive Wollen. Wir sollen lernen, das psychogene Hirnfeld auszugleichen und zu harmonisieren, und letztlich müssen wir mehr Körperbewußtsein erlernen.

Unsere Gedanken sind mit Sicherheit die Kraft, die uns antreibt, uns unsere Lebensrealität zu schaffen. Man kann sogar so weit gehen zu sagen, daß sie diese unsere Realität hervorbringen. Unser Problem oder vielleicht auch unser Glück ist es, daß die Gedanken, „eingefärbt" vom psychogenen Feld, unserem Unterbewußtsein entspringen. Wollen wir daher unsere Lebensqualität verbessern, müssen wir lernen, mit unserem Unterbewußtsein und mit unserem psychogenen Feld umzugehen. Meistens oder immer scheitert der Mensch an seinen von ihm selbst gefaßten und gewollten guten Vorsätzen, weil er sich selbst – im unterbewußten Denken – gar keine Erfolge zutraut. Ohne es zu wissen, fühlt er sich unbewußt schwach und bleibt daher schwach und erfolglos. Es geht also darum, unser eigenes Unbewußtes zu beeinflussen, es nicht mehr über uns herrschen zu lassen, sondern aus ihm einen positiven, für uns arbeitenden Freund zu machen. Dieses Buch befaßt sich mit den effizientesten Möglichkeiten und Hilfen, dem Biokybernetischen Training, dem Biofeedbacktraining, der gezielten Manipulation des psychogenen Feldes, der Hypnose, der Meditation, der Gehirnstimulation ..., die – richtig eingesetzt – unser Unbewußtes zum wirkungsvollen Verbündeten machen.

Lange Zeit sind Medizin und Wissenschaft davon ausgegangen, daß die physiologischen Größen des Gehirns erblich bedingt sind. Zu diesen Größen gehören: sein Gewicht, die Anzahl der Gehirnzellen (besonders die Gliazellen), die Dicke des Neocortex (des Großhirns) und die Menge der Dendriten und Synapsen (der Verästelungen und der Verbindungsstellen, die „Botschaften" von einer Gehirnzelle zur anderen transportieren).

Eine Vielzahl von Untersuchungen ergab, daß bei bestimmter Reizung und Stimulation und bei zielgerichtetem Training unser Gehirn die Möglichkeit hat, nicht nur geistig, sondern auch materiell zu wachsen. Die Folgen sind neben einer Steigerung der Gehirnfunktionen (Intelligenz, Gedächtnis, Kreativität, Reaktionsgeschwindigkeit, Streßmanagement, Stärkung des Immunsystems) auch eine tatsächliche Zunahme des physischen Hirns und die materielle Umstrukturierung, die den Trainierenden völlig neue Möglichkeiten eröffnet.

Wie sind aber solche tiefgreifenden Veränderungen überhaupt möglich und nachweisbar? Es gab schon immer Berichte über die seltsamen Fähigkeiten fernöstlicher Fakire und Yogis, die auf Kommando in der Lage sein sollen, ihren Herzschlag zu vermindern oder sogar kurzzeitig anzuhalten, ihren Blutdruck und ihre Körpertemperatur zu senken und ihren Hautwiderstand und ihre Gehirnwellen beliebig zu manipulieren. In dem von ihnen herbeigeführten veränderten Bewußtseinszustand sei es ihnen sogar möglich, sich in eine todesähnliche Starre fallen zu lassen. In diesem Zustand könnten sie tagelang bei minimalem Sauerstoffverbrauch in einem freiwillig gewählten Grab ausharren.

Solange solches Können nur von Reisenden aus fernen, exotischen Ländern berichtet wurde, war es leicht, dies als Scharlatanerie abzutun. Dann aber wurden diese „Wundermänner" aus dem Fernen Osten in streng wissenschaftlichen Untersuchungen getestet, und die Ergebnisse ließen anschließend nicht den geringsten Raum für Zweifel. Diese Menschen waren fähig, ihr vegetatives Nervensystem willkürlich zu steuern. Dies galt bis dahin medizinisch als schlicht unmöglich!

Die Auskünfte dieser Yogis, Zen-Meister und Lamas waren ernüchternd: Übungen in Selbstkontrolle, Meditation, asketische Versenkungen und ähnliches – und das über Jahre hinweg! Und wenn sich die ersten bescheidenen Erfolge einstellten, hieß es: immer weiter üben und üben. Nur wenige gingen diesen beschwerlichen und entbehrungsreichen Weg. So blieb das Interesse groß, die Zahl der Erfolgreichen jedoch begrenzt. Dies änderte sich schlagartig, als man die Technik des Biofeedbacks entwickelte. Mit dieser neuen Technik war es nun erstmals jedem möglich, in kurzer Zeit die Kontrolle über seine autonomen Körperfunktionen und auch über seine Emotionen zu erlangen. Nun waren Rituale und esoterisches Wissen in den Hintergrund geschoben. Wissen, das schon seit Jahrtausenden angewandt wurde, war mit einem Mal für alle leicht zugänglich. Gesunde wie Kranke, Kinder wie ältere Menschen konnten sich der neuen Technik der Selbstbeeinflussung bedienen.

Das psychogene Feld

Das psychogene Feld formt unsere Bewußtseinsstruktur!

Gesundheit, Wohlbefinden und Leistungsfähigkeit sind von der Struktur des psychogenen Feldes abhängig. Wie weit es dem einzelnen Menschen gelingt, das individuelle psychogene Feld zu beeinflussen, entscheidet über seine Lebensqualität.

Aus der Neurologie ist bekannt, daß im Gehirn meßbare Spannungsunterschiede auftreten, die sowohl an der Kopfoberfläche als auch mittels Gehirnsonden gemessen werden können. Zwischen Punkten mit hohem Spannungsunterschied besteht ein stärkeres elektrisches Feld als zwischen solchen mit niederen. Dieses Feld mit unterschiedlicher Ausprägung beeinflußt die lokale Gehirngewebsumgebung. Die Nervenzellen dieser Hirnregion werden in ihrem elektrischen Verhalten ganz spezifisch beeinflußt. Der Zustand des Feldes im Gehirn ist in seiner Hauptstruktur zumeist recht konstant, manchmal aber instabil und laufend Schwankungen unterworfen.

Nach intensiven Untersuchungen liegt der Schluß nahe, daß man diese Feldschwankungen, ja das Feld an sich als Indikator für alle Vorgänge im gesamten Organismus betrachten kann. Diese Vorgänge sind beispielsweise an Geschehen wie Gesundheit, Krankheit und emotionalen wie psychischen Prozessen beteiligt. Den Gleichspannungsanteil des elektrischen Hirnfeldes innerhalb der einzelnen Hemisphären möchte ich als *psychogenes Hirnfeld* bezeichnen.

Das psychogene Feld ist ein pulsierendes Feld, das laufend leichten Schwankungen in Intensität und Form unterliegt. Es beeinflußt einerseits bestimmte Schaltvorgänge im Gehirn, andererseits erregt jede Aktivität in und um die Zellen wiederum das Hirnfeld. Je mehr Aktivität im Gewebe, um so stärker ist das Feld. Bei zu wenig Aktivität ist es in diesem Bereich schwach. Beides, das zu schwache und das zu starke Feld, kann als schlecht bewertet werden. Es hat eine bestimmte Grundform, die die meiste Zeit des Tages (und wahrscheinlich auch in der Nacht, im Schlaf) bestehen bleibt.

Schon in der frühesten Kindheit bildet sich die Neigung zu einer bestimmten Grundform im Hirnfeld heraus, in der der einzelne im normalen Tagesgeschehen verbleibt. Ab dem 10.–12. Monat kann man bei Kindern das Hirnfeld messen. Aus dieser Messung kann ein Psychodiagramm erstellt werden, aus dem sein zukünftiges Verhalten und seine Emotionen ersichtlich werden. Diese Messungen ergeben ein Bild, wie das Kind und später der Erwachsene die Welt sehen wird. Daraus abgeleitet könnte man die nötigen Erziehungsmaßnahmen setzen, Talente, Gaben und Anlagen fördern. Der erste Schritt zu einer kybernetischen Erziehung wäre getan.

Das psychogene Hirnfeld zeigt weitere Charaktereigenschaften einer Person in den außenreizbezogenen Reaktionen. Stark bewegliche Felder weisen auf eine emotionale, „explosive" Person hin, die schnell reagiert. Ein starres Feld zeigt starre Eigenschaften, gedämpftes Verhalten und geringe Flexibilität. Bei den meisten Menschen wird das Feld mit zunehmenden Alter starrer. Das seltener vorkommende wechselnde Hirnfeld, das zwischen Links- und Rechtsaktivität springende Hirnfeld, weist auf hohe Flexibilität und ganzheitliches Denken hin. In solchen Fällen muß überprüft werden, welche der Hirnhälften öfter und länger dominant ist. Eine gewisse Geneigtheit zur Dominanz eines der beiden Hirnfelder ist auch in diesen Fällen zu finden.

Das psychogene Hirnfeld spiegelt die *Bewußtseinsstruktur* wider, durch die Informationen gemäß der Beschaffenheit, der Struktur des Feldes interpretiert, zensiert und weitergegeben werden. Dieses Feld bestimmt, wie die eingehenden und schon vorhandenen Rohinformationen weiterverarbeitet werden. Alle eingehenden Informationen, auf welchem Weg sie auch aufgenommen werden, sind neutral und werden in unbewußten Sektoren des Gehirns gespeichert. Diese Rohinformationen durchlaufen bei ihrer Bearbeitung die dem psychogenen Feld entsprechend aktivierten Hirnstrukturen. Die so beeinflußten Hirnregionen werden bevorzugt verwendet, sie konstruieren, formen, ordnen unsere Wirklichkeit. Wir „mixen" unser Bewußtsein. So kann aus ein und derselben Information in unserem Bewußtsein etwas völlig Unterschiedliches entstehen, je nachdem, welche Gehirnteile daran beteiligt waren.

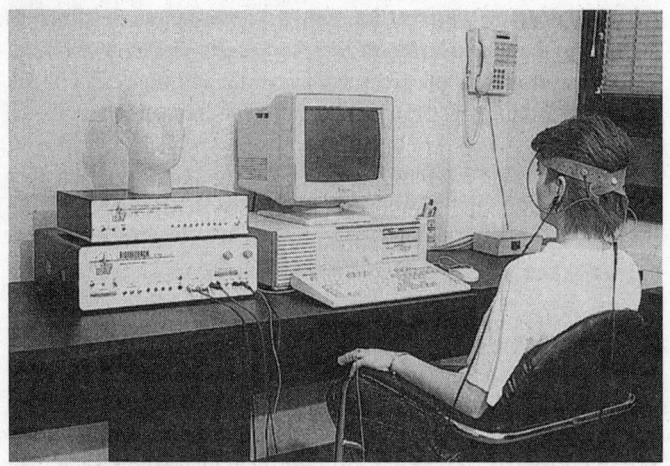

Meßanordnung für die Darstellung des psychogenen Hirnfeldes

Informationen aller Art werden vom Gehirn neutral aufgenommen und registriert. Erst die Verarbeitung des Inputs, das Interpretieren und Ausfiltern der Informationen wird über das Feld gesteuert. Entsprechend der Aktivierung spezifischer Gehirnareale erfolgt die Interpretation in eine bestimmte Richtung, das Feld bestimmt die Art der Interpretation. So entstehen die unterschiedlichsten Denk- und Verhaltensweisen.

Hat ein Patient eine bestimmte Therapie zumindest teilweise erfolgreich absolviert, so können Situationen, die der Betreffende vorher negativ bewertet und interpretiert hat, nun anders verarbeitet und gesehen werden, wenn durch die passende Therapie das psychogene Feld sich langsam anders formte. Deswegen kann der Betreffende nun auch die Situationen anders auffassen und werten. Liegt ein starkes Feld auf und über der rechten Hemisphäre, kann global gesagt werden, daß die erhaltenen Rohinformationen eher gefühlsmäßig interpretiert werden.

Die interpretierende Instanz liegt zumeist in der linken Gehirnhälfte. Die Schlußfolgerung liegt nahe, daß Erfahrungen, die einmal durch ein stark linksaktiviertes und einmal durch ein stark rechtsaktiviertes Feld erlebt wurden, sich grundsätzlich durch unterschiedliche Interpretationen und Emotionen unterscheiden dürften. Herrscht bei einem Menschen zuviel Rechtshirnaktivität vor und damit ein starkes (überwiegendes) Feld, so rationalisiert er sehr oft seine Wahrnehmungen. Er versucht dabei eine Erklärung zu finden, die gewisse innere oder äußere Zustände erklärt. Je stärker jemand zu einem der beiden Hirntypen neigt, um so mehr lehnt er den gegenpoligen Hirntyp ab, er wird ihm unverständlich. Der Linkshirnige lehnt den Rechtshirnigen ab und umgekehrt. Der ausgeglichene Hirnfeldtyp kann mit beiden umgehen.

Das psychogene Ganzfeld

Das psychogene Hirnfeld kommuniziert mit einem gleichartigen (meßbaren) elektrischen Feld des Körpers, welches ich *psychogenes Körperfeld* nennen will. Es soll ausdrücklich darauf hingewiesen werden, daß beide Felder objektiv meßbare und eindeutig darstellbare Größen sind. Diese beiden Felder sind miteinander verbunden (sie sind in ihrem Inneren eins) und wirken ununterbrochen wechselseitig aufeinander. Ihnen scheint ein gemeinsames Funktionsprinzip zugrunde zu liegen.

Die Gesamtheit des Körperfeldes nenne ich *psychogenes Ganzfeld*. Das psychogene Ganzfeld wird nicht nur durch Wahrnehmungen verändert, abhängig von der Aktivierung der Gehirnbereiche, sondern auch durch Medikamente, Therapien, spezifisches Training des psychogenen Hirnfeldes usw.

Jede Veränderung des Hirnfeldes bringt ganz allgemein gesehen

- eine Veränderung der psychischen Struktur der Person und
- ihrerseits wieder eine Veränderung des Körperfeldes mit sich.

Man möge sich auf der Mikroebene nur die weitreichenden Auswirkungen vorstellen, wenn sich Potentiale der Hautoberfläche und der einzelnen Organe ändern, wie sich pH-Werte verändern, Ionenströme ihre Richtung ändern ... Dies alles spielt in einem komplexen, aber geordneten und beschreibbaren Ganzen eine Rolle und ist hinsichtlich der Wirkungen auf das Gesamtsystem nicht unerheblich. Global gesehen bringt eine Veränderung des Körperfeldes (sei es nun eine Verletzung, eine Krankheit, Freude oder ein sonstiges informationshaltiges Ereignis) auch eine Veränderung im Hirnfeld mit sich. Unsere Untersuchungen zeigen, daß ohne systematisches Einwirken und Verändern des psychogenen Feldes (Körper- und Hirnfeld) eine Heilung unmöglich ist. Bei jeder Art der Heilung, egal ob operativ oder medikamentös, durch Gesprächstherapie, Hypnosetherapie, Akupunktur usw., wird durch sehr unterschiedliche Methoden und Techniken auf das vielschichtige und komplexe Gebilde des psychogenen Feldes eingewirkt. Durch die Kontrolle von Therapieverläufen könnte man dieses Modell eindeutig verifizieren oder widerlegen. Grundintention ist bei allen Therapie- und Interventionstechniken, daß eben das psychogene Feld angesprochen und manipuliert wird. Dies kann aus biokybernetischer Sicht auf vielen Ebenen geschehen.

Ist eine bestimmte Person körperlich gesund – das bedeutet erstens die Abwesenheit von Krankheit und zweitens darüber hinaus das Gefühl des Wohlbefindens und der Lebendigkeit –, dann, so lautet die Hypothese, ist das psychogene Feld weitgehendst im Zustand der Harmonie und ausgeglichen.

Wird zum Beispiel das Immunsystem nach einer Krankheit durch eine medikamentöse Therapie gestärkt und wird durch diesen Prozeß auch das Feld ausgleichend verändert, ist eine Heilung „auf Dauer" erreicht. Gelingt es nicht (oder nur kurzfristig), das Feld durch die Interventionen zu verändern, dann bleibt die Krankheit auch weiterhin bestehen. Durch die Messung des psychogenen Feldes ist der Heilungsverlauf somit vorhersehbar geworden. Einzelne Therapieformen können auf ihre Wirksamkeit getestet werden. Gleicht sich das Feld aus, reagiert das psychogene Feld richtig, so ist der Weg (die Behandlungsweise) fortzusetzen, der diese Veränderung hervorgerufen hat.

Es gibt Konstellationen des psychogenen Feldes, bei denen ein Biofeedbacktraining angebrachter ist als eine medikamentöse Behandlung. Es scheint auch sinnvoll, bei einigen Krankheitsbildern zuerst das Feld mit bestimmten Techniken zu verändern, um so die Heilung zu ermöglichen oder zu unterstützen. Parallel zu einer herkömmlichen Behandlungsmethode wäre Biofeedback des psychogenen Hirnfeldes angebracht. Es kann sogar die

Vermutung aufgestellt werden, daß überall, wo Therapien wirken, das psychogene Feld angesprochen wird und dies den Erfolg der Behandlung ausmacht. Bringt eine herkömmliche Behandlung oder Technik nicht den gewünschten Erfolg, weil das psychogene Feld nicht mitverändert wurde, so kann angenommen werden, daß ähnliche Krankheitsbilder wieder auftreten.

Durch diese Funktion des psychogenen Feldes ist es einleuchtend, daß bei Änderungen der Form desselben sich auch die Wahrnehmung und damit das Bewußtsein ändert. Das Feld unterliegt ständig leichten Schwankungen, wodurch leichte Bewußtseinsschwankungen hervorgerufen werden, die allerdings wegen ihres minimalen Ausmaßes nicht besonders auffallen. Stärkere Veränderungen des Feldes bringen aber auch spür- und meßbare Veränderungen im Bewußtsein, im Denken, aber auch im Gesundheitszustand mit sich. Resultierend aus diesen Veränderungen ändert sich auch die Persönlichkeitsstruktur. Alle Emotionen, wie z.B. Liebe, Neid, Haß, Angst, Zuversicht und Freude, entstehen nur bei einer bestimmten Feldstruktur.

Aus diesem Blickwinkel kann man versuchen zu erklären, was unsere *Bewußtseinsstruktur* ausmacht und wie sie entsteht. Grundvoraussetzung ist, daß das Gehirn sowie unser Körper von einem psychogenen Feld durchdrungen ist. Daraus entsteht unsere Persönlichkeitsstruktur. Durch dieses Feld werden bestimmte Teile des Gehirns vorrangig eingesetzt. Als Idealzustand können wir uns ein natürliches, ausgeglichenes Gehirn vorstellen. Über die bevorzugten Schaltungen im Gehirn entsteht eine spezifisch geprägte und beschaffene Bewußtseinsstruktur, die die Vielseitigkeit der Menschen erklären kann. Das heißt, bei verschiedenen Menschen gelangen verschiedene Gehirnteile, die unterschiedliche Aufgaben zu bewältigen haben, zu verschieden starker Beanspruchung und Ausprägung. Dieser Umstand bestimmt, wie unsere Persönlichkeitsstruktur aufgebaut wird; so zum Beispiel den Anteil logisch-analytischen Denkens (meist durch Aktivität der linken Gehirnhälfte) oder die Anteile verschieden starker Emotionen (negative oder positive Lebenshaltung ... meist durch Aktivität der rechten Gehirnhälfte).

Unser Verhalten, unsere spezifische Art, Informationen zu verarbeiten, zu interpretieren, egal, ob sie aus der Umwelt oder von uns selbst kommen, wird durch die Form des psychogenen Feldes bestimmt.

Das psychogene Feld ist die Schablone, durch die unsere Persönlichkeitsstruktur geformt wird und durch die alle internen und externen Rohinformationen verarbeitet werden. Durch die Manipulation des psychogenen Feldes läßt sich vorübergehend oder auf Dauer eine Bewußtseinsveränderung und -erweiterung erzielen, Krankheit und Gesundheit, Empfinden von Freude und Leid beeinflussen. Es zeigt sich, daß es zumeist genügt, das psychogene Hirnfeld zu regulieren, um dadurch einen weitgehenden Einfluß auf das psychogene Ganzfeld (Hirn- und Körperfeld) zu erreichen. Bei verschiedenen Krankheiten wird das psychogene Hirnfeld durch das Körperfeld in eine bestimmte Form gezwungen, die nur schwer zu verändern ist. Gerade hier ist die Veränderung des psychogenen Feldes für eine Heilung unumgänglich.

Zum Erlernen von Selbstregulationstechniken wie Selbsthypnose, Biofeedback usw. ist ein ganz spezifisches psychogenes Feld nötig. Wenn es nicht schon vorhanden ist, muß es erst aufgebaut werden, um Erfolge mit diesem Verfahren erzielen zu können.

Unsere Messungen machten deutlich, daß zum Entstehen einer Emotion elektrische Aktivität im Gehirn nötig ist. Depression, Angst, Lustlosigkeit usw. sind von einer verstärkten Aktivität von Teilen der rechten Gehirnhälfte begleitet. Bei einer Schwäche der linken Hemisphäre kommt es fast immer zu einer „Katastrophenreaktion". Das Beseitigen und Verhindern der Überaktivität mittels Biofeedbacktraining läßt zumeist Depressionen, Ängste und andere psychische Krankheitsformen verschwinden, da bei den meisten dieser Störungen eine asymmetrische Beteiligung der beiden Hirnhälften zu finden ist. Es ist wissenschaftlich erwiesen, daß eine Verbesserung der Stimmung eine Verbesserung des Immunsystems zur Folge hat und eine effektive, begleitende Maßnahme bei körperlichen Erkrankungen ist. Diese Forschungsergebnisse könnten in Zukunft einen entscheidenden Beitrag zur modernen Biofeedbacktherapie leisten, wenn nicht sogar die Ganzheitstherapie revolutionieren!

Die Formen der Hirn-Typen

Messungen des psychogenen Feldes zeigen, daß je nach Funktion der beiden Gehirnhälften bestimmte psychische und körperliche Zustände entstehen. Wenn z.B. die linke Gehirnhälfte nicht richtig aktiv oder durch Verletzung beeinträchtigt ist, führt dies zu Verstimmung, Depression und Lustlosigkeit. Schon kleine Aufregungen führen zu Panik und Angst. Der gesundheitliche Zustand verschlechtert sich. Wenn die rechte Gehirnhälfte nicht richtig aktiv oder durch Verletzungen beeinträchtigt ist, verändert sich das Verhalten ins Gegenteil – die Stimmung ist meist gut, optimistisch, positiv, locker; Unternehmungslust (bis Euphorie) herrscht vor, der gesundheitliche Zustand ist aufsteigend. Messungen zeigten, daß die hinteren Bezirke der rechten Gehirnhälfte stärker auf die Wahrnehmungen von Gefühlen spezialisiert sind.

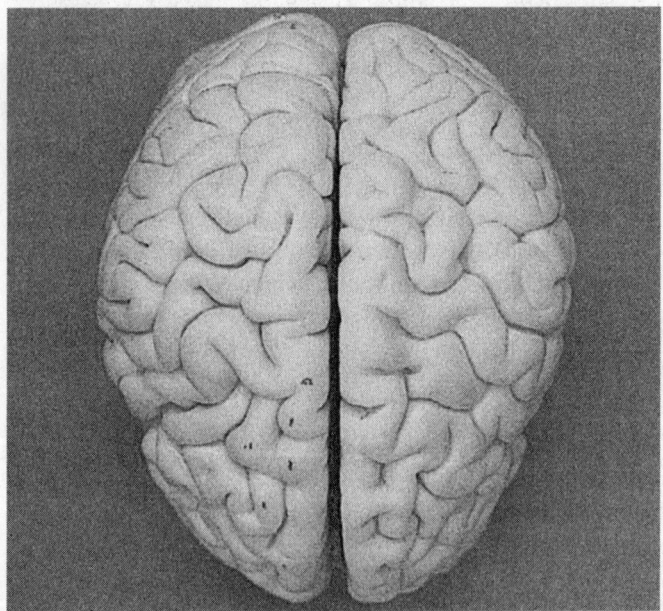

Modell des menschlichen Gehirns

Der Linkshirn-Typ

- argumentiert logisch und hat für alles Erklärungen
- ist zukunftsbezogen
- hat nie Zeit und ist mit „Volldampf in den Herzinfarkt" unterwegs
- jegliches Körpergefühl ist ihm fremd
- ignoriert die Warnsignale seines Körpers
- nervös, unruhig, hektisch, überdreht, euphorisch
- lernt schnell, seinen Zustand zu verbessern
- neigt zu Hypochondrie

Der linkshirnige Typ löst seine Probleme logisch, analytisch, Schritt für Schritt. Er bevorzugt Zahlen, Fakten in logischer Abfolge, interessiert sich für Technik, Finanz- oder Rechnungswesen ... Er lernt in der Auseinandersetzung mit Fakten.

Der Rechtshirn-Typ

- spricht in Gefühlen, negativ
- ist vergangenheitsbezogen
- versucht alle möglichen Therapien und bricht sie wieder ab
- ist mit nichts zufrieden, depressiv, launisch, emotional schwankend
- selbstzerstörerisch, rechnet immer mit dem Schlimmsten
- lernt langsam und oft qualvoll (für die anderen!), seinen Zustand zu verbessern

Der rechtshirnige Typ löst seine Probleme intuitiv, mit Gefühl für „Ganzheit". Er bevorzugt Konzepte, ist für Entwicklungen offen, interessiert sich für Kunst, Musik, Psychologie ... Er lernt durch Aktion, Tun und Beobachten.

Weiters zeigten amerikanische Laborversuche, daß bei Mäusen, bei denen die linke Gehirnhemisphäre zeitweise chemisch ausgeschaltet wurde, diese mit einem isolierten Abfall von T-Lymphozyten (gehören zu den wichtigsten „Abwehrtruppen" unseres Immunsystems) reagierten. Sie wurden krank. Bei Beeinträchtigung der rechten Gehirnhemisphäre kam es zu keinem

Abfall der T-Lymphozyten. Sie blieben gesund. Herrscht also eine stärkere Aktivität der rechten Gehirnhälfte vor, ist die Bereitschaft, krank zu werden oder zu sein, sehr hoch. Das zeigt, daß auch die Großhirnrinde einen direkten Einfluß auf das Immunsystem hat.

Der Ganzhirn-Typ

Der Ganzhirn-Typ – der Ausgeglichene – ist zumeist unauffällig bescheiden. Ihm gehen die extremeren Ausprägungen, die hervortretenden charakteristischen Eigenschaften der starken Hirnhälftenbetonung ab. Er ist kreativ, denn Kreativität entsteht immer beim Einsatz aller geistigen Möglichkeiten: logisches Denken – also Linkshirnaktivität –, aber auch Visionen und räumliches Denken – also Rechtshirnaktivität – sind nötig. Weil diese Fähigkeiten in einem untrainierten Menschen wenig koordiniert sind, ist es unumgänglich, verschiedene Hirntypen für Projektgruppen auszuwählen. Immer mehr Firmen machen sich diese Erkenntnis zunutze (vgl. Seite 281). Der nun folgende Test soll Ihnen helfen, die dominante Hirnhälfte auch ohne High-Tech-Messung zu bestimmen. Er soll und kann natürlich nur eine Hilfe darstellen. Um absoluten Aufschluß über die Hirnhälftendominanz zu erzielen, müßte das psychogene Hirnfeld und seine Reaktion auf Streß und Anforderung gemessen werden.

Kopfrezept Nr. 1:
Hirndominanztest

Die 28 Fragen, die Sie mit Ja oder Nein beantworten sollten, ermitteln, ob Sie mehr links- oder mehr rechtshirnig denken und fühlen. Ein Ja heißt, die Frage trifft auf Sie weitgehend zu, ein Nein heißt, die Frage trifft auf Sie weitgehend nicht zu.

1 Haben Sie Geduld und gehen Sie an eine Aufgabe von verschiedenen Gesichtspunkten heran, bis Sie schließlich eine Lösung erhalten? **ja nein**

2 Können Sie etwas gut in eher groben Zügen planen und beschreiben? **ja nein**

3 Bringen Sie gerne Ordnung in etwas und achten Sie auf die richtige Reihenfolge? **ja** **nein**

4 Denken Sie im allgemeinen sehr logisch und können Sie erkennen, warum sich andere Menschen auf eine bestimmte Art und Weise verhalten? **ja** **nein**

5 Können Sie ein paar Worte in mehreren Fremdsprachen sprechen? **ja** **nein**

6 Können Sie meistens die richtigen Worte finden, um Ihre Gefühle zu beschreiben? **ja** **nein**

7 Fällt Ihnen Kategorisieren und das Ordnen von Unterlagen leicht? **ja** **nein**

8 Sind Sie in Ihren Ansichten objektiv; versuchen Sie erst die Tatsachen zu erlernen, bevor Sie sich entscheiden? **ja** **nein**

9 Lieben Sie Puzzles und Wortspiele? **ja** **nein**

10 Finden Sie gerne den Sinn in einer Sache, die ohne Sinn erscheint; können Sie die Gedanken eines Menschen für einen anderen interpretieren? **ja** **nein**

11 Bevorzugen Sie Zahlen, Fakten in logischer Abfolge? **ja** **nein**

12 Bevorzugen Sie einen geordneten und übersichtlichen Arbeitsplatz/Studienplatz? **ja** **nein**

13 Haben Sie wenig Zeit? **ja** **nein**

14 Interessieren Sie sich für Technik und technische Lösungen? **ja** **nein**

15 Handeln Sie oft spontan und sind Sie manchmal voreilig in Ihren Schlußfolgerungen? **ja** **nein**

16 Sind Sie ein Tagträumer, sind Ihre nächtlichen Träume wirklichkeitsnahe und spannend? **ja** **nein**

17 Sind Sie an Musik, Malerei, Tanz und künstlerischen Ausdrucksformen interessiert? **ja** **nein**

18 Fehlt Ihnen das besonders gute Gefühl für Zeit?

        ja   nein

19 Bilden Sie sich öfter aufgrund Ihres Gefühls ein Urteil als aufgrund von Fakten? **ja   nein**

20 Haben Sie manchmal das Gefühl, etwas schon einmal gesehen oder erlebt zu haben – wie in einem anderen Leben?

        ja   nein

21 Haben Sie häufig gewisse Ahnungen und folgen Sie oft Ihrem Instinkt? **ja   nein**

22 Sind Sie ein visueller Typ? Können Sie sich Orte am besten über Farben und Formen einprägen? **ja   nein**

23 Weinen Sie leicht, sind Ihre Gefühle schnell verletzt?

        ja   nein

24 Sind Sie romantisch, sind Schönheit und Luxus für Sie wichtig? **ja   nein**

25 Denken Sie oft an Vergangenes? **ja   nein**

26 Lernen Sie leichter durch Tun und direktes Beobachten?

        ja   nein

27 Bezeichnen viele Ihren Arbeitsplatz/Studierplatz als chaotisch und ungeordnet? **ja   nein**

28 Interessieren Sie sich für Psychologie und ganzheitliche Heilweisen? **ja   nein**

Auswertung

Zählen Sie zusammen, wie viele Testfragen Sie von den Fragen 1–14 mit Ja beantworten konnten, diese Punkteanzahl hat mit dem Gebrauch der linken Hirnhälfte zu tun. Dann zählen Sie zusammen, wie viele von den Fragen 15–28 Sie mit Ja beantworten konnten, diese Punkteanzahl hat mit dem Gebrauch der rechten Hirnhälfte zu tun.

Wenn nun eine Hirnhälfte stark zu dominieren scheint (z.B. acht Punkte links zu drei Punkten rechts), dann weist das auf eine Bevorzugung der linken Hirnhälfte hin. Steht das Punkteverhältnis aber eher unentschieden (z.B. acht Punkte zu sieben Punkte), dann scheinen Sie bei richtiger Fragebeantwortung eher ausgewogen zu denken und zu fühlen. Über eine eventuelle Hirnhälftendominanz könnte in diesem Fall nur noch die Biofeedbackmessung des psychogenen Hirnfeldes Auskunft geben.

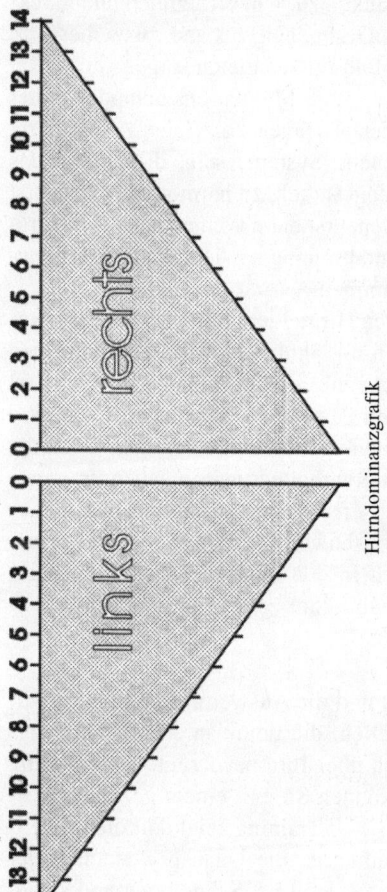

Die Arbeit am psychogenen Hirnfeld – Hirndominanztraining

Ändere Deine Hirndominanz, Dein psychogenes Hirnfeld und Du wirst erfolgreich. Ein unharmonisch starres Hirnfeld läßt auf Dauer keine positiven Gedanken zu. Um erfolgreich und glücklich zu werden, um Ihren Gesundheitszustand zu verbessern: immer müssen Sie im Hirnfeld für Ausgleich sorgen.

Manche Mentaltrainings- und Meditationsmethoden, aber auch positive Denkstrategien versagen bei vielen Anwendern. Erfolgreich können nur solche Systeme sein, die helfen, das psychogene Hirnfeld neu zu gestalten, zu harmonisieren. Zuerst muß das Feld bereitet werden, erst dann können neue Denkstrategien, Meditation und Mentaltraining sowie Selbstheilungsmechanismen zur Wirkung kommen.

Menschen mit bestimmten Hirnfeldern, mit bestimmter Hirndominanz ziehen Menschen mit ähnlichem Hirnfeld an, stoßen aber den Gegenpart ab. Der Linkshirn-Dominante harmonisiert eher mit einem linkshirnigen Partner, der Rechtshirn-Dominante harmonisiert eher mit einem rechtshirnigen Partner. Denn die unterschiedlichen Denk- und Verhaltensweisen haben im unterschiedlichen Gebrauch unserer Gehirnstrukturen ihren Ursprung. Schon die Sprechweisen von Linkshirnigen und Rechtshirnigen unterscheiden sich in den meisten Situationen stark. (Siehe dazu auch den Buchabschnitt über Kommunikation, Seite 132 ff.)

Die Lektüre dieses Buches und die Auswertung des Hirndominanztests werden Ihnen helfen, die dominante Hirnhälfte herauszufinden. Wenn Sie sich über Ihre bevorzugte Gehirnhälfte schlüssig geworden sind, können Sie mit einem gezielten Ausgleichstraining beginnen. Dieses Training zeigt dort die schnellsten Erfolge, wo die Asymmetrie, die Unausgewogenheit der beiden Gehirnhälften, nicht zu groß ist. Schnelleren und sicheren Erfolg erzielen Sie bei Extremfällen nur durch das richtige Biofeedbacktraining des psychogenen Hirnfeldes oder eine Therapiemethode, die ausreicht, Ihr persönliches psychogenes Hirnfeld zu verändern.

Bei den meisten Personen werden aber die in diesem Buch beschriebenen Trainingsarten und Kopfrezepte erfolgreich sein. Das „Heimtraining" der anderen, der weniger aktiven Hirnhälfte stößt sehr oft auf innere Widerstände oder sogar auf Ablehnung. Sie müssen da durch! Bedenken Sie: Potentiell vorhandene Begabungen und Anlagen werden auf diese Weise ausgelebt, trainiert und ausgebaut. Mentales Training, positive Gedanken, Meditation usw. sind nur erfolgreich, wenn sie mit weitgehendst ausgeglichenem Gehirn produziert werden. Mentales Training welcher Art auch immer –, das nicht von einem weitgehendst ausgeglichenen Gehirn verarbeitet wird, bleibt erfolglos. Der Mißerfolg aber verstärkt oftmals nur wieder die dominante Hirnhälfte. Das richtige Training hilft, neue geistige Fähigkeiten aufzubauen und schon vorhandene zu fördern.

Das Hirndominanztraining beinhaltet im wesentlichen eine Auseinandersetzung mit dem Denkstil, den Fähigkeiten und Fertigkeiten des entgegengesetzten Hirntyps.

Aktivieren der linken Hirnhälfte – Das Training für den Rechtshirn-Dominanten

1 Bringen Sie Ordnung in Ihr Leben. Setzen Sie sich realistische Ziele (mindestens drei). Planen Sie für die Zukunft.
2 Bleiben Sie beharrlich bei dem einmal eingeschlagenen Weg.
3 Halten Sie Ihre Ziele weitgehendst geheim. Menschen mit starker Rechtshirnaktivität ziehen ähnliche Hirntypen an, stoßen hingegen den linkshirnigen Typ eher ab. Doch der rechte Gefühlstyp neigt, wie schon beschrieben, mehr zu Depressionen und Versagensangst. Er würde aus seiner Sicht der Dinge eher keinen Erfolg erwarten und Sie so mit Worten und Gestik entmutigen.

Kontrollieren Sie Ihre Sprache, und Sie werden bald bemerken, daß Sie so ganz leicht die Kontrolle über Ihren Geist gewinnen.

4 Bedenken Sie die Gewalt der Sprache. Lösen Sie sich von Phrasen, die im Abschnitt „Redewendungen und Symptome" aufgezeigt werden (vgl. Seite 146).

5 Beachten Sie von nun an die Kommunikationsregeln, die im entsprechenden Buchteil aufgezeigt werden (vgl. Seite 143).
6 Sprechen Sie nicht über Dinge, die Sie nicht wünschen und die Sie nicht erleben wollen. Sprechen Sie über Gesundheit, Wohlstand und Glück.
7 Vermeiden Sie unnötige, traurige und destruktive Themen. Gehen Sie nur ins Kino, wenn ein Lustspiel gezeigt wird.
8 Lauschen Sie nur rhythmischer, freundlicher und aktivierender Musik.
9 Fördern Sie gute soziale Kontakte.

Der Körper beeinflußt den Geist. Verändern und straffen Sie Ihre Körperhaltung. Kontrollieren Sie Ihre Körperhaltung anfangs mindestens fünfmal am Tag, wenn nötig, öfter, bis Sie ständig aufrecht stehen oder sitzen und sich frei bewegen. Halten Sie Ihren Kopf gerade und lächeln Sie.

10 Atmen Sie immer tief, langsam und gleichmäßig. Immer wenn Sie sich nervös oder ängstlich fühlen, sollten Sie mindestens fünfmal tief und fest ein- und ausatmen.
11 Betreiben Sie mehrmals in der Woche Sport oder Gymnastik, um Ihren Körper zu beleben. Besorgen Sie sich ein gutes Trainingsprogramm oder noch besser, gehen Sie in ein Fitneßinstitut oder in einen Turnverein.
12 Üben Sie täglich fünf Minuten Kopfrechnen. Erhöhen Sie dabei langsam den Schwierigkeitsgrad der Rechenaufgaben.
13 Lesen Sie anspruchsvolle, mehr technische Literatur (weniger Romane).
14 Lernen Sie eine Fremdsprache; gehen Sie in eine Abendschule.
15 Leben Sie täglich nach einem Plan, den Sie sich am Vorabend oder am Morgen punkteweise in Ihr Notizbuch schreiben.
16 Essen Sie nur, wenn Sie Hunger haben, und hören Sie auf, wenn Sie satt sind.
17 Suchen Sie den Kontakt zur Realität. Nehmen Sie eine kalte Dusche, machen Sie einen Spaziergang, einen Lauf, treiben Sie Sport, gehen Sie in eine Sauna oder arbeiten Sie körperlich.

18 Suchen Sie die Gesellschaft heiterer Menschen. Gehen Sie ins Kino.
19 Erst wenn Sie sich wieder gefaßt haben, befassen Sie sich wieder mit Ihrem Ziel und prüfen Sie, was Sie besser machen können.

Beginnen Sie nun wieder mit Ihrem Training von Punkt 1–17. Prüfen Sie, was Sie besser machen können, und vor allem, beschäftigen Sie sich intensiv und ohne Vorurteile mit linkshirnigen Menschen. Versuchen Sie, den Linkshirnigen zu verstehen, versuchen Sie, so zu fühlen wie ein Linkshirn-Dominanter. Versuchen Sie dies immer wieder, und Sie werden bemerken, daß eine neue Beziehung zum Andersdenkenden entsteht.

Aktivieren der rechten Hirnhälfte – Das Training für den Linkshirn-Dominanten

1 Vor allem: Lassen Sie sich Zeit!
2 Erlernen Sie eine Muskelentspannungstechnik (z.B. progressive Muskelentspannung nach Edmund Jakobson, Elektromyogrammfeedback-(EMG-)Training usw.
3 Erlernen Sie danach eine Entspannungstechnik (z.B. Selbsthypnose, Autogenes Training, Meditation, Yoga usw.)
4 Hören Sie in Ruhe Musik, gehen Sie öfter in Kunstveranstaltungen, Ausstellungen. Besuchen Sie Museen. Wandern Sie mindestens einmal pro Woche längere Zeit durch die freie Natur.
5 Beobachten Sie die Menschen in Ihrer Umgebung mehr.
6 Lernen Sie, ruhig und gleichmäßig zu atmen.
7 Betreiben Sie mehrmals in der Woche Sport oder Gymnastik, um Ihren Körper zu beleben, besorgen Sie sich ein gutes Trainingsprogramm. Gehen Sie in einen Turnverein, absolvieren Sie Ihre Turn- und Gymnastikübungen, wann immer es möglich ist, unter freiem Himmel. Wichtig: Rasten Sie sich nach Ende Ihrer sportlichen Aktivität längere Zeit (mindestens 15 Minuten) aus. Genießen Sie die Ruhe, das Leben, entspannen Sie sich tief.

8 Essen Sie nur, wenn Sie Hunger haben und wenn es Ihnen schmeckt. Hören Sie auf, wenn Sie satt sind.
9 Machen Sie sich öfter eine kleine Freude, kaufen Sie sich auch einmal etwas Unnötiges.
10 Lassen Sie Ihre Arbeit in der Firma. Genießen Sie den Feierabend oder Urlaub. Gegebenenfalls suchen Sie sich ein Hobby, vorzugsweise ein handwerkliches oder künstlerisches.
11 Üben Sie Zeichnen unter der Umgebung der linken Hirnhälfte. Die Kunsterzieherin Betty Edwards rät die nachfolgende Methode: Nehmen Sie eine einfache Zeichnung, z.B. das Bild einer Person. Stellen Sie diese auf den Kopf, und beginnen Sie, das auf dem Kopf stehende Bild nachzuzeichnen.

Unter normalen Bedingungen ist Zeichnen eine Fähigkeit der rechten Hemisphäre. Wenn diese Gehirnhälfte alleine arbeitet, produziert sie auch bei ungeübten Erwachsenen sowie bei Kindern sehr anschauliche Zeichnungen. Die meisten Menschen aber erhalten nicht die Gelegenheit, ihre Talente zu entfalten. Die analytische, verbale linke Gehirnhälfte – der es an künstlerischen Fähigkeiten mangelt – greift störend ein. Die Quelle dieser Störung liegt in der natürlichen Neigung, ein Bild oder eine Szene zu benennen, zu berechnen und zu analysieren, bevor man es malt.

12 Lernen Sie, Ihren Gefühlen auch körperlichen Ausdruck zu geben. Wenn Sie z.B. wütend sind, ballen Sie die Fäuste, schlagen Sie auf den Tisch, verhalten Sie sich mit Ihrem Körper, mit Ihrer Mimik so, daß Ihre Umwelt Ihre Gefühle erkennen kann, ohne daß Sie dazu verbal Stellung nehmen müssen.

Rückschläge sind natürlich; wer aktiv ist, macht hin und wieder Fehler. In der Folge kann sich Unzufriedenheit breitmachen. Beseitigen Sie zuallererst dieses Gefühl.

- Denken Sie nicht nur, handeln Sie!
- Betreiben Sie Sport, machen Sie einen ausgedehnten Spaziergang, gehen Sie in die Sauna, lassen Sie sich massieren. Tun Sie etwas für sich.

- Machen Sie sich selbst ein kleines Geschenk.
- Suchen Sie die Gesellschaft heiterer Menschen. Gehen Sie ins Kino, sehen Sie sich vorzugsweise ein Lustspiel an.
- Beginnen Sie nun wieder mit Ihrem Training von Punkt 1–12, prüfen Sie, was Sie besser machen können, und vor allem: beschäftigen Sie sich intensiv und vorurteilslos mit offensichtlich rechtshirnigen Menschen. Versuchen Sie rechtshirnige Menschen zu verstehen; versuchen Sie, so zu fühlen wie ein Rechtshirn-Dominanter.

  Versuchen Sie dies immer wieder, und Sie werden bemerken, daß eine Beziehung zum Andersdenkenden entsteht.

Das Biofeedback

Der Begriff *Biofeedback* (Rückmeldung von biologischen Werten) stammt aus der von Norbert Wiener begründeten Kybernetik, einer Wissenschaft, die sich mit der Steuerung, Kontrolle und Kommunikation in Organismen und Maschinen befaßt. Eine Reihe von wissenschaftlichen Entdeckungen konnte nachweisen, daß der Mensch, aber auch prinzipiell das Tier über die überraschende Fähigkeit zur Selbstkontrolle verschiedener körperlicher und geistiger Funktionen verfügt. Der Ausdruck Biofeedback selbst stammt aus dem Jahr 1969 und bezeichnet ein umfangreiches Forschungsgebiet, das auf dem Gedanken beruht: Biologische Reaktionen können durch Feedback (Rückmeldung) beeinflußt werden. Die willentliche Steuerung „innerer" Körperprozesse – lange Zeit Geheimnis östlicher Philosophien – wurde zunehmend in klinischen Versuchen und später auch in der klinischen Praxis einsetzbar gemacht.

Was ist Biofeedbacktraining?

Biofeedbacktraining ist eine neue, durch elektronische Geräte kontrollierte und wissenschaftlich begründete Methode des individuellen Verhaltenstrainings.

Bisher unbewußte Körperfunktionen werden durch Meßinstrumente und unter Zuhilfenahme von Computern sichtbar, hörbar oder auch fühlbar gemacht. Diese Körperfunktionen können durch den Willen bewußt gesteuert werden. Durch das Biofeedbacktraining erlangt man die Fähigkeit der absoluten Einflußnahme auf Körper und Geist. Das bedeutet: Wenn wir unsere ganze Aufmerksamkeit kontrollierend auf einen bestimmten Körperzustand oder ein bestimmtes Organ lenken, können wir beeinflussend darauf einwirken.

Auch im Leistungssport spielt Biofeedbacktraining seit neuestem eine bedeutende Rolle, da hier ebenfalls erkannt wurde, daß mittels richtiger Trainingsmethoden und präziser Geräteauswahl die mentalen Blockaden, die die Leistung beeinträchtigen, gelöst werden.

Biofeedbacktraining ist der direkte Weg, das psychogene Feld (Körper- wie Hirnfeld) zu verändern und somit den körperlichen sowie den psychischen Zustand auf Dauer zu verbessern.

Es ist aus moderner westlicher Technologie, Physiologie, Informatik und östlicher Philosophie wie z.B. Yoga oder Zen hervorgegangen. Biofeedbacktraining bedeutet eine neuartige Anwendung der neuen High-Technology, der IC-Technik, der Computertechnik und neuen Wissens um die Funktionen des menschlichen Körpers als integrativen Bestandteil des Ich. Durch den Einsatz dieser Technik scheint sich ein alter Grundgedanke zu bewahrheiten: „Geistige Dinge und materielle Dinge sind im innersten Wesen dasselbe, obwohl sie sich in der Manifestation oder in ihrem Ausdruck unterscheiden. Aber der Geist ist immer der Baumeister, auch wenn diese Tatsache vielen nicht bewußt wurde – bis zur Einführung der Biofeedbacktechnik."

Wir stehen durch die Biofeedbacktechnik vor einer neuen Sicht des menschlichen Körpers, vor allem aber vor einer neuen Betrachtungsweise des Geistes. Es ist, als ob ein neuer, großartiger Traum beginnt. Der Mensch kann sein Schicksal in die eigene Hand nehmen – wann immer er will.

Ein wesentliches Kennzeichen moderner medizinischer Meßgeräte ist ihre große Empfindlichkeit und ihre eingebaute Logik, eine Folge der Explosion der elektronischen und der Computertechnologie, deren Beginn sich schon nach dem zweiten Weltkrieg abzeichnete und die sich nun rasant weiterentwickelt. Immer schnellere und leistungsfähigere ICs, Computer und Programme ermöglichen unter anderem Messungen im Millionstel-Voltbereich. Solche Geräte, wie sie auch in unserem Institut entwickelt, gebaut und eingesetzt werden, können von der Hautoberfläche aus Signale des Körpers und des Gehirns messen, verstärken, filtern und in sinnvolle Grafiken und Töne umwandeln. So können Informationen über Vorgänge im Körperinneren der Versuchspersonen bewußt gemacht werden, während sie geschehen (online). Durch diese Technologie hat sich gezeigt, daß eine willentliche Kontrolle über psychophysiologische Vorgänge möglich ist, die als autonom gelten und sich normalerweise der willentlichen Regelung verschließen. Man kann auch sagen, daß mit Hilfe des Biofeedbacktrainings das Bewußtsein auf unbewußte Vorgänge im Körper ausgedehnt werden kann.

Das Biofeedbacktraining ist ein Mittel, mit dem man die psychosomatische Selbstkontrolle auf relativ einfache Art und Weise erlernen kann. Einem Trainierenden wird z.B. die Aufgabe gestellt, seinen Pulsschlag zu verlangsamen. Dazu wird er an ein Gerät angeschlossen, das nichts beeinflußt, sondern nur registriert. Gelingt es dem Trainierenden dann, egal wie er es auch anstellt, für einen Moment seinen Pulsschlag zu verlangsamen, so wird er durch das Aufleuchten einer Lampe oder durch einen Ton des Biofeedbackgerätes „belohnt". Solange er in der Lage ist, seine unwillkürlichen Reaktionen unter Kontrolle zu halten, hält dieses Belohnungssignal an. Steigert sich der Pulsschlag wieder, wird die Belohnung entzogen. Durch diese Rückmeldung seines Erfolges oder Mißerfolges lernt der Trainierende binnen kurzer Zeit, seine Pulsfrequenz mit dem eigenen Willen zu steuern. Am wichtigsten ist dabei die Erkenntnis, daß eine physiologische Veränderung nicht mit Zwang oder aktivem Willen erreicht werden kann, sondern dadurch, daß man sich die beabsichtigte Veränderung in einem entspannten Zustand vorstellt. Wir nennen dies den *passiven Willen*. Die Entspannung ist wichtig, weil es in diesem Zustand am leichtesten ist, die losgelöste und doch erwartungsvolle Haltung einzunehmen, die für das Eintreten der gewünschten Veränderung nützlich ist. Es ist hilfreich, denjenigen Körperteil deutlich zu visualisieren, der beeinflußt werden soll, während man die Selbstsuggestionen in Gedanken wiederholt oder sich das Ergebnis vorstellt. Auf diese Weise scheint ein Kontakt mit diesem bestimmten Körperteil hergestellt zu werden. Dies ist allem Anschein nach für die Auslösung der psychologischen Vorgänge, die zu physiologischen Veränderungen führen, wichtig. Die Veränderungen ergeben sich im wesentlichen aus dem psychophysiologischen Prinzip, das lautet: „Jede Veränderung des physiologischen Zustandes wird begleitet von einer entsprechenden bewußten oder unbewußten Veränderung des geistig-emotionalen Zustandes, und umgekehrt wird jede Veränderung des geistig-emotionalen Zustandes bewußt oder unbewußt begleitet von einer entsprechenden Veränderung des physiologischen Zustandes." Dieses Prinzip erlaubt, wenn man es mit der Willenskraft verbindet, daß sich ein natürlicher Vorgang – die psychosomatische Selbstregulierung – entfaltet.

Nach dem Erlernen der psychosomatischen Selbstregulierung ist diese auch ohne Entspannung unter allen Umständen anwendbar. Man muß also visualisieren, sich vorstellen und fühlen, daß die Veränderung eintritt, und sie dann einfach geschehen lassen. Stören Sie die Neigung des Körpers zur Mitarbeit nicht. Das Ziel ist es, den Körper zu einem Mitarbeiter in der Weise zu trainieren, daß schon eine sehr kurze Vorstellung des gewünschten Prozesses (Visualisierung) die beabsichtigte körperliche (physiologische) Veränderung herbeiführt. Ist der Biofeedback-Lernprozeß einmal abgeschlossen, sind die Befehle an den Körper so konditioniert, daß der Trainierte bei aufkommendem, ihm unangenehmen Streßgefühl automatisch (reflexartig) den Befehl „Puls senken" als Gegenmaßnahme setzen kann. So kann z.B. ein Trainierter seinen Körper erwärmen, sobald ein Kältegefühl eintritt. Das Biofeedbackgerät ist nur für die Dauer des Erlernens notwendig. Danach kann sich der daran Ausgebildete dieser Fähigkeiten, wann und wo immer er will, bedienen.

Kinder sprechen besonders gut auf das Training an. Angstzustände und Lernschwierigkeiten können bei ihnen oft in kürzester Zeit zum Verschwinden gebracht werden. Amerikanische Wissenschaftler fanden heraus, daß Kinder, die das Prinzip des Biofeedbacks verstanden haben, in der Lage sind, es selbständig und kreativ, auch außerhalb der erlernten Situation, anzuwenden. Das Bemerkenswerteste dabei ist, daß der Trainierende unbewußt und spielerisch Organismus und Geist beeinflussen lernt. Damit wird Biofeedback ein wertvolles Mittel gegen Krankheiten, die auf ein Fehlverhalten des Nervensystems zurückzuführen sind! Ist das Nervensystem willkürlich beeinflußbar, kann man nicht nur auf die Symptome, sondern auch auf die Wurzeln eines Übels Einfluß nehmen, ohne dabei, wie mit Medikamenten, Organe zu vergiften, Zellen zu zerstören oder unangenehme Nebenerscheinungen hervorzurufen.

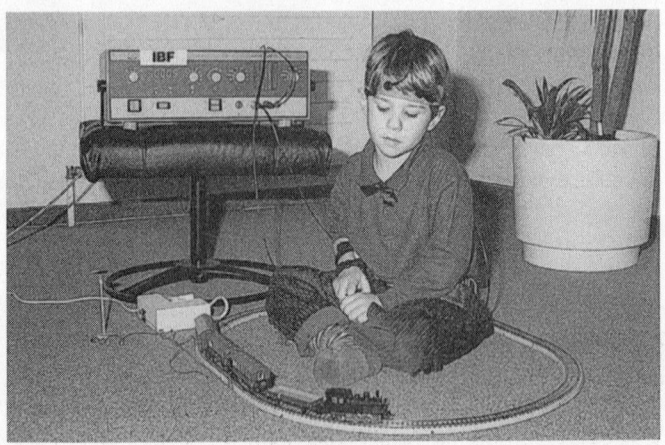

Markus, 4 Jahre, beim Biofeedbacktraining. Bei Trainingserfolg bewegt sich die Eisenbahn.

Mentales Training

Ein Samstag wie viele ... Im Stadion und vor dem Fernsehschirmen herrscht absolute Spannung: ein entscheidender Elfmeter im Fußballspiel um die Europameisterschaft. Der entscheidende Augenblick, die Torchance, der Sieg ist greifbar nahe. Der Schütze legt den Ball auf die Markierung, rückt ihn ein-, zweimal zurecht, nimmt Anlauf. Die Zuschauer auf den Rängen halten den Atem an, Millionen Augenpaare starren auf den Bildschirm. Auch der gegnerische Torwart starrt auf den Ball, fixiert ihn, macht sich bereit ... Der Pfiff des Schiedsrichters ... Jetzt entscheidet einer über alles oder nichts. Scheinbar locker und voll Selbstvertrauen läuft der Schütze an ... Schuß – der Tormann wirft sich ins rechte Eck ... doch der Ball nimmt Kurs auf die linke Seite des Tors. Nur viel zu hoch – viel zu hoch über die Querlatte. Enttäuschtes Stöhnen erfüllt das Stadion, Enttäuschung auch bei den Fußballfans vor den Fernsehern ... Der Schütze kann es ebenso nicht fassen: er hat total versagt ... Nach intensivem Training, so viel Praxis, er, der doch „Elfmeterspezialist" ist. Trotzdem hat er versagt. Aber nicht

Das Biofeedback 45

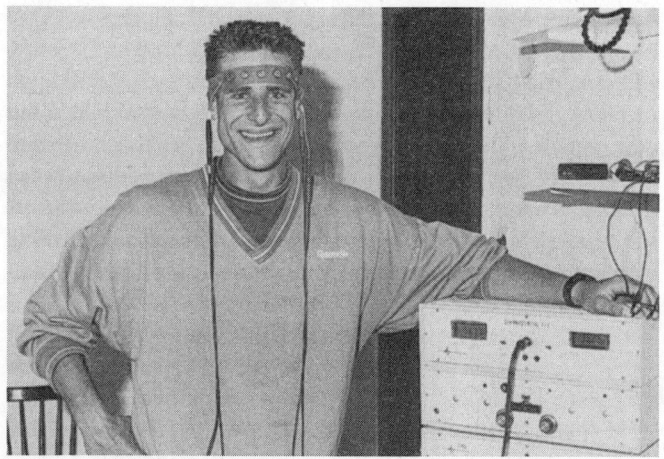

Alexander Antonitsch, Tennisprofi, einer der vielen österreichischen Leistungssportler, die im IBF trainieren

einmal gegen den Mann im Tor, sondern gegen sich selbst, gegen seine Psyche, gegen sein Unbewußtes.

Ähnliche Versagensmomente finden Sie täglich in allen Lebenslagen, in Schule, Beruf und allen Sportarten, von der Weltspitze bis zum Hobbysportler. Immer wieder zeigt sich, daß im Training, beim Erlernen von Fähigkeiten alles gutgeht, aber im entscheidenden Moment plötzlich „alles" aus ist. Man verkauft sich unter seinem Wert. Das Wissen ist noch da, doch der Geist versagt. Nervosität, negative Gedanken, Ablenkung, Angst, falsche Zielsetzungen, mangelnde Vorstellungskraft, aber auch momentan auftretende geistige Müdigkeit, Lethargie, Verzweiflung oder der Gedanke ans Aufgeben machen jemanden zum „Trainingsweltmeister". Zu jemanden, der seine Lernerfolge nicht oder zumindest selten in der Praxis wiederholen kann.

Liegt es da nicht auf der Hand, in das Trainingskonzept der Sportler auch den mentalen Bereich einzubinden, das psychogene Feld zu messen und gegebenfalls zu manipulieren?

Trainingsablauf beim Biokybernetischen Training – BKT

Um den Trainierenden den Start zu erleichtern, wird zu Beginn des Biokybernetischen Trainings (BKT) in manchen Fällen mit einer äußeren Stimulierung begonnen. Diese Stimulierung wird je nach Bedarf mikroelektrisch, elektromagnetisch, visuell oder akustisch durchgeführt. Ebenso können subliminale (unterschwellige) Suggestionen zum Einsatz kommen. Gleichzeitig werden Wirkungsmessungen von hautgalvanischem Wider-

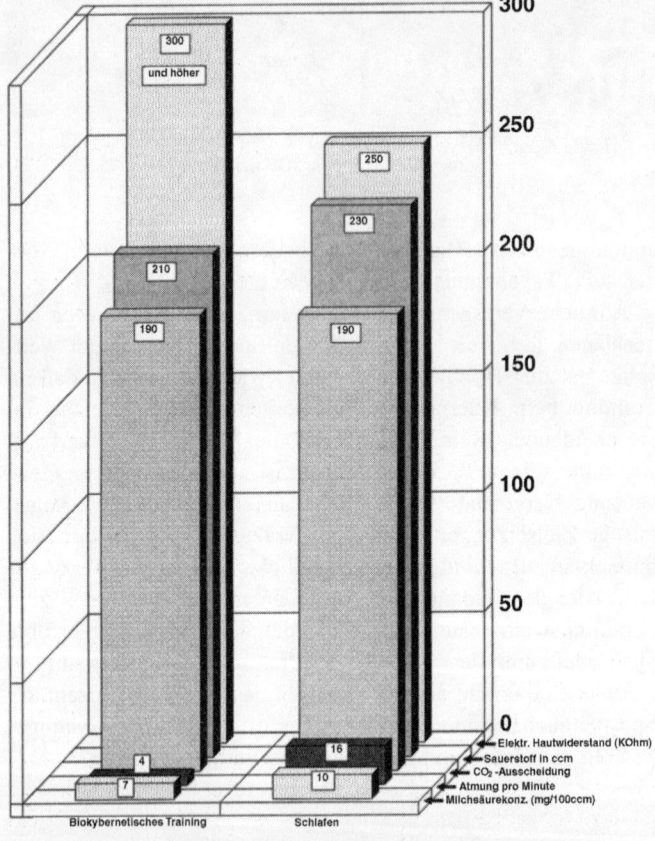

Körperliche Veränderungen bei biokybernetischer Entspannung

stand, Messung des psychogenen Feldes, Mehrkanal-Groß-Elektroenzephalographie (EEG – Messung der Gehirnströme), Elektromyographie (EMG – Messung der Muskelspannung), Messungen von Atmung, Temperatur usw. vorgenommen, um den gewünschten Zustand geistig wie körperlich zu erreichen und dies zu überprüfen. In weiterer Folge werden innerhalb des Biokybernetischen Trainings persönliche, also nur für diese eine trainierende Person, genauest gemessene und abgestimmte Tiefenentspannungs-, Aktivierungs- und Suggestionskassetten angefertigt.

Die Biofeedbacktechnik in der Praxis

Vor dem eigentlichen Biofeedbacktraining steht in unserem Institut (IBF) eine ca. zwei Stunden dauernde Mentalanalyse, das Check-up, bestehend aus drei Faktoren:

1. Einem computerunterstützten Psychotest, mit dem versucht wird, mögliche Hemmschwellen im psychischen Bereich des Probanden (Sportler, Schüler ...) festzustellen und zuzuordnen (Persönlichkeitsanalyse).
2. Einem neurophysiologischen Streßprofil (Messung der verschiedenen Körperfunktionen in Ruhe, bei Belastung und bei Streßeinwirkung). Wie Selye und andere Forscher zeigten, manifestiert sich Streß meist in einem spezifischen physiologischen System. Unser neurophysiologisches Streßprofil zeigt schon vor dem Auftreten ernsterer Symptome oder Erkrankungen, welches System durch Dauerstreß, Angst usw. am meisten beansprucht und geschädigt wird. Verschiedene Menschen (auch Tiere) reagieren höchst unterschiedlich auf die gleichen Bedingungen. Manche werden rasch in eine Streßreaktion versetzt, andere zeigen gesteigerte Aufmerksamkeit, Wachsamkeit, Konzentration, also eine offensichtlich verbesserte Leistungsfähigkeit. Andere wiederum scheinen gegen die streßauslösenden Eigenschaften der Umweltbedingungen immun zu sein. Nicht jeder Stressator ist für jeden gleich belastend. Schon aus diesen Grün-

den ist es einsichtig, daß vor dem eigentlichen Training, vor einer Selbstbeeinflussung, einer Hypnose, die richtige Analyse des einzelnen stehen muß. Die meisten unserer Kunden kommen mit spezifischen Problemen wie z.B. im Sport: „Konzentrationsprobleme beim Start, bei schlechtem Spielstand, Angst vor dem Sieg; Schüler wiederum klagen über Lern- bzw. Konzentrationsschwierigkeiten, Unruhe und Angst; Manager über Streßprobleme, allgemeine Spannungszustände, Migräne, ständige Müdigkeit, Konzentrationsschwierigkeiten, Blutdruckstörungen usw. Die von unseren Kunden geäußerten Probleme und Beschwerden ergänzen unsere selbsterfaßten Daten.
3. Messung des psychogenen Feldes in Ruhe und in Streß, um die Denk- und Verhaltensweisen festzustellen und das Training effizient auf diese Analyse abzustimmen.

Für das Gelingen des Biofeedbacktrainings ist es von entscheidender Bedeutung, Bescheid darüber zu wissen, ob es sich bei der zu trainierenden Person um einen Vagotoniker oder einen Sympathikotoniker handelt. Ein Vagotoniker erfordert eine aktivierende Art des Biofeedbacktrainings; er darf nicht weiter entspannt werden (vgl. Seite 183). Das Training zielt immer auf eine Harmonisierung des psychogenen Feldes.

Biofeedback und Streß

Streß ist ein Ausdruck, der heute sehr ungenau gebraucht wird. Obwohl er etwas ist, dessen wir uns alle bewußt sind, ist er sehr schwer zu definieren. Hans Selye, der große Pionier der psychosomatischen Medizin, verwendete zwei Definitionen; eine einfache: „das Maß der Abnutzung innerhalb des Körpers" – und eine abstrakte, medizinische: „der Zustand, der sich durch ein spezifisches Syndrom manifestiert, das aus allen nichtspezifisch bewirkten Veränderungen innerhalb eines biologischen Systems besteht"[1].

Streß ist ein integrierendes Element im biologischen System aller lebenden Organismen. Alle Lebewesen sind mit angeborenen Streßalarmreaktionen ausgestattet, die sie befähigen, ihre Umwelt zu bewältigen. Ohne Streß gäbe es nur sehr wenig konstruktive Tätigkeit oder positive Veränderung. Zwei der fundamentalen Merkmale des Lebens, Selbsterhaltung und Fortpflanzung, können ohne die angeborenen Streßmechanismen aller Lebewesen nicht in Erscheinung treten. Ein Leben ohne Herausforderungen, die Streßreaktionen auslösen, wäre kein Leben. Doch für Menschen, die in den hochentwickelten westlichen Kulturen leben, ist das Maß an Streß oft zu groß und damit schädlich geworden. Der Mensch von heute hat eine soziale und ökonomische Struktur und ein Gefühl des Zeitmangels entwickelt, die ihn häufiger und stärker unter Streß setzen als zu jeder anderen Zeit in der Geschichte der Menschheit, und die Folgen sind oft verheerend. Die meisten Menschen sind der Ansicht, daß ihnen keine andere Wahl bleibt, als dieses Streßniveau als festen Bestandteil ihres Lebens zu akzeptieren. Viele betrachten die in hohem Maß wettbewerbsorientierte Gesellschaft mit ihrem Zwang nach mehr und immer mehr Leistung in immer kürzerer Zeit als ein unentrinnbares Lebensmuster, an das sie sich anpassen müssen. Unter Streß leiden beide Geschlechter und alle Altersstufen, Kinder wie Erwachsene, und er ist

---

[1] Seyle, H.: Streß – mein Leben. Erinnerungen eines Forschers. München

nicht nur auf den Typ des gehetzten Managers beschränkt. Menschen um die 20 können Streßwirkungen wegstecken, die sich vielleicht erst mit 40 oder 50 offen bemerkbar machen.

Kopfrezept Nr. 2:
Streßtest

Mit diesem Test können Sie feststellen, ob der Streß in Ihrem Leben zu groß ist. Die beschriebenen Situationen betreffen die letzten zwölf Monate.

1 Ist ein nahestehender Mensch, Ehepartner usw. gestorben?
   ja   nein

2 Haben Sie sich von Ihrem Partner getrennt, Scheidung usw.?
   ja   nein

3 Haben Sie geheiratet oder eine neue Freundschaft, eine neue Partnerschaft begonnen?   ja   nein

4 Hatten Sie vor kurzem einen schweren Unfall oder eine ernste Krankheit?   ja   nein

5 Haben Sie Schlafprobleme?   ja   nein

6 Haben Sie das Gefühl, daß Ihnen alles über den Kopf wächst?   ja   nein

7 Steht Ihnen oder Ihrem Ehepartner eine schwere Operation ins Haus? Oder hatten Sie oder Ihr Partner vor kurzem eine schwere Operation?   ja   nein

8 Sitzen Sie mehr als zwei Stunden täglich vor dem Fernseher?   ja   nein

9 Haben Sie finanzielle Sorgen?   ja   nein

10 Sind Sie enttäuscht oder verärgert über viele Ihrer Mitmenschen?   ja   nein

11 Essen Sie sehr viel Süßigkeiten und Zucker?   ja   nein

12 Sind Sie sehr oft eifersüchtig? **ja   nein**

13 Leben oder arbeiten Sie unter sehr schweren Bedingungen? **ja   nein**

14 Sind Sie mit Ihrem Liebesleben unzufrieden? **ja   nein**

15 Leben oder arbeiten Sie unter starkem Lärmstreß (Lärmbelästigung)? **ja   nein**

16 Verbringen Sie viel Zeit mit dem Suchen nach verlegten Sachen? **ja   nein**

17 Rauchen Sie mehr als 3 oder 4 Zigaretten pro Tag? **ja   nein**

18 Trinken Sie jeden Tag Alkohol? **ja   nein**

19 Haben Sie mindestens einmal pro Woche Streit mit jemanden? **ja   nein**

20 Hat sich Ihre Arbeitszeit radikal verändert? **ja   nein**

Auswertung
Geben Sie sich für jedes Ja einen Punkt.

0–1 Punkt: Sie haben sehr wenig Streß und brauchen sich keine Sorgen für die Zukunft zu machen.

2–3 Punkte: Wenn Sie weiterhin gut auf sich achten, werden Sie auch weiterhin gesund sein. Etwas Ärger ist nämlich noch kein Streß.

4–7 Punkte: Sie sind in guter Verfassung, durch Streß sind Sie aber auch empfänglich für Erkältungs- und Hauterkrankungen usw., also für leichte negative Streßreaktionen. Durch vernünftige Ernährung und Ruhe können Sie wieder Kräfte sammeln. Versuchen Sie, einige Streßfaktoren, die Sie kontrollieren können, auszuschalten (Rauchen, Trinken und ungesunde Ernährung). Es würde Ihnen auch schon meditative Entspannung helfen.

8–15 Punkte: Durch Streß sind Sie anfällig für Krankheiten und Unfälle. Sie müssen unbedingt etwas unternehmen, damit Ihre Gesundheit nicht leidet. Noch ist Zeit!

16–20 Punkte: Sie sind ernsthaft gefährdet und sollten professionelle Hilfe in Anspruch nehmen. Achten Sie auch mehr auf Ihren Lebensstil.

Inzwischen wurde von verschiedenen Wissenschaftlern untersucht, welche der Verhaltensweisen wirklich gefährlich und welche harmlos sind. Zur Freude vieler „Arbeitssüchtiger" waren Arbeitseifer und Leistungsorientierung nicht mit einem erhöhten Herzinfarktrisiko verbunden, vielmehr entpuppten sich Feindseligkeit, permanente Kampfbereitschaft, explosiver Sprachstil, ständige Ungeduld und Irritierbarkeit als Hauptschuldige. Wer unter Druck steht und keine Kontrolle ausüben kann, hat ebenso schlechte Karten. Zum Beispiel trifft dies sehr oft bei Sekretärinnen zu: sie stehen unter starker Arbeitsbelastung, haben nichts zu sagen und müssen sich ständig nach dem Chef richten.

Kopfrezept Nr. 3:
Puls-Atem-Test

Das Verhältnis von Puls und Atmung zeigt uns ebenso, wie stark eine Person belastet ist. Bei gesunden Sympathikotonikern ist das Verhältnis zwischen Puls und Atmung im Tagesverlauf maximal 10:1, beim Vagotoniker kann das Verhältnis auf 2:1 absinken. Nach ca. 30 Kniebeugen und kurzer Entspannung sollten beide Reaktionstypen sich auf den Wert 4:1 (4 Pulsschläge zu 1 Atemzug) einpendeln. Wer diese Werte nicht mehr erreicht, der ist urlaubsreif!

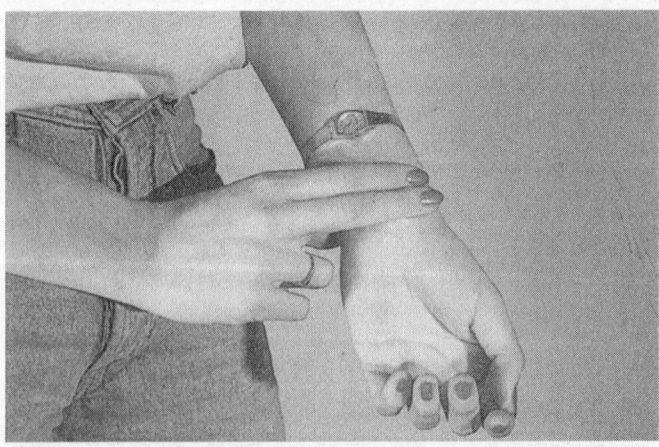

Richtiges Pulsfühlen

Streßursachen

Streßbedingte Störungen gehen auf die langsame Anhäufung von psychischen und physischen Streßreaktionen im Lauf des ganzen Lebens eines Menschen zurück. Manche sind sich vage bewußt, daß ihr persönlicher Streß einen hohen Preis fordert. Andere wissen es mit Bestimmtheit und können als Beweis ihre Arztbefunde vorlegen. Viele der größeren, aus der Umwelt stammenden Streßauslöser sind offenkundig. Zu den allgemeineren Streßreizen gehören Luftverschmutzung, Lärm, Überfüllung in städtischen Lebensbereichen, Termindruck im Beruf, das ständige Gefühl des Wettbewerbs in der Arbeitswelt sowie im häuslichen Leben. Elektromagnetische Strahlungen durchdringen unsere Umwelt und setzen die Menschen einer Strahlungsmenge aus, die in der Geschichte noch nicht da war.

Der Elektrostreß

Hochspannungsleitungen, Funkwellen, Radarwellen, Stromleitungen, Elektroheizkörper, Heizdecken, elektrische Geräte, Fernseher, Computer, Neonröhren bestrahlen uns ständig, aber auch unsere Arbeitsplätze werden immer elektrointensiver. Um bei dieser Art von Belastung, die viele nicht einmal bewußt wahrnehmen, praktikable Wege einer Streßminimierung zu gehen, haben wir ein eigenes Meßdesign entwickelt. An Ort und Stelle können so Belastungen, die den einzelnen betreffen (wieder steht der Mensch persönlich im Mittelpunkt!), gemessen werden. So können Maßnahmen am Arbeitsplatz oder für den Wohnbereich getroffen werden, die eine Verringerung der elektromagnetischen Strahlungsbelastung bewirken.

Das *Elektrostreß-Meßdesign* ist eine tragbare, computerunterstützte Meßanordnung, bestehend aus:

- Gehirnpotentialmeßgerät – Wie wirkt der Elektrostreß auf das Gehirn? Es zeigt Konzentrationsprobleme, Lernprobleme und Emotionen auf.

- Durchblutungsmeßgerät – zeigt Blutdruckstörungen.
- Elektromyographie – zeigt Muskelverspannungen.
- Stromflußmeßgerät – zeigt den Stromdurchfluß durch die getestete Person. Die Werte des Stromdurchflusses sollten am Arbeitsplatz nie mehr als 0,40 – 0,60 Volt betragen, am Schlafplatz sollten die Grenzwerte 0,07 – 0,15 Volt nicht überschreiten.

Natürlich stehen in unserem Institut noch erweiterte Meßmöglichkeiten zur Verfügung, die dann im Einzelfall eingesetzt werden können. Eine Messung mit Auswertung dauert 1–1,5 Stunden. Ähnliche Meßdesigns werden auch beim „Aufdecken" von anderen Streßauslösern wie Lärmbelästigung, Strahlenbelastung usw. angewendet.

Streß aufgrund von Schwierigkeiten und Problemen

Ereignisse wie finanzielle Schwierigkeiten, ein Todesfall in der Familie, die Fälligkeit eines Kredites, berufliche Veränderung, schulische Probleme, Prüfungsangst und Wettkampfangst sind ebenfalls als starke Streßreize erkennbar. Streß kann sich auch aus der Beziehung eines Menschen zu einem schwierigen Vorgesetzten, einem Problemkind, einem Freund, einer oder einem Geliebten oder einem Ehepartner ergeben. Alle diese Faktoren lassen sich verhältnismäßig leicht identifizieren. Es gibt jedoch eine Unzahl anderer Streßreize, die sich ebenso stark auswirken, auf bewußter Ebene aber vielleicht nicht so offensichtlich sind. Viele davon sind Reaktionen auf Streß, die ihrerseits zu eigenen Streßreizen werden. Dazu gehören unbestimmte Ängste, unerklärliche Abweichungen von den Schlaf- oder Eßgewohnheiten, Konzentrationsprobleme, Gehirnpotentialprobleme, unharmonisches psychogenes Feld, Muskelspannungen oder -krämpfe und zahlreiche andere störende Symptome. Nicht alle Arten von Streß entstehen unter negativen Bedingungen, obwohl diese Vorstellung weit verbreitet ist.

Streß durch positives Geschehen

Neuere Experimente zeigen, daß Ereignisse, die von den meisten als positiv oder angenehm betrachtet werden, ebenso Streß auslösen können wie die als negativ empfundenen. Positive Geschehnisse wie eine Hochzeit, eine Beförderung, eine erwünschte Schwangerschaft, eine hervorragende persönliche Leistung, sogar ein einfacher Urlaub können eindeutige Streßreize sein. Vorfälle solcher Art verlangen von einem Menschen, daß er sich anpaßt oder ändert, und sie beanspruchen seine physischen und psychischen Adaptionsmechanismen ebenso wie negative Streßreize. Veränderung und rasche Anpassung sind die gemeinsamen Elemente sowohl positiver als auch negativer Streßreize. Denken wir nur an eine Pensionierung und die Probleme, die daraus entstehen können. Jede Veränderung im Leben eines Menschen verlangt Anpassung, und wenn Anpassungen innerhalb einer kurzen Zeitspanne zu oft vorgenommen werden müssen, sind Spannungen und Streß die Folge. Wichtig ist, deutlich zwischen schädigenden und nicht schädigenden Streßreaktionen zu unterscheiden. Offensichtlich kann oder soll nicht jeglicher Streß vermieden weren. Eine normale adaptive Streßreaktion tritt ein, wenn die Streßursache klar und erkennbar ist. Sobald eine Schwierigkeit bewältigt ist, kehrt der Mensch relativ rasch zu einem normalen Funktionsniveau, zu seiner normalen Ordnung zurück.

Der psychosoziale Streß

Der psychosoziale Streß wurde in unserer Kultur zu einem gefährlich sich aufschaukelnden Phänomen, das unablässig seine Wirkung ausübt. Eine tragische Folge davon ist, daß streßbedingte seelische und körperliche Erkrankungen im Lauf des letzten Jahrzehnts zum sozialen und gesundheitlichen Hauptproblem wurden. Streßbedingte Krankheiten sind in den hochindustrialisierten Gesellschaften längst anstelle der epidemisch auftretenden Infektionskrankheiten zu einem der größten medizinischen Probleme geworden. In den letzten Jahren haben sich in Westeuropa, in den USA und in Japan vor allem vier Krankheiten bemerkbar gemacht. Sie werden als Zivilisationskrankheiten bezeichnet. Es sind dies kardiovaskuläre (das Herz und die Gefäße bzw. den Kreislauf betreffende) Leiden, Krebs, Arthritis und Erkrankungen der Atemwege (einschließlich Bronchitis). Diese vier Leiden treten vor allem in den hochentwickelten Ländern der Welt auf.

Die Ernährungsweise, die Umweltverschmutzung und vor allem der erhöhte Streß in hochindustrialisierten Gesellschaften werden als die wichtigsten Mitursachen ihrer Entwicklung betrachtet. Die meisten amerikanischen medizinischen Fachbücher sehen 50–80% aller Krankheiten als psychosomatisch oder streßbedingt an. Maßgebliche medizinische Autoren bezeichnen heute folgende Krankheiten als psychosomatisch: Magengeschwüre, schleimiger Dickdarmkatarrh, Dickdarmentzündungen mit Geschwürbildungen, Bronchialasthma, allergische Hautentzündungen, Nesselsucht, Heuschnupfen, Arthritis, Raynaudsche Krankheit (Störung der Blutversorgung im Bereich der Hände und Füße), hoher Blutdruck, Ausbleiben der Regel, Bettnässen, anfallsweises Herzjagen, Migräne, Impotenz, allgemeine sexuelle Funktionsstörungen, Einschlafstörungen, Alkoholismus, weitere Arten der Drogensucht und des Suchtverhaltens und die ganze Skala der neurotischen und psychotischen Störungen. In einer Gesellschaft und einem Wirtschaftssystem mit beispielloser Streßüberflutung müssen wir Methoden entwickeln, die die Wirkung von Streß auf unser körperliches und seelisches Wohlbefinden mildern.

Unklare Streßursachen

Wenn jedoch die Streßursache unklar und undefiniert ist, wenn sie lange andauert oder wenn mehrere Ursachen gleichzeitig wirken, finden viele nicht so rasch zu einer normalen seelischen und körperlichen Grundlinie zurück. Es zeigen sich weiterhin potentiell schädliche Streßreaktionen. Dieser Sachverhalt ist wesentlich für das Verständnis psychosomatischer Störungen. Zur Veranschaulichung brauchen Sie nur an ein Ereignis zu den-

Streß im täglichen Leben

ken, bei dem Ihr Leben tatsächlich in Gefahr war, an einen Autounfall etwa oder an einen schweren Sturz. Erinnern Sie sich an das Gefühl seelisch-körperlicher Erregung während dieser Streßreaktion? Schon allein dieser Gedanke, diese Idee kann mittels Biofeedbackgeräten gemessen und damit nachträglich die Streßreaktion gefunden werden. Als die Gefahr vorüber war, haben Sie wahrscheinlich einen „Seufzer der Erleichterung" ausgestoßen, während Sie wieder normal zu atmen begannen und das Zittern und die Euphorie in Ihrem Körper spürten. Das Ganze war eine normale Streßalarmreaktion (Notfallreaktion des Körpers), auf die als Gegenreaktion Entspannung folgte, bevor Sie zu Ihrem normalen Funktionsniveau zurückkehrten.

Vergleichen Sie nun diese Reaktionen und diese Empfindungen mit denen am Ende eines streßreichen Tages. Psychologisch betrachtet, scheinen sie vielleicht ganz anderer Art zu sein, aber das neurophysiologische Muster ist praktisch das gleiche. Nach einem streßreichen Tag funktioniert Ihre gesamte Physiologie nicht selten so, als ob Ihr Leben in Gefahr wäre. Da aber tatsächlich keine unmittelbare Gefahr für Ihr Leben besteht, haben Sie kaum die Gelegenheit, irgendeine bestimmte Ursache zu erkennen und sie zu verarbeiten. Die meisten Bedrohungen, denen wir uns täglich aussetzen, sind nur unklar zu erkennen, und das verhindert eine ausreichende Erholung von der auslösenden Streßalarmreaktion. Dieser nicht abgebaute Dauerstreß, dem der Mensch ständig ausgesetzt ist, ist in erster Linie an der Entwicklung streßbedingter Störungen schuld.

Biofeedback als vorbeugende Maßnahme

Für die meisten Menschen ist eine radikale Änderung ihres Lebensstils einfach nicht möglich. Um die größeren Streßursachen in seinem Leben zu beseitigen, müßte man vielleicht den Beruf, den Ehepartner, die Freunde, die Umgebung, die Lebensanschauung und die Lebensziele wechseln. Nicht viele Menschen sind frei genug von Verpflichtungen, mutig genug oder gewillt, die Sicherheit eines Platzes im System aufzugeben. Die allgemeine Reaktion auf Streß besteht darin, seine Wirkungen auf Seele und Körper zu ignorieren, Erleichterung beim Alkohol, bei Beruhigungsmitteln, beim Essen, bei Drogen oder Medikamenten zu suchen. Diese scheinbaren Hilfen sind aber keine Lösung. Bei der Zunahme streßbedingter physiologischer und psychologischer Störungen müssen wir Methoden finden, die Streßkrankheiten nicht nur lindern, sondern von vornherein verhüten. Diese Methoden können aber nicht solcher Art sein, daß sie vom einzelnen verlangen, aus der Gesellschaft auszubrechen. Sie müssen vielmehr in die bestehende soziale und berufliche Struktur sowie in das Grundschema der gegenwärtigen Lebensstile eingefügt werden können. Daß dies wirklich möglich ist, zeigt das Biofeedbacktraining, das auch als Präventivmethode, als vorbeugende Methode seine Einsatzberechtigung in der modernen Medizin hat.

Seit dem frühen Mittelalter wurde der Mensch unter den getrennten Aspekten Körper, Seele und Geist gesehen. Die Medizin wurde von „Aderlassern" ausgeübt und widmete sich dem körperlichen Wohlbefinden des Menschen. Mit der Seele, im nicht-religiösen Sinne, befaßten sich okkulte Wissenschaften; der Geist gehörte in das Reich der orthodoxen Religionen. Die westliche Kultur neigte seit jeher dazu, die einzelnen Teile des

Menschen zu betonen, anstatt ihn als untrennbares Ganzes zu betrachten. Diese Spaltung ist noch sehr deutlich in der heutigen Gliederung der Medizin zu sehen. Ärzte widmen sich der Behandlung des Körpers, Psychiater und Psychologen sind für die Heilung geistig-seelischer Störungen zuständig und eine dritte Gruppe, die Geistlichkeit, nimmt sich der Heilung des Geistes und der Seele im spirituellen Sinne an. Während andere Gesellschaften Heilungsrituale entwickelten, die den ganzen Menschen, die ganze Familie und soziale Gruppe betreffen, sind die Heilverfahren des Westens durch Spezialisierung gekennzeichnet. Im Lauf der Geschichte der Medizin zeichnet sich eine deutliche Polarität ab. Auf der einen Seite gibt es eine philosophische und klinische Orientierung, die im wesentlichen alle psychologischen Faktoren außer acht läßt und sowohl Krankheit als auch Erhaltung der Gesundheit als etwas rein Körperliches betrachtet. Im Gegensatz dazu und als Reaktion darauf gibt es eine nicht minder extreme Anschauung, der zufolge jede körperliche Krankheit das Ergebnis einer psychischen Unzulänglichkeit des Menschen ist. Keine dieser beiden Anschauungen genügt, um die Psychogenese von Krankheiten zu erklären. Daß dies nicht so einfach ist, zeigt uns die neue Wissenschaft der Psycho-Neuro-Immunologie. (Sie wird in diesem Buch an anderer Stelle abgehandelt.) Wenn Krankheitsverhütung das höchste Ziel ist, müssen Fachleute und Betroffene beginnen, den ganzen Menschen in Betracht zu ziehen. Ein Mensch muß in seinen körperlichen, seelischen und geistigen Aspekten gesehen werden, mit der Absicht, soviel wie möglich von seiner Beziehung zu seiner gesamten Umwelt zu verstehen. Zu dieser Umwelt gehören Familie, Umgang mit seinesgleichen, Berufs- und Lebenssituation, die Vorstellung von sich selbst und von anderen und seine Rolle in der Gesellschaft ebenso wie seine Kindheit, die einen bedeutenden Teil seines gegenwärtigen Charakters geformt hat.

Zum Glück zeichnet sich heute in der Medizin ein neuer Schwerpunkt ab, der durch eine solche ganzheitliche oder holistische Betrachtung des Menschen charakterisiert ist. Die holistische Medizin erkennt die unentwirrbaren Wechselbeziehungen zwischen einem Menschen und seiner psychosozialen Umwelt. Geist, Seele und Körper arbeiten als ein integrales Ganzes. Gesundheit herrscht, wenn alle drei harmonisch übereinstimmen, während Krankheit die Folge von Streß und Konflikten ist, die die Harmonie stören. Diese Auffassungen sind im Grunde humanistisch und stellen wieder den Patienten und nicht die medizinische Technologie in den Mittelpunkt. Die moderne Medizin neigt dazu, den Menschen als Maschine mit auswechselbaren Teilen zu betrachten, und entwickelte Verfahren, um diese Teile zu reparieren, zu entfernen oder künstlich nachzubilden. Das sind bedeutende Leistungen, aber es wurde dabei der Mensch als dynamisches, integriertes und komplexes System mit einer ausgeprägten Fähigkeit zur Selbstheilung aus den Augen verloren. Durch Biofeedbacktraining, Biofeedbackanalyse und eventuell Hypnose soll dieser Zustand eine grundlegende Änderung erfahren.

Der Biofeedbacktrainer betrachtet den ganzen Menschen, er legt das Hauptgewicht eher auf die Erhaltung der Gesundheit und die Verhütung von Krankheit als auf die Behandlung bereits bestehender Leiden. Das Konzept der holistischen, vorbeugenden Gesundheitsfürsorge sollte eine der wichtigsten Neuerungen in der modernen medizinischen Forschung und ihrer klinischen Anwendung sein. Es muß jedoch ausdrücklich gesagt werden, daß diese neue Auffassung die gegenwärtige allopathische Medizin nicht kritisiert oder bekämpft. Es gibt viele Fälle, in denen die herkömmlichen Heilpraktiken notwendig sind, und die Vorteile der medizinischen Technologie stehen außer Zweifel. Die holistische Medizin versucht, die Fortschritte auf dem Gebiet der biomedizinischen Forschung mit einer humanistischen Einstellung zum Menschen zu vereinen. Die Entwicklung eines Modells der holistischen Gesundheitsfürsorge wird die Gelegenheit für eine intensive Zusammenarbeit zwischen vielen Disziplinen bieten, um die umweltbedingten, sozialen, psychologischen und biologischen Faktoren bei der Entstehung von Krankheiten und der Erhaltung der Gesundheit herauszuarbeiten. Die Messung des psychogenen Feldes bietet einen guten Arbeitsansatz.

Holistisches Denken

Eine stärkere Beachtung des Körpers als Ganzes und der Einheit von Körper und Geist könnte die medizinische Forschung wesentlich bereichern und uns letztendlich helfen zu verstehen, was der psychosoziale Streß uns antut. Der genaue Vorgang, durch den übermäßiger Streß zur Krankheit führt, wird bei einigen der häufigsten Streßkrankheiten klar erkannt, im Falle vieler anderer noch nicht recht verstanden. Es ist offensichtlich, daß bewußt oder unbewußt wahrgenommene Streßreize die neurophysiologische Aktivität des endokrinen und immunologischen Gleichgewichts, die Blutversorgung und den Blutdruck, den Rhythmus der Atmung, die Anzahl der Herzschläge, die Tätigkeit der Hirnanhangdrüse (Hypophyse), den Verdauungsprozeß und die Gehirntätigkeit beeinflussen. Zumeist sind die durch Streß ausgelösten Veränderungen kaum merklich (eine Veränderung des psychogenen Hirnfeldes ist meßbar), und der einzelne ist sich die meiste Zeit dieser Schwankungen nicht bewußt. Ob diese Streßreaktionen aber erkannt werden oder nicht: sie beeinflussen entscheidend die Widerstandsfähigkeit des Menschen gegen Krankheiten und richten ihrerseits selbst Schaden an.

Ein Mensch wird mit einer Streßsituation konfrontiert, deren Bewältigung ihm außerordentlich schwer fällt. Diese Situation übersteigt seine Kräfte, und er sieht keinen Ausweg. Daher trifft er eine unbewußte Wahl, die ihm eine Möglichkeit bietet, mit dieser unlösbaren Situation fertig zu werden. Eine solche Möglichkeit ist die Entwicklung einer psychosomatischen Störung, beispielsweise einer Migräne, die ihn so stark beeinträchtigt, daß er handlungsunfähig wird und somit von der Verantwortlichkeit, die so schwer auf ihm lastet, entbunden ist. Die Krankheitssymptome gestatten es ihm nun, sich aus einer unhaltbaren Lage zurückzuziehen, wenn er sich mit anderen Mitteln aus ihr nicht mehr befreien kann. Der Anthropologe Gregory Bateson nannte eine solche mißliche Situation *double bind*, Beziehungsfalle, in der der Mensch zwischen zwei gleichermaßen unannehmbaren Alternativen wählen muß, während er daran gehindert wird, seinem Dilemma Ausdruck zu verleihen. Seine Symptome befreien den Menschen von der Notwendigkeit, sich mit den komplexeren und nicht zu bewältigenden Streßsituationen zu befassen. Er ist nun krank, und seine Freunde und Verwandten stimmen ihre auf ihn Bezug nehmenden Erwartungen darauf ab. Seine Krankheit schiebt eine Auseinandersetzung mit dem Problem auf oder verhindert sie vielleicht sogar völlig. Sobald dieser Weg einmal eingeschlagen wird und sich als erfolgreich erweist, besteht bei der betreffenden Person die Neigung, das gleiche Verhaltensmuster als Reaktion auf künftige Streßreize anzuwenden. Unglücklicherweise wird die Entscheidung, die zur Entwicklung einer Krankheitsreaktion auf Streß führt, gewöhnlich auf der unbewußten Ebene getroffen, und solche Verhaltensmuster können weit über den Punkt hinaus beibehalten werden, wo sie noch wirksame Mittel zur Streßbewältigung sind. Da Fälle wie der hier geschilderte recht häufig auftreten, muß jede umfassende Therapie mit dem Ziel der Erleichterung psychosomatischer Erkrankungen diese unbewußten dysfunktionellen Symptome entdecken und dem Patienten alternative Verhaltensweisen anbieten. Doch nicht immer stellt sich das Ganze so einfach dar. Versuche, eine lineare Verbindung zwischen bestimmten Arten von Streß und spezifischen Krankheiten herzustellen, werden wahrscheinlich zu nichts führen. Psychosomatische Krankheiten gehen auf eine komplexe Wechselwirkung zwischen Geist, Körper und Umwelt zurück und erfordern eine alle Systeme berücksichtigende, holistische Betrachtung. Eine psychosomatische Störung, wie kardiovaskuläre Erkrankung, Asthma oder Arthritis, kann nicht nur durch das Schema von Ursache und Wirkung verstanden werden.

Mehr Körperbewußtsein ist nötig

Viele psychotherapeutische Disziplinen verlassen sich ganz auf die Einsicht als das Mittel, ein Problem zu bewältigen. Aber einem Menschen lediglich Einsicht in bezug auf die Entstehung solcher Krankheiten zu verschaffen genügt nicht immer. Nachdem einem Menschen die Streßursache in seinem Leben und die Verhaltensweisen, die dem Problem zugrunde liegen, bewußt gemacht wurden, ist noch ein weiterer Prozeß durchzumachen, um das falsche Verhalten abzulegen und ein neues zu erlernen. Innerhalb dieses Prozesses muß immer eine Harmonisierung des psychogenen Hirnfelds erfolgen. Hier bietet sich natürlich hervorragend Biofeedbacktraining an. Was psychosomatisch Erkrankten nur sehr selten erklärt wird, ist die Beziehung zwischen Verhalten (Hirntyp), Einstellung und den autonomen neurophysiologischen Funktionen. Die Menschen müssen diese Beziehungen verstehen und fühlen, bevor sie besondere Fertigkeiten erlernen können, die ihnen helfen, Streß abzubauen.

Erst wenn sie imstande sind zu erkennen, wann sie dem Streß ausgesetzt sind, und empfindlich werden für seine subtilen Auswirkungen auf ihren Körper, können sie wirksame Methoden der Streßreduktion entwickeln. Die Anwendung von streßreduzierenden Techniken wie Meditation und Biofeedback ist ein großer Schritt vorwärts auf dem Weg zur Verhütung psychosomatischer Krankheiten. Den Menschen meditative Fähigkeiten zu lehren, die sie auf ihre Streßsituation anwenden und leicht in ihren Tagesablauf aufnehmen können, ist eine der größten Aufgaben der vorbeugenden holistischen Medizin. Die derzeit üblichen therapeutischen Eingriffe bei psychosomatischen Erkrankungen sind alles andere als ermutigend. Die Behandlung von Patienten mit zu hohem Blutdruck besteht gewöhnlich aus der Verschreibung eines Medikaments oder einer Kombination von Medikamenten, um den Blutdruck zu regulieren. Leider können die Nebenwirkungen störender sein als die Krankheit selbst. Die hohen Kosten und eine pharmakologische Abhängigkeit auf lange Zeit machen die Chemotherapie zu einer unbefriedigenden Methode für ein so dringliches Problem. Millionen Menschen sind praktisch drogenabhängig, und dies nur, um ihre nervösen Spannungen zu erleichtern. Sie üben einen Großteil ihrer täglichen Tätigkeiten in einem sedierten Zustand aus. Diese Medikamente sind ein großes Problem. Eine Studie über den Gebrauch psychotroper Medikamente zeigt, daß schwächere Tranquilizer in der allgemeinen medizinischen Praxis die am häufigsten verschriebenen Medikamente sind. Diese Mittel werden hauptsächlich verwendet, um Symptome der Angst oder Depression zu dämpfen. Statt den Einsatz von Tranquilizern zu verstärken, wäre ein richtiges mentales Training zielführend.

Allerdings ist es nicht leicht, die Menschen in vorbeugender Medizin zu schulen. Für viele bringt es ein großes Umdenken bezüglich ihrer Einstellung und eine Änderung von Gewohnheiten, die man einfach für selbstverständlich hält, mit sich. Eines der größten Probleme der vorbeugenden Medizin ist die ausgesprochene Neigung des Menschen, physiologische Hinweise zu ignorieren oder falsch zu deuten. Viele verhalten sich so, als wären sie vom Hals abwärts gefühllos, und nehmen sich selten die Zeit, auf die Sprache des Körpers zu hören. Streß wirkt zudem auf viele Menschen so unaufhörlich ein, daß sie ihn nicht mehr erkennen, und dieser Mangel an Empfindlichkeit kann höchst gefährlich sein. Wenn wir die Anzeichen des Stresses ignorieren, konditionieren wir uns selbst dazu, eine noch stärkere Überbelastung zu ertragen, anstatt Mittel zu suchen, ihn zu erleichtern. Es ist nicht der Streß, der uns krank werden läßt, sondern unsere Reaktion darauf. Die Spaltung zwischen Geist und Körper ist bei psychosomatischen Erkrankungen deutlich erkennbar, aber sie ist kein unvermeidlicher Zustand.

Die Integration von Geist und Körper ist eine schwierige, aber auch befriedigende Aufgabe. Ohne Führung und richtiges Feedback wäre sie schwer zu lösen. Die Messung des psychogenen Hirnfeldes erleichtert nun diese Arbeit. Manche Techniken, wie z.B. die Meditation, sind uralt. Andere, wie das klinische Biofeedback, sind absolut neu und erweisen sich bei psychosomatischen Störungen als besonders wirksam. Meditative Techniken einschließlich des Autogenen Trainings, der progressiven Entspannung, der verschiedenen Arten klassischer Meditation wie Yoga und auch Biofeedbacktraining lehren den Menschen, sich auf verschiedenen Ebenen dem Streß anzupassen. In erster Linie unterweisen sie ihn in der tiefen Entspannung, die in der turbulenten, ständig streßausübenden Umgebung, in der die meisten Menschen leben, von unschätzbarem Wert sein kann. Die Biofeedbackmethoden und das Biokybernetische Training bringen sogar noch die Möglichkeit eines erhöhten Körperbewußtseins und die Möglichkeit, „Eingriffe" in die Situation, in positiver Hinsicht, auszuüben. Die bedeutendste Leistung der meditativen Therapie wie Autogenes Training, progressive Entspannung oder Biofeedbacktechnik ist darin zu sehen, daß sie den Menschen lehren, Kontrolle über seine nicht willentlichen (autonomen) Funktionen auszuüben.

Die willentliche Regulation einer biologischen Funktion – noch vor einigen Jahrzehnten kategorisch für unmöglich erklärt – geht über innere, physiologische Zustände vor sich. Der Psychophysiologe Dr. Elmar Green schreibt: „In Wirklichkeit gibt es nicht so etwas wie eine Schulung in der Kontrolle der Hirnströme, es gibt nur eine Schulung in der Auswahl und Hervorhebung bestimmter subjektiver Zustände … Was (auf eine noch unbekannte Weise) entdeckt und manipuliert wird, sind subjektive Empfindungen, das Zentrum der Aufmerksamkeit und Denkvorgänge."[1] Durch diese Prozesse lernen die Trainierenden täglich, den Puls, den Blutdruck, die Hirnströme, das Gehirnpotential, die Hauttemperatur, die Hautimpedanz, die Muskelspannung, Kontraktionen der autonomen Muskeln und zahlreiche andere autonome Funktionen zu regulieren. Auf neuere Forschungen auf dem Gebiet der Neurologie und der Psychophysiologie gegründet, erwies sich die klinische Anwendung von Biofeedback als ein hochwirksames Mittel, eine ganze Reihe psychosomatischer Krankheiten zu lindern oder zu beseitigen.

Liste möglicher Streßsymptome

Erröten	Zucken mit dem Kinn
Schwitzen	Schwindelgefühl
Gänsehaut	Sodbrennen
Kalte Hände und Füße	Magenschmerzen
Nasse Hände und Füße	Brechreiz
Durchblutungsstörungen	Schmerzhafte Muskelverspannungen
Heftiges Herzklopfen	Genick- und Rückenschmerzen
Schneller Puls	Verstopfung
Atemnot, häufiges Seufzen	Durchfall

---

[1] Green, E. und A.: *Biofeedback – eine neue Möglichkeit zu heilen.* Hamburg: Hermann Bauer Verlag, 1978.

Trockener Mund
Schluckbeschwerden
Häufige Kopfschmerzen

Nervöses Verhalten, Zappeln

Vergeßlichkeit
Konzeptionslosigkeit
Merk- und Lernschwierigkeiten
Konzentrationsschwierigkeiten
Hastiges Sprechen, Nuscheln
Pünktlichkeit
Angst, Nervosität, Schuldgefühle

Zunehmende Frustration

Gereiztheit
Stottern und Stammeln
Zähneklappern, Zähneknirschen
Schlaflosigkeit, Alpträume
Vermindertes sexuelles Verlangen

Potenzstörungen
Menstruationsstörungen

Ausschläge, Juckreiz
Verkühlungen, Infektionen
Fieberblasen
Unerklärbare Allergieanfälle

Zunehmend kleinere Unfälle
Übermäßiger Appetit
Appetitlosigkeit
Unbeabsichtigte Gewichtsabnahme
Unbeabsichtigte Gewichtszunahme
Zunehmender Nikotinkonsum

Häufige Blähungen
Häufiger Harndrang
Zucken der Lippen und Hände
Zunehmender Alkoholkonsum
Ständige Müdigkeit
Schwächegefühl
Gefühl der Überbelastung
Unentschlossenheit
Wenig Interesse an

Verringerte Arbeitsleistung
Ausreden bei ungenügender Leistung
Depressionen
Launenhaftigkeit
Unbegründete Skepsis
Abwehrreaktionen
Kommunikationsschwierigkeiten
Panikartige Anfälle
Überreaktion bei nichtigen Anlässen
Vermehrte Wutanfälle
Zwanghaftes Verhalten
Impulsive Großeinkäufe
Häufige Einnahme von rezeptfreien Tabletten
Kurzzeitige Sehstörungen
Halluzinationen
Gefühl der Einsamkeit
Gefühl der Wertlosigkeit
Weinkrämpfe

Streßtypen

An dieser Stelle soll auf die Grundregeln der psychosomatischen Vorgänge eingegangen werden. Der Begriff Psychosomatik setzt sich aus *psyche* (Seele) und *soma* (Körper) zusammen; er zeigt, daß körperliche und seelische Vorgänge im Leben eng verbunden sind.

In dieser Verbindung spielt das sogenannte vegetative Nervensystem (autonome Nervensystem) die wichtigste Rolle bei allen lebensnotwendigen Regelvorgängen wie z.B. Gehirn-Aufmerksamkeitsregelung, Hormonhaushalt, Herzschlag, Kreislauf, Stoffwechsel, Atmung, Muskelspannung, Verdauung, Schweißdrüsen, Blutgefäßen … Das vegetative Nervensystem reguliert alle diese Funktionen (und noch viel mehr) über Vorgänge, die sich den jeweiligen körperlichen und seelischen Bedürfnissen anpassen. Bei körperlicher Anstrengung wie z.B. Laufen erhöhen sich, ohne daß man darauf einen Gedanken verschwenden muß, die Sauerstoffzufuhr, die Herzschlagfolge …

Ebenso wie das vegetative Nervensystem auf körperliche Aktionen und Bedürfnisse automatisch reagiert, reagiert es selbständig auf Emotionen und Gefühlsregungen. Angst, Panik, Schrecken oder Freude, Liebe, alle Gefühle lösen bestimmte (meßbare) körperliche Reaktionen aus. Wir können das vegetative Nervensystem als ein Bindeglied zwischen unseren seelischen und unseren körperlichen Vorgängen sehen.

Streßtyp nach Vagus und Sympathikus

Das autonome Nervensystem bedient sich bei seinen Regelvorgängen zweier gegensätzlicher Systeme, der sympathischen und der parasympathischen (Vagus) Nervenfunktionen. Die Aktivierung des Sympathikus hat zwangsläufig die Aktivierung des Parasympathikus zur Folge und umgekehrt. Das sympathische System ist das System der „Aktionen", der Sofortreaktionen, das in akuten Situationen alle erforderlichen Reaktionen des Körpers zur Auseinandersetzung mit dem Problem, eventuell mit einer

Gefahr, einleitet. Der Parasympathikus (Vagus) wieder aktiviert alle Vorgänge, die der Erholung, der Verdauung und dem Aufbau gelten. So kann man den Sympathikus als das Alarmsystem des Reaktionssystems sehen und den Parasympathikus als das dämpfende, beruhigende System. Beide Systeme sollten eigentlich harmonisch zusammenarbeiten und den Organismus vor Schäden bewahren. „Angeboren" ist uns ein ausgewogenes System, das sich in den meisten Fällen über kurz oder lang durch Dauerstreß, Erziehung, Ängste usw. in eine Richtung verschiebt. Es kommt dann zu der typischen psychosomatischen Reaktionsweise eines Sympathikotonikers oder eines Vagotonikers, je nachdem, welches System zumeist die Oberhand gewinnt.

Die Regelkreise

Organ	Funktion des Sympathikus	Funktion des Parasympathikus
Gehirn	Aufmerksamkeitssteigerung	Aufmerksamkeitsdämpfung
Immunsystem	eher dämpfend (Adrenalin)	eher aktivierend (Acetylcholin)
Auge	Pupillenerweiterung Kontraktion des Ziliarmuskels für Nahsicht	Pupillenverengung keine Verbindung
Tränendrüse	geringer oder kein Effekt	Sekretion
Speicheldrüsen	dicke, visköse Sekretion	reichliche, wäßrige Sekretion
Herz	Zunahme von Schlagfrequenz und Schlagstärke der Koronargefäße (indirekt?), Verkürzung der Überleitungszeit	Schlagverlangsamung, Kontraktion der Koronargefäße (indirekt?), Verlängerung der Überleitungszeit
Lunge	Bronchiendilatation, Hemmung der Sekretion	Bronchienkonstriktion, Stimulation der Sekretion
Verdauungstrakt	Peristaltikhemmung	Stimulation der Peristaltik

Leber- bzw. Gallenblase	Freisetzen von Glukose	Ausstoßen von Galle
Nebennierenmark	Sekretion von Adrenalin	keine Verbindung
Niere	Vasokonstriktion und Hemmung der Urinbildung	kein Effekt (?)
Blase	Harnverhaltung	Harnentleerung
Anus	Kotverhaltung	Defäkation
Genitale	Ejakulation	Penis- und Klitoriserektion
Schweißdrüsen[1]	Sekretion	keine Verbindung
Haarfollikel[1]	Piloerektion	keine Verbindung
Blutgefäße	meist Zusammenziehen, Dilatation in einigen Muskeln	außer Erweiterung im Genitalbereich keine Verbindung

Um nun ein richtiges Mentaltraining auf den einzelnen abzustimmen, ist es unumgänglich, durch ein neurophysiologisches Profil (Check-up) den Streßtyp festzustellen und sein Reaktionsprofil aufzuzeigen. Nur wenn dies geschieht, kann eine neue Reaktion, eine Verschiebung des Systems in Richtung Ausgewogenheit (durch ein richtig zusammengestelltes Training) erfolgen. Der im Check-up erhaltene Streßtyp zeigt, in welche Richtung jemand neigt (Sympathikotoniker, Vagotoniker oder dazwischen). Er zeigt ebenfalls die Erregungsgeschwindigkeit und die Länge des nachfolgenden Erholungsverlaufs, also Alarmphase und Dämpfungsphase. Zur Illustration folgen einige Beispiele von Reaktionsprofilen aus der Praxis mit der dazugehörigen Deutung.

In unmittelbarer Nähe einer Menschenansammlung ertönt ein Explosionsknall. Ein Teil der Leute ergreift schreiend die Flucht, manche bleiben offenbar unbeeindruckt, wieder andere brechen vor Schreck zusammen, erleiden einen Kollaps, fallen in Ohnmacht. Warum reagieren wir Menschen so verschieden?

---

[1] Die Schweißdrüsen und die Haarfollikel werden nur vom Sympathikus aktiviert.

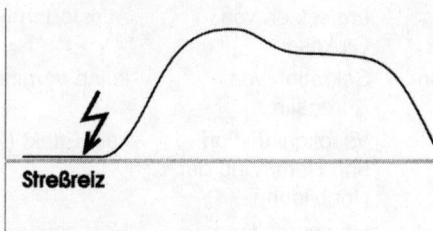

Streßtyp 1: Biofeedback-Meßkurve. Typisches Reaktionsbild des Sympathikotonikers

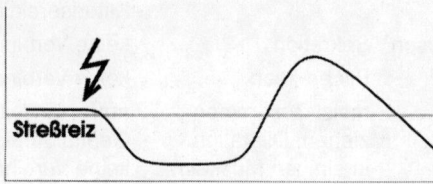

Streßtyp 2: Reaktionsbild Vagotoniker, der gegen Ende der Streßreaktion sympathikotonisch reagiert

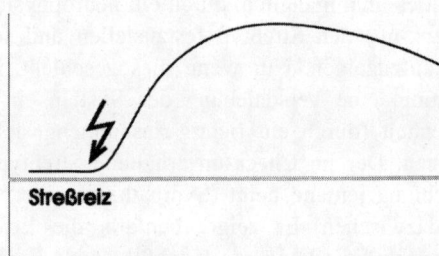

Streßtyp 3: Diese Person hat größere Schwierigkeiten, Streß zu bewältigen

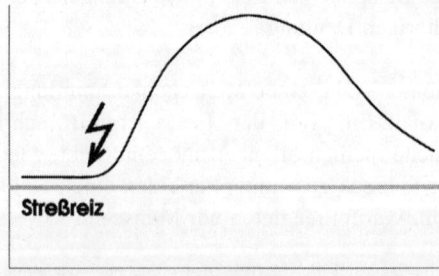

Streßtyp 4: Anzustrebendes Verhalten des Streßtyps

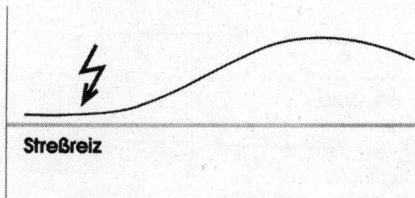

Streßtyp 5: Diese Biofeedback-Meßkurve kann bei bedächtig reagierenden Personen eher normal sein

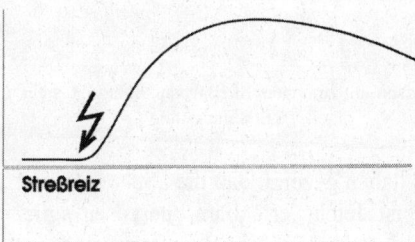

Streßtyp 6: Wie Streßtyp 5, aber mit höherer Streßreaktion und langsamem Anlauf

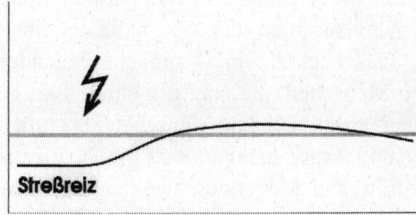

Streßtyp 7: Emotional gehemmte Person, schwer ansprechbar, zurückgezogen, leichte Streßreaktion sichtbar

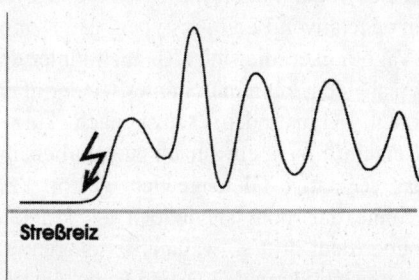

Streßtyp 8: Sehr ängstlich reagierende Person, unruhige Persönlichkeit

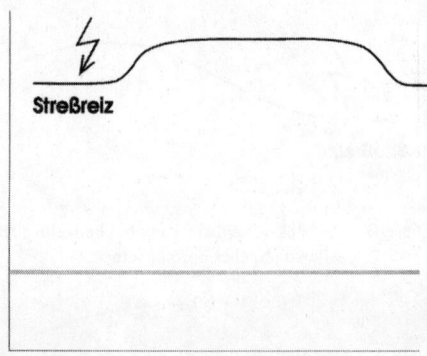

Streßtyp 9: Person mit zu hohem Streßniveau, überreizt, steht unter ständiger Streßbelastung

Die Tests haben gezeigt, daß die „Schreier" und „Läufer" im Alltag zumeist leicht erregbare, nervöse, agile, sehr unbeherrschte und temperamentvolle Typen sind, solche, die zu Herzklopfen, Kopfschmerzen und Bluthochdruck neigen. Es handelt sich um die sogenannten Sympathikotoniker, in deren vegetativem Nervensystem der Sympathikus überwiegt. Die Kollabierten, Geschockten, in Ohnmacht Fallenden hingegen zählen zu den Menschen, die man gewöhnlich als äußerlich ruhige, scheinbar ausgeglichene Menschen einstuft, solche, die den Kummer und Ärger mehr in sich hineinzufressen pflegen, dafür aber häufig über Magenbeschwerden und niedrigen Blutdruck klagen. Diese Personen kann man als Vagotoniker bezeichnen, weil in ihren vegetativen Reaktionen der Vagus oder genauer der Parasympathikus die Oberhand hat. Diese zwei gegensätzlichen vegetativen Reaktionstypen, den Sympathikotoniker und den Vagotoniker, die sich z.B. auch hinter dem Lenkrad deutlich unterscheiden, kann man immer wieder in entsprechenden Situationen herausfinden, selbst nach kurz dauernden schwachen Reizeinflüssen, etwa nach gewöhnlichem Lärm. Bei beiden ist das vegetative Gleichgewicht gestört bzw. einseitig verschoben, ohne daß man sie jedoch als krank bezeichnen kann. Gegenüber dem dritten, weitaus selteneren, ausgeglichenen Typ, bei dem sich Sympathikus und Vagus die Waage halten, besteht bei ihnen eine besondere Neigung zu bestimmten Krankheiten. So sind Sympathikotoniker besonders von Krankheiten des Gefäß- und Kreislaufsystems, von Herzinfarkt und Bluthochdruck heimgesucht, während Vagotoniker eher für Magen- und Darmgeschwüre, für zu niedrigen Blutdruck, Darmbeschwerden und Bronchialasthma anfällig sind. Bei beiden Konstitutionstypen gehen nach massiven, dauernden Überreizungen die zunächst vorübergehenden Veränderungen an den einzelnen Funktionskreisen und Organen nicht mehr zurück, sondern sie verstärken sich und gehen schließlich in echte Krankheiten über.

Die Einteilung in Sympathikotoniker und Vagotoniker ist selbstverständlich nicht absolut, sondern immer nur als vorherrschende Tendenz zu verstehen. Ein Vagotoniker kann gelegentlich sympathikotonisch reagieren und umgekehrt – je nach den Bedingungen in seiner Umwelt oder in einer entsprechenden Lebensphase.

Nun ist es für unser Check-up und für geeignete Gegenmaßnahmen im Training, im Biofeedbacktraining, aber auch im Meditations-Selbsthypnose-Training von Wichtigkeit festzustellen, welcher Teil des vegetativen Nervensystems bei der getesteten Person überwiegt, also der Vagus oder der Sympathikus. Durch eine einfache meßtechnische Anordnung ist dies auch leicht erschließbar.

Der Sympathikotoniker

Ein vom Sympathikus regierter Mensch fühlt sich häufig angespannt, hat öfter Bluthochdruck als andere Menschen, leidet eventuell an Kopfschmerzen. Wir finden bei solchen Menschen oft Unruhe, Nervosität, feuchte Hände, Konzentrationsprobleme durch Überaktivität, Einschlafschwierigkeiten, Herz-Kreislauf-Probleme. In akuten Streßsituationen verhalten sich diese Menschen aufbrausend, aggressiv, indem sie „in die Luft" gehen oder schreien. Durch die Verschiebung zum Sympathikus kommen sie zu schnell in eine Alarmreaktion.

Regel für den Sympathikotoniker: Reg' dich nicht über Kleinigkeiten auf. Das Leben besteht nur aus Kleinigkeiten!

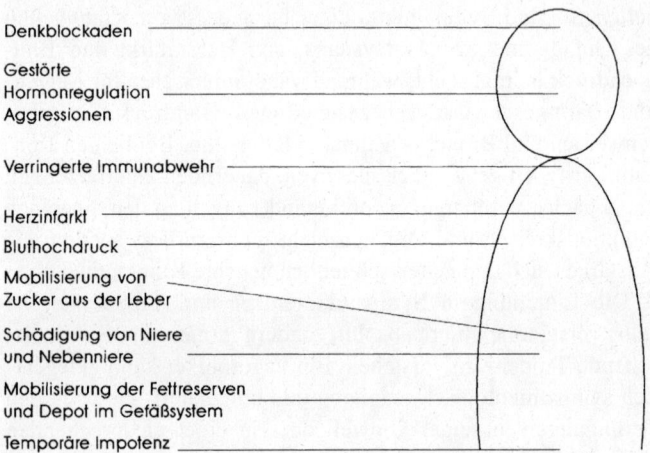

- Denkblockaden
- Gestörte Hormonregulation
- Aggressionen
- Verringerte Immunabwehr
- Herzinfarkt
- Bluthochdruck
- Mobilisierung von Zucker aus der Leber
- Schädigung von Niere und Nebenniere
- Mobilisierung der Fettreserven und Depot im Gefäßsystem
- Temporäre Impotenz

Schwachstellen des Sympathikotonikers

Der Vagotoniker

Beim Vagotoniker ist das Gleichgewicht in Richtung Parasympathikus (Vagus) verschoben. Nach außen sieht man diesen Menschen kaum eine Regung an, sie wirken oft betont ruhig und beherrscht. Doch sie tragen ihre „inneren" Konflikte durch parasympathische Reaktionen aus, wie etwa Magen- und Darmstörungen. Auch dieser Typ kann in akuten Situationen mit Kopfschmerzen (durch Blutdruckabfall, Blutleere im Kopf) reagieren. Konzentrationsprobleme durch Unterversorgung des Gehirns sind ebenso oft zu beobachten. Der Vagotoniker reagiert dann eher mit Schwindelgefühl, Benommenheit, Müdigkeit. Er versucht sich ständig zu dämpfen.

Bei der Schilderung der beiden Reaktionstypen wurde die Extremform gewählt. Im normalen Leben gibt es vor allem die sogenannten Mischformen. Doch wird bei beiden Typenbeschreibungen deutlich, wie sich Menschen bei gleicher Streßsituation unterschiedlich verhalten.

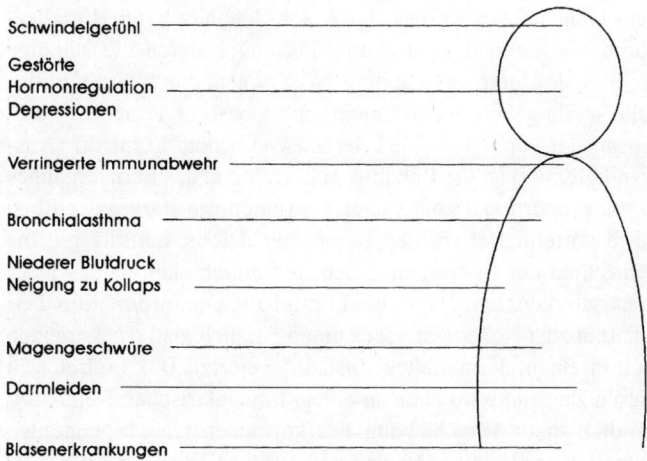

Schwachstellen des Vagotonikers

Was bestimmt unser Verhalten?

Um die komplexen Abläufe im Unterbewußtsein zugänglicher zu machen, soll an dieser Stelle ein Anschauungsmodell konstruiert werden, das für viele neu, aber verständlicher sein wird als bisherige Theorien.

Dr. John Cappas hat ein Modell des Lernens und der Vernunft erstellt, in welchem er postuliert, daß man entweder durch direkte Erfahrungen oder durch Schlußfolgerung lernt. Jeder Mensch lernt ausschließlich im Rahmen dieser beiden Weisen. Meist prägt die primäre Bezugsperson (Mutter) unsere Beeinflußbarkeit und unsere Art zu lernen, die sekundäre Bezugsperson (Vater) ist verantwortlich für die Art, wie wir das Gelernte anwenden. In der Tat liegt hier die Basis für Akzeptanz, Ablehnung oder Interpretation der verschiedensten Informationseinheiten, die wir im Lauf des Lebens empfangen.

Ich selbst gehe nach reiflicher Überlegung und zahlreichen Untersuchungen von folgendem Lern- und Konditionierungsmodell aus. Bei einem derart natürlichen Lernprozeß wie z.B.

dem Gehenlernen werden durch den Schmerz beim Hinfallen, durch die innere Enttäuschung, aber auch durch die ständige emotionale Unterstützung der Erwachsenen, durch ihre Vorbildrolle – alle gehen, warum nicht ich? – bestimmte neue Verhaltensmuster geprägt. Beim Erlernen von neuem Lernstoff (Auswendiglernen) ist die Reizintensität während des Lernvorganges direkt proportional zum späteren Erinnern: je stärker der Reiz, desto vorteilhafter für den Lernerfolg. Dieser Leitsatz gilt bis zum Punkt der Überreizung, der die Lernfähigkeit dann wieder drastisch reduziert. Damit ein Lerninhalt, eine Information dauerhaft abzuspeichern ist, ist es unumgänglich, daß der Lernende sich in einen „lernbereiten Zustand" versetzt. Das Eintreten in diesen Zustand wird auch an einem hirnelektrischen Kennwort, nämlich einer Verschiebung des kortikalen Gleichspannungspotentials in Richtung Negativität, sichtbar. Wird der Ablauf eines Lernprozesses vom Gehirn des Lernenden selbst gesteuert, indem er das Lernmaterial ausschließlich in Phasen erhöhter Negativierung zuspielt (dies ist durch eine Gehirnpotential-Feedbackanordnung möglich, siehe auch Gehirnpotentialtraining), wird der Lernprozeß drastisch verbessert. Die Möglichkeit, diesen lernbereiten Zustand durch ein gezieltes Biofeedbacktraining willentlich herbeizuführen, eröffnet völlig neue Lernperspektiven. Jede Informationseinheit, jeder Eindruck, den man im Leben erhält, prägt unser Denken. Dieser Prozeß findet erst einmal größtenteils ohne Wertung statt. Alle Informationseinheiten werden durch unbewußte Interpretation „gefiltert" und anderen zugeordnet, wobei unbewußt, aber direkt auf unsere erste und zweite Bezugsperson und unser soziales Umfeld hin interpretiert wird. Zusammen mit unseren angebotenen und erlernten Begabungen stellt dieser Prozeß die Grundlage für unser Werturteil und auch für das Bild dar, das wir uns von der uns umgebenden Realität machen.

Nun ist es aber meist so, daß wir alle im Lauf unseres Lebens mehr negative als positive Eindrücke verarbeiten müssen. Diese Eindrücke – „das darfst du nicht, tu das nicht" – werden zu unseren Blockaden, die als selbstauferlegte Einschränkungen akzeptiert werden und solcherart viele neue Erfahrungen und Wandlungsprozesse verhindern. Wir erwarten nicht Reichtum,

Erfolg, Gesundheit, Siege und Wohlbefinden, es sei denn, wir wurden in eine reiche, an Siege gewöhnte und gesunde Umgebung hineingeboren. Und dann steht eventuell immer noch eine schlechte Erziehung und negative Suggestion im Weg, nicht zu vergessen den auf uns einströmenden Streß. Doch warum wirken die selbstauferlegten Einschränkungen so stark? Die Grundlage dazu ist eine tief innen sitzende, in jedem Menschen vorherrschende Angst vor Isolation, vor Ablehnung; eine Angst, die nachhaltig prägt.

Alle unsere Reaktionen basieren auf unserem Bild der anderen und auf dem tiefen Bedürfnis nach Anerkennung und Verständnis, ohne das unser Leben sicher wenig sinnvoll wäre. Deshalb kann gesagt werden, daß unser Verhalten nichts anderes als Konditionierung ist. Das psychogene Feld, die Bewußtseinsschablone, wird aufgebaut und verstärkt, es kommt zu einem vermehrten Einsatz bestimmter Hirnregionen, dadurch zur Ausprägung des Bewußtseinszustandes. In den meisten Fällen ist somit das freie Handeln nur eine Illusion, da unser Konditionierungsprozeß eine Entwicklungsfreiheit im großen Umfang meistens nicht zuläßt. Die Angst vor Ablehnung steht uns immer im Weg. Ein Individualist, ein Genie, ein Sieger ist jemand, der dieselben Dinge sieht, die andere auch sehen, aber er sieht sie anders. Er ist jemand, der sich über seine Ängste, über seine Konditionierung erhebt, was eine Flexibilität des Hirnfeldes voraussetzt.

Um im Leben eine entspannte, sich verwirklichende Persönlichkeit zu werden, müssen wir das aufgeben, was wir anderen und uns vorspielen zu sein. Kommt es zur Herausforderung, so wird uns plötzlich das Risiko klar. Aber wenn wir „siegen" wollen, müssen wir das Verhalten entsprechend ausrichten. Unser Verhalten ist nur eine Manifestation unserer unbewußten, inneren Vorstellung. Diese Vorstellung steht im direkten Zusammenhang mit unseren Erfahrungen. Unsere Erfahrung ist eingeengt durch unser Bedürfnis nach Anerkennung. Anerkennung heißt aber meistens, sich den Wünschen und Vorstellungen anderer anzupassen. Dies ist ein scheinbar geschlossener Kreis, den es mit Maß und Gefühl zu durchbrechen gilt.

Kopfrezept Nr. 4:
Suggestionsformel

Der Arzt John C. Lilly nennt seine Suggestionsformeln Meta-Programmierungen. Die folgende ist mit „Unbegrenzte Überzeugungen" betitelt und geeignet, auf Kassette gesprochen, „Grenzen" abzubauen.

„Vor uns selbst versteckt, gibt es eine heimliche Gruppe von Überzeugungen, die das Denken, das Handeln und das Fühlen kontrollieren. Diese heimliche Gruppe von versteckten Überzeugungen ist die begrenzende Gruppe von Überzeugungen, die transzendiert werden müssen ...
  Wenn ich es erlaube, gibt es keine Grenzen; keine Grenzen des Denkens, keine Grenzen des Fühlens, keine Grenzen der Bewegung. Wenn ich es erlaube, gibt es keine Grenzen. Es gibt keine Grenzen des Denkens, keine Grenzen des Fühlens, keine Grenzen der Bewegung. Das, was nicht erlaubt ist, ist verboten. Das, was erlaubt ist, existiert. Wenn man keine Grenzen erlaubt, gibt es keine Grenzen. Das, was verboten ist, ist nicht erlaubt. Das, was nicht erlaubt ist, ist verboten. Das, was existiert, ist erlaubt. Das, was erlaubt ist, existiert. Wenn man keine Grenzen erlaubt, gibt es keine Grenzen. Das, was nicht erlaubt ist, ist verboten. Das, was verboten ist, ist nicht erlaubt. Das, was erlaubt ist, existiert. Das, was existiert, ist erlaubt. Sind keine Grenzen erlaubt, so gibt es keine Grenzen. Keine Grenzen erlaubt – keine Grenzen existent.
  Im Bereich des Geistes ist das, was man für wahr hält, entweder wahr oder wird wahr. Im Bereich des Geistes gibt es keine Grenzen. Im Bereich des Geistes ist das, was man für wahr hält, wahr oder wird wahr. Es gibt keine Grenzen."[1]

Beachten Sie: Es heißt, wenn ich es erlaube, gibt es keine Grenzen.

---

[1] Lilly, J.C.: *Das Zentrum des Zyklons*. Frankfurt/Main: Fischer, 1976. S. 136, 137.

Was geschieht bei Emotionen?

Die organische Grundlage der Emotionen blieb lange Zeit hindurch Gegenstand lebhafter Spekulationen, und mehr als bei jeder anderen psychologischen Dimension gingen die Ansichten der Untersucher auseinander. Durch moderne High-Tech-Meßmethoden im Bereich des Gehirns (EEG, Potentialmessungen und Messungen des psychogenen Feldes), aber auch durch Biofeedbacktechniken konnte nun ein neues Konzept der Emotionen erstellt werden.

Sieger oder Verlierer

Wer ist ein Sieger, wer ein Verlierer? Wer bleibt oder wird gesund? Wer wird krank?

Unsere neuesten Erkenntnisse geben darauf eine klare Antwort. Es kommt nicht auf die Lebensumstände an, sondern darauf, wie wir auf sie reagieren. Entscheidend sind nicht die Fakten und Daten aus unserem Leben, weder Beruf, Einkommen, Arbeitszeit, Ehe, Partner, Lebensalter, Freunde, Urlaubstage, ... entscheidend ist, wie wir unser Leben sehen, wie wir fühlen, denken und handeln! Unsere eigenen Gedanken oder Gefühle sind auch biochemische Auslöser, die unser inneres Heilungssystem täglich aktivieren oder blockieren. Das psychogene Feld bedingt unsere Sichtweise, und das seit frühester Kindheit. Dieses Feld so zu formen, daß es uns gutgeht, ist ein Ausweg aus so mancher Sackgasse.

Das motorische Lernen

Der Grundmechanismus bei der Wirkung jedes Entspannungs- und Mentraltrainings ist ein geistig-körperliches Feedback, eine Kommunikation des Bewußtseins – über den Umweg Unterbewußtsein – mit dem Körper, ja mit jeder betroffenen Zelle. Die amerikanischen Biofeedbackpioniere Green & Green beschreiben in ihrem Buch „Biofeedback – eine neue Möglichkeit zu heilen" den Versuch, einzelne Nervenfasern in einem Nervenfaserbündel durch Biofeedbacktraining zu steuern. Ungefähr die Hälfte der Versuchspersonen konnte dies innerhalb von 20 Minuten durch einfaches Ton- und Lichtsignalfeedback leicht erreichen. Interessanterweise kann niemand, der diese Steuerung beherrscht, beschreiben, wie sie vor sich geht. Man kann nur sagen, daß man visualisiert, was man geschehen lassen möchte, worauf der Körper dies ausführt. Das Biofeedback hilft dazu, daß man ein Gefühl für den gewünschten Vorgang bekommt, so daß er auch ohne Biofeedbackgerät wiederholt werden kann. Bei den Versuchen war jene Entladung des betreffenden Nervs in einem Lautsprecher als Schlag zu hören, die Kontrolle somit leicht zu erlangen und auch zu überprüfen. Das Wichtigste an dieser Forschung ist die Tatsache, daß sogar einzelne Zellen willentlich kontrolliert werden können.

Diese Kommunikation mit dem Körper ist durch das sogenannte passive Wollen einer Visualisation ohne bewußten Druck möglich. Bei einer bestimmten Vorstellung, z.B. einer Bewegung, entstehen meßbare Bewegungsimpulse in den jeweiligen Muskelgruppen, ideomotorische Bewegungen, die dem betrachteten oder vorgestellten Vorgang entsprechen. Der sogenannte Carpenter-Effekt weist nun nach, daß nicht nur eine erhöhte Anspannung in den Beinen des Zuschauers vorhanden ist, wenn er jemanden laufen oder springen sieht, sondern auch Bewegungsimpulse nachweisbar sind. Es besteht auch eine feststellbare lineare Änderung der Muskelspannung, je nach Intensität der Vorstellung. Aber auch im Bereich der Durchblutung konnten wir über viele Jahre hinaus feststellen, daß alle in unserem Institut trainierenden Personen eine mehr oder weniger ausgeprägte Lenkung der Durchblutung einzelner Körperstellen erlangten.

Unumstritten besteht eine Kommunikationslinie Geist – Körper, ja Geist – einzelne Zelle. Isolierte Hautstellen, Organe, ja Nervenzellen können angesprochen werden. Ich selbst kann u.a. auch die Haarbalgmuskeln (musculi arrectores pilorum) kontrollieren. Diese Muskeln unterstehen dem Sympathikusanteil des vegetativen Nervensystems und steuern das Aufstellen und

Senken der Körperhaare. Bei Messungen, die gleichzeitig mit diesem Effekt durchgeführt wurden, konnte eine Steigerung der Herzfrequenz, des Blutdrucks, der Atemfrequenz sowie der Pupillendilatation (Erweiterung), EEG-Veränderungen im prämotorischen Hirnsektor und eine Zunahme der elektrischen Hautpotentiale in Regionen, die reich an Schweißdrüsen sind, festgestellt werden. Diese Muster lassen auf die willentliche Reaktion des Sympathikus schließen.

Wir konnten in unseren Untersuchungen sehen, daß nur die richtige Art, die richtigen Emotionen, die richtige Energie im Gehirn des Trainierenden notwendig ist, um diese Kommunikationslinie zu aktivieren. Somit ist das motorische Lernen ein angeborener, aber zumeist nicht ausgenützter natürlicher Effekt des Lebens. Dieses Wissen ist schon alt, Yogis, Schamanen, Essener, alle wußten es: Gedanken sind das, was lenkt. Geist ist der Baumeister. Eine Idee, die von unserer westlichen Wissenschaft immer vehement abgewiesen wurde, bis eine andere die Beweise erbrachte. Biofeedback schlug die Brücke zwischen altem Wissen und neuer Technik. Victor Hugo sagte, daß es keine größere Macht gibt als die einer Idee, deren Zeit gekommen ist. Es scheint nun die Zeit für ein neues Verständnis einer ganzheitlichen Medizin, ja einer ganzheitlichen Sicht des Menschen anzubrechen.

Das Leben eines Menschen ist das, was seine
Gedanken daraus machen. *(Marc Aurel)*

NASA-Astronauten und Streßmanagement

„... nur ein kleiner Schritt ..."

16.7.1969: Cap Kennedy, eine Minute vor 14 Uhr. Jack King, der offizielle Sprecher des NASA-Startkontrollzentrums, greift zum Mikrofon. *„Apollo 11 is ready to go"* – Apollo 11 ist startbereit. Alle Systeme werden zum letzten Mal überprüft, der Countdown läuft ...

Zeit: t –3 Minuten, 10 Sekunden[1]. Jetzt drückt der verantwortliche Ingenieur den roten Knopf *„Feuerkommando"*, der die vollautomatische Schlußphase des Countdown auslöst ...

Zeit: t –1 Minute, 50 Sekunden. Blitzschnell überprüft der Startcomputer zum letzten Mal alle Werte. *„Booster system to go"*, klingt es aus den Lautsprechern. Die Startrakete ist bereit.

Zeit: t –9 Sekunden! *„Ignition, we have ignition"*. – Wir haben gezündet. Eine Rauchwolke wallt auf, wird fortgeschleudert von einem Schwall orange-gelber Lohe. Noch halten die übermannshohen Stahlklammern die Rakete auf der Abschußrampe fest.

Zeit: t –0 Sekunden. Die Startklammern lösen sich: die 110 Meter hohe Rakete hebt ab. Mit nur einigen millionstel Sekunden Verspätung hebt um 14.32 die Saturn-5-Rakete mit der Apollo-Kapsel an der Spitze von der Startrampe ab. *„We have lift off, we have lift off"*, schallt Jack King's Stimme aus dem Lautsprecher. Jubel bricht bei den Zuschauern auf der Ehrentribüne aus.

Die Apollo 11 war auf dem Weg. In ihren Konturenbetten wurden Armstrong, Collins und Aldrin heftig durchgerüttelt. Alle fünf Raketen arbeiten mit voller Schubkraft ... Die Apollo 11 lag auf ihrer Bahn. Hätten die Warnlichter zu flackern begonnen, wären zwei von ihnen verlöscht, dann hätte der Kommandant die Schiebeklappe mit dem Daumennagel zurückgestoßen und einen Knopf betätigt: Die Rakete des Rettungsturms wäre gezündet und Apollo 11 aus einem eventuellen Gefahrenbereich weggerissen worden. Aber die fünf mächtigen F-1-Triebwerke verbrannten präzise Kerosin und Sauerstoff. Pro Sekunde flossen 13.000 Liter Treibstoff durch die Düsen. 13.000 Liter, die Ladung eines großen Kesselwagens pro Sekunde.

In der Startzentrale summte es wie in einem Bienenstock. Alles lief ohne Hektik ab. Jeder der 450 Männer an den Kontrollständen arbeitete gelassen, routiniert. Vor dem Oszillographen saßen die Mediziner und überwachten die Daten, die von den

---

[1] t = time, Zeit bis zur Zündung

Körpersensoren und Elektroden zur Erde gefunkt wurden. Die Pulsfrequenz der drei Astronauten hatte sich erhöht. Der Kommandant der Apollo 11, Armstrong, hatte einen Herzschlag von 110 Schlägen, Collins 99 Schläge, und bei Aldrin wurden 88 Schläge gemessen. Die Fluggeschwindigkeit betrug nun 25.000 Stundenkilometer.

Zwei Stunden und 44 Minuten nach dem Start, um 17.16 Uhr MEZ, beschleunigt die Rakete neu. Sie steigert die Geschwindigkeit auf ca. 39.000 Stundenkilometer. Das Raumschiff liegt nun exakt auf Kurs. Wie ein Geschoß strebt das Schiff dem Erdtrabanten zu. Weiterhin zeigt sich für das Überwachungspersonal der NASA: Die Apollo-11-Besatzung ist die schweigsamste Astronautencrew, die jemals in den Weltraum geflogen ist: Armstrong, Aldrin und Collins reagieren wie vorprogrammiert. Sie scherzen nicht, wie es die Mannschaft von Apollo 10 getan hat. Und sie sind streßresistenter als die Apollo-7-Besatzung Schirra, Eisele und Cunningham, die bei ihrem Flug stark mit Streß kämpfen mußte. Bei allen dreien war das Immunsystem dadurch geschwächt. Aus vielen Problemen hatten die NASA-Wissenschaftler gelernt.

Die Apollo-11-Mannschaft war von Computern ausgewählt worden: Elektronengehirne hatten das Verhalten der Männer während anderer Raumflüge geprüft, auch ihre Reaktionen auf komplizierte psychotechnische Tests. Alle drei waren mittels einer Desensibilisierungstechnik vorbereitet worden. Sie lernten mit Angstsituationen und mit Streß richtig umzugehen. Die NASA-Psychologen konfrontierten die Raumfahrer in kleinen Schritten mit immer kritischeren Situationen, wobei jede Stufe so lange geübt wurde, bis der Astronaut sie streß- und angstfrei bewältigen konnte. (Nach dem gleichen Prinzip werden auch Allergiker behandelt. Verträgt jemand zum Beispiel keine Blütenpollen, so wird versucht, ihn mit Kleinstmengen, die man langsam erhöht, an die jeweiligen Pollen zu gewöhnen. Die trainierte Person wird unempfindlich gemacht, mittels Biofeedbackunterstützung desensibilisiert.) Dieses Verfahren war die Grundlage des Astronauten-Trainings. Jeder einzelne wurde nach seinen Bedürfnissen trainiert. Nicht eine Technik des Mentaltrainings führte zu Spitzenleistungen, sondern die Anwendung mehrerer individueller, gemixter psychologischer Praktiken, das erkannten die NASA-Spezialisten schon bald.

Wie die Geschichte der Apollo-11-Mission weiterging, weiß wohl jeder. *„Eagle has landed!"* – Der Adler ist gelandet! Das Mondlandeboot Eagle setzt am Erdtrabanten auf. „Ein kleiner Schritt für einen Mann, aber ein gewaltiger Sprung für die Menschheit." Das waren die ersten Worte, die der amerikanische Astronaut Neil A. Armstrong sprach, der am 21. Juli 1969 um 3.57 MEZ als erster Mensch den Boden des Mondes betrat. Hunderte Millionen Fernsehzuschauer auf der ganzen Welt sahen auf dem Bildschirm, wie Armstrong den ersten Schritt wagte. Die Pulsschlagfrequenz von Armstrong betrug 130 Schläge in der Minute, Aldrins Herz pumpte in dieser Zeit sogar 156mal. Schon nach einer Minute haben sich beide Astronauten beruhigt: ihr Puls betrug wieder um die 90 Schläge. Und dies trotz Problemen mit ihren Funkanlagen und dem Raumanzug. Alles lief wie vorprogrammiert ab. Die Besatzung der Apollo 11 reagierte perfekt.

130 Pulsschläge/Min. – ein Wert, der bei unseren Tests von vielen Leuten schon bei kleinen Streßsituationen wie z.B. beim Kopfrechnen überschritten wird.

Der neue Weg – Das Biokybernetische Training (BKT)

Der Grundgedanke traditioneller Trainingsmethoden wie z.B. dem Autogenen Training ist es, im Gehirn neue „Geleise zu verlegen", die dann beim effektiven Training „befahren" werden können. Erfolge können dabei aber erst nach langem Training erreicht werden. Wir wollten hier effizienter vorgehen. Die von uns Trainierten sollten ihre Erfolge auch objektiv (meßbar!) sehen können. Mit dieser Vorstellung gründeten wir 1980 den „Arbeitskreis Biofeedback, Meditation und Hypnose", aus dem dann das heutige IBF, das „Institut für angewandte Biokybernetik und Feedbackforschung", entstand. Vom Beginn an sahen wir uns vor das Problem gestellt, daß es keine unseren Anforderungen entsprechenden Geräte zu erwerben gab. So waren wir gezwungen, unsere Trainings- und Meßgeräte selbst zu entwickeln und auch selbst zu bauen. Software, von einfachen Spielen bis hin zu klinisch anerkannten Tests, entstand in Eigenregie, Steuer- und Meßprogramme folgten.

Die richtige Kombination aus moderner Biofeedbacktechnik, Selbsthypnose, Stimulation, Erfahrungen aus der Chronobiologie, Psycho-Neuro-Immunologie, Psychoakustik usw. ermöglichen und vervollständigen das Biokybernetische Training. Das neurophysiologische Profil und die Messung des psychogenen Feldes zeigen uns, was wann und bei wem eingesetzt werden muß.

Im Gegensatz zu vielen anderen Mental- und Biofeedbackforschern sehen wir unsere Methoden im Rahmen einer humanistischen und transpersonalen Psychologie, die sich in den Dienst des noch unausgeschöpften menschlichen Potentials stellen. Wir beziehen auch Elemente ein, die über die Grenzen der „normalen Erfahrungen" hinausgehen. Wir wollen die brachliegenden Fähigkeiten des einzelnen erschließen und ihm helfen, diese in sein tägliches Leben zu integrieren.

Das Streßprofil

Zur Messung des Streßprofils gehören folgende Geräte und Methoden:

1 Das Gehirngleichspannungspotential-Gerät zum Messen der Gehirntätigkeit. Durch dieses Gerät erhalten wir Aufschluß über die Konzentrationsfähigkeit in Ruhe und bei Streß, über emotionale Probleme, über Lernschwierigkeiten usw.
2 Die Elektromyographie (EMG), bei der die Aktionsströme der Muskeln aufgezeichnet werden; Muskelverspannungen und Hinweise auf Ängste können so gefunden werden.
3 Der Hautgalvanometer. Er zeigt emotionale Labilitäten und die Neigung zu feuchten Händen.
4 Die Temperaturmessung an der Peripherie des Körpers, Hände/Füße; zeigt die Neigung zu Migräne und Gefäßerkrankungen.
5 Die Durchblutungsmessung.
6 Die Elektrokardiographie. Sie wird zur Kontrolle der Herztätigkeit herangezogen.
7 Die Messung der Atmung und des Atemschemas.
8 Außerdem wird bei Unklarheiten die Elektroenzephalographie (EEG) zur Vervollständigung der Analyse eingesetzt.
9 Der Emotionsscannertest. Ergeben sich Unklarheiten aus dem vorhergehenden Check-up, so wird dieser zusätzliche Test gemacht, der emotionale Spannungszustände aufzeigt. Ein Teil dieses Emotionsscanners ist eine Schaltung, die den Stimmstreß mißt. So können Worte nach ihrem Streßgehalt, nach ihrer Emotionalität oder danach, ob in ihnen Ängste verborgen sind, untersucht werden, und das ganz einfach im Gespräch.
10 Die Messung des psychogenen Feldes, um den Bewußtseinstyp zu eruieren.

Aus all diesen Daten, aus den Wünschen des Kunden wird dann ein persönliches Trainingsprogramm erstellt und mit ihm besprochen. Anschließend beginnt das Biofeedbacktraining, das Biokybernetische Training.

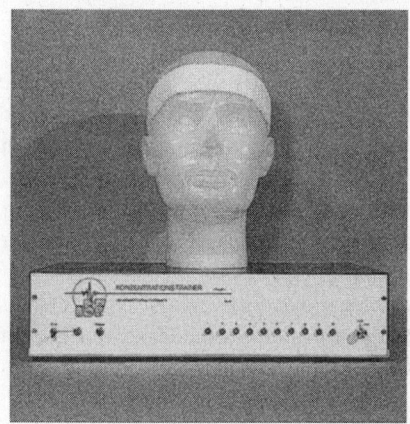

Konzentrationstrainer. Je nach dem Konzentrationszustand leuchtet der gläserne Kopf in verschiedenen Farben.

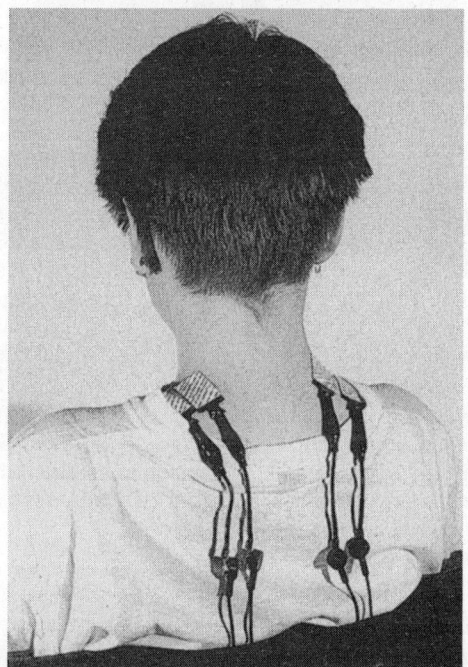

Meßfühler bei EMG-Training, z.B. gegen Kopfschmerzen

Ein Test für die Praxis

Einer der einfachsten Verträglichkeitstests, ein Feedbacktest, den jeder allein und auch zu Hause durchführen kann, ist der Pulstest. Er zeigt uns, wie wir ein bestimmtes Nahrungsmittel vertragen. Unser Pulsschlag ändert nämlich sein Tempo bei Nahrungsmitteln, auf die wir allergisch reagieren. Bei einer Überempfindlichkeit gegenüber bestimmten Speisen und Getränken beschleunigt unser Puls um mindestens zehn Schläge gegenüber dem Durchschnittswert (ist unser Durchschnittswert etwa 60 Schläge, so müßte eine negative Reaktion den Pulsschlag auf 70, 75 und noch mehr erhöhen).

Kopfrezept Nr. 5:
Nahrungsmittelallergie-Test

1 Stellen Sie Ihren Durchschnittspuls fest (öfter in Ruhe messen).
2 Stellen Sie eine Liste Ihrer häufigsten Lebensmittel und Getränke zusammen.
3 In einem Abstand von mindestens zwei Stunden essen Sie die durchschnittliche Menge eines (nur eines) dieser Nahrungsmittel.
4 Ab 30 Minuten nach dem Essensverzehr messen Sie Ihren Puls. Sie legen dafür die Fingerkuppe von Zeigefinger, Mittelfinger und Ringfinger daumenseits an Ihre Handwurzel und zählen eine Minute lang Ihren Puls.
5 Nach weiteren zwei Stunden messen Sie neuerlich.

Wenn der vorher gemessene Wert um mindestens zehn Schläge höher war, so besteht eine Allergie gegen das betreffende Nahrungsmittel oder Getränk. Sie sollten in so einem Fall Ihren Arzt konsultieren und einstweilen dieses Nahrungsmittel meiden.

Biofeedbacktraining: Arten und Anwendungen

Training des psychogenen Feldes

Das psychogene Feld ist die Schablone, durch die unser Bewußtsein geformt wird und durch die alle internen und externen Informationen verarbeitet werden. Über die Manipulation des psychogenen Feldes (Biofeedbacktraining) läßt sich eine Bewußtseinsveränderung und auch -erweiterung erzielen. Es zeigt sich, daß es zumeist genügt, das psychogene Hirnfeld zu ändern, um auch das psychogene Körperfeld zu ändern. Das psychogene Feldtraining kann bei fast allen Problemstellungen eingesetzt werden, egal, ob es sich um die Bereiche Sport, Kunst, Management oder Krankheit handelt. Das psychogene Feld wird durch Biofeedbacktraining harmonisiert. Bei manchen Fällen wird der Schwerpunkt des Feldes in eine bestimmte Richtung verschoben, um neue Fähigkeiten im Gehirn zu aktivieren.

Gehirnpotentialtraining

„Das Gehirn reguliert sich am besten durch das Gehirn selbst."

1976 gelang es erstmals, die ständig im Gehirn auftretenden langsamen Potentialschwankungen unter willentliche (operante) Kontrolle zu bringen und das Verhalten der Versuchsperson infolge dieser Veränderungen vorhersagbar zu machen. In Erwartung eines Signals, einer Aufgabe oder einer Information entwickelt sich in den oberen Kortexschichten eine langsame negative Potentialverschiebung, die mittels Elektroden meßbar ist. Veränderungen zeigen sich z.B. bei Musikern in Erwartung ihres Einsatzes, bei Sportlern in Erwartung ihres Starts oder einer bestimmten Aktion (Tormann beim Angriff), bei ängstlichen Menschen in Erwartung eines angstauslösenden Objekts, bei Autofahrern in Erwartung der Ampelschaltung von Rot auf Grün, bei Schülern in Erwartung einer Rechenaufgabe, um nur einige von unzähligen möglichen Beispielen zu nennen. In diesen langsamen Potentialverschiebungen spiegelt sich die Vorbe-

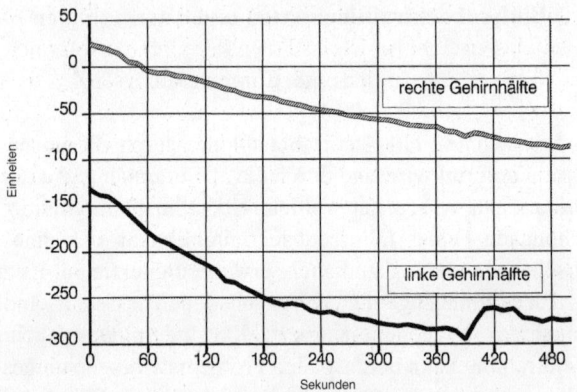

Computergrafik eines Trainingsverlaufs – Aktivierung

reitung des Gehirns auf erwartete Leistungen oder spezifische Verhaltensweisen wider. Die Potentialverschiebung in Richtung negatives Potential wird zunehmend größer, wenn schwierige, aufregende, fordernde Aktionen antizipiert werden. Ist die Reaktion des Gehirnpotentials richtig (nicht zu viel und nicht zu wenig), geht sie mit besserem, effektiverem Handeln einher – bessere motorische Reaktionsgeschwindigkeit, höhere Beobachtungsgenauigkeit, schnelleres Handeln, perfektere Bewegungsabläufe, somit richtige, fehlerfreie Reaktion im richtigen Augenblick. Auch Denk- und Rechenaufgaben werden schneller und besser gelöst, wenn die Hirnrinde zuvor „negativiert" worden ist. Trainierende, die die Kontrolle über ihre langsamen Potentialverschiebungen zu erzielen suchten, indem sie körperliche Reaktionen veränderten (Atem, An- und Entspannung der Muskeln, Augenbewegungen usw.), sind weniger erfolgreich als Menschen, die kognitive Strategien einsetzen, etwa Konzentration, Suggestion, Vorstellungen ...

Innerhalb einiger Potential-Biofeedbacksitzungen lernen die Trainierenden, ihre Großhirnrinde auf Kommando entweder elektrisch negativer (Aktion) oder elektrisch positiver (Entspannung des Gehirns) zu machen. Schließlich erhalten die Trainierenden den Auftrag, das Erlernte auch ohne Hilfe der Biofeedbackanordnung, also nur über ihre Vorstellung zu bewerkstelligen. Ist dies erreicht, so ist das Potentialtraining erfolgreich beendet. Neue Technologien und Computeranalysen machen es uns möglich, Messungen von langsamen Potentialverschiebungen, auch mitten in sportlichen Aktionen, vorzunehmen. So können Erkenntnisse über Fehlverhalten in Extremsituationen gewonnen werden, z.B. beim Aufschlag des Tennisspielers, beim Angriff oder bei Abwehr einer Fechter-Attacke, Fußballer und Handballer in Aktion. Was geschieht mit der Konzentration? Wo muß mittels Biofeedbacktraining geholfen werden? Was kann ein Trainer im normalen Training ändern? Fallen unter Streß die Konzentration des Gehirns und das richtige „Arbeitsniveau" ab oder überaktiviert sich das Gehirn in Streßsituationen – beides ist mit Verschlechterung der Gehirnleistung verbunden –, werden Aufmerksamkeitsstörungen durch falsche Änderungen der Normaltätigkeit des vordersten, frontalen Hirnabschnittes verursacht.

Nach jahrelanger Erfahrung mit praktischem Gehirnpotentialtraining (Biofeedback) können wir sagen, daß dies die unmittelbarste Methode ist, Sportlern, Schülern, Managern und anderen ein Werkzeug in die Hand zu geben, mit dem sie über längere Zeit fehlerfreie Reaktionen hervorbringen können; mittels dessen sie in der Lage sind, sich im richtigen Augenblick zu konzentrieren und letztlich auch ihre Emotionen zu steuern.

Das Elektroenzephalogramm-(EEG-)Feedback

1924 entdeckte Hans Berger die winzigen oszillierenden Ströme von etwa 50 Mikrovolt (im Extremfall bis 500 Mikrovolt), die das menschliche Gehirn abgibt. Dies war die Geburtsstunde der Gehirnwellenforschung. Bereits im Jahr 1958 dachten Forscher an die Möglichkeit, daß ein Mensch, wird er ständig mittels EEG über Art und Tätigkeit seiner Gehirnwellen informiert, diese letztlich auch beeinflussen können müsse. Versuchsreihen wurden gestartet, und Schüler lernten, Alphawellen zu erzeugen (im Zustand des Alpha-Rhythmus befinden sich Menschen, die entspannt und zufrieden sind, vor sich hindösen oder meditieren). Diese Entdeckung veranlaßte Wissenschaftler, jene Bewußtseinszustände zu untersuchen, die mit den verschiedenen Arten von Gehirnwellen verbunden sind.

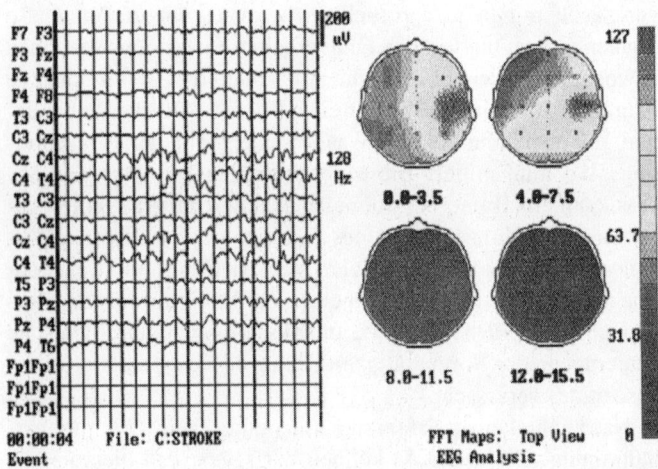

EEG-Analyse (Cap-Scan)

Gehirnwellentraining

Öffnet ein Mensch, dessen Gehirnwellen im Alpha-Rhythmus schwingen, die Augen, so ändert sich meist umgehend die Frequenz seiner Gehirnwellen, und der Alpha-Rhythmus wird von dem schnellen Beta-Rhythmus abgelöst. Im Stadium des Tiefschlafes schließlich erreicht der Gehirnstrom den Rhythmus der Deltawellen, welche die größten und langsamsten Schwingungen darstellen. Nur sehr wenige Menschen können auch bei Deltawellen bewußt bleiben – was mit dem *Samadhi* der Inder bzw. dem „kosmischen Bewußtsein" der westlichen Mystiker gleichgesetzt werden kann.

EEG-Messungen an meditierenden Yogis und Mönchen ergaben, daß diese auch bei geöffneten Augen Alphawellen erzeugen können. Fortgeschrittene Zen-Meister sind in der Lage, im Wachzustand Thetawellen „auszustrahlen". Diese willentliche

Veränderung der Gehirnwellen ist das Ziel des Gehirnwellen-Biofeedbacktrainings. Was man beim Gehirnwellentraining empfindet oder kontrolliert, sind nicht die Gehirnwellen selbst, sondern ein Bewußtseinszustand. Deshalb könnten wir das Gehirnwellentraining auch *Bewußtseinstraining* nennen.

Elektromyogramm-(EMG-)Feedback

Bei diesem Feedbacktraining wird mittels EMG der Muskelspannungszustand akustisch und visuell zurückgemeldet und dadurch ein physischer Entspannungszustand erlernbar gemacht.

Auch für die Psychophysiologie ist die Bestimmung der Muskelaktivität von großer Bedeutung, da die motorische Aktivität als Indikator für das allgemeine Erregungsniveau betrachtet werden kann. Es konnte nachgewiesen werden, daß einzelne motorische Einheiten[1] (z.B. eine Muskelfaser) trainiert und kontrolliert werden können. Mittels optischen und akustischen Feedbacks kann in mehreren Sitzungen gelernt werden, motorische Einheiten und ihre Kontraktionen zu beeinflussen, zunächst mit Hilfe eines externen Feedbacks. Das EMG-Feedback wird auf diese Weise zur Rehabilitierung von Muskelstörungen angewandt. Normalerweise besteht ein sensorisches inneres Feedback von quergestreiften Muskeln in Richtung Gehirn und umgekehrt. Durch äußere und innere Wirkungen kann diese natürliche Feedbackschleife, die Kommunikation zwischen Muskel und Gehirn, unterbrochen werden, z.B. bei Schocklähmungen, so daß es nötig wird, eine neue Feedbackschleife durch ein äußeres System (Biofeedbackgerät) wieder herzustellen. Ist das erreicht, so kann die äußere künstliche Feedbackschleife wegfallen.

Chronische Muskelverspannungen kapseln den Menschen in ein begrenztes, unwirkliches Selbstbild ein.

---

[1] Eine motorische Einheit ist die kleinste funktionelle Einheit des Muskels. Mehrere motorische Einheiten bilden den Gesamtmuskel.

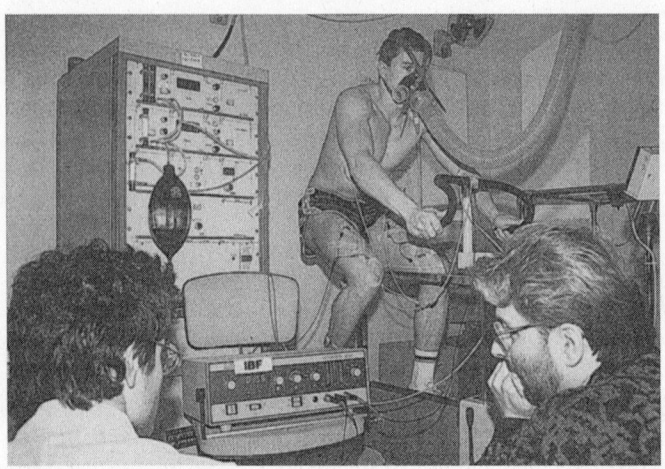

EMG-Messung bei gleichzeitigem ergometrischem Belastungstest (Karl Pavlis, Mitte)

Oft weisen Menschen mit Spannungskopfschmerzen im EMG eine erhöhte Ruhespannung des Musculus frontalis auf. Vergleicht man diese Menschen mit Menschen ohne Kopfschmerzsyndrome, so findet man zumeist ein erhöhtes Anspannungspotential bei Kopfschmerzpatienten. Durch richtiges Muskelentspannungs-Feedback kann der Kopfschmerz reduziert und schließlich ganz aufgelöst, also wegtrainiert werden. Auch in der Angstbehandlung wird das EMG-Feedback eingesetzt. Hier weiß man, daß Menschen mit Angstzuständen sich durch ein pathologisch hohes Aktivierungsniveau, auch erhöhte Muskelspannung, auszeichnen. Dieses wird als Angst erlebt. Vor diesem Hintergrund reagieren sie auf Umgebung und Vorstellungsreize mit Panikreaktionen, die einen desorganisierten, ungeordneten Versuch darstellen, das eigene Erregungsniveau zu reduzieren. Mittels EMG-Feedback kann gelernt werden, die Zunahme körperlicher Aktivierung frühzeitig zu registrieren und so die sympathikotone Reaktionsbereitschaft zu dämpfen. Somit kann auch mit Hilfe des Entspannungstrainings die Angstreaktion gehemmt werden.

Wie bei allen anderen Feedbackparametern ist es auch bei dem EMG-Feedback wichtig, daß der Trainierende instruiert wird, sich zu entspannen. Die neuen Methoden des Biofeedbacks bleiben nicht nur auf die Fragen der Gesundheit beschränkt.

Es sind mit Biofeedbackmethoden beispielsweise auch schon Leseschwierigkeiten behandelt worden. Einer der Faktoren, der die Lesegeschwindigkeit bedeutend verringert, ist die Subvokalisierung. Die meisten Leute sprechen während des Lesens Wörter aus, selbst wenn sie schweigend und für sich selbst lesen. Auch wenn weder Laute noch Bewegung zu beobachten sind, zeigt eine elektronische Messung der Muskelpotentiale an der Kehle, daß die Wörter lautlos ausgesprochen werden. Man nimmt an, daß die Lesegewohnheit aus den ersten Schuljahren stammt, als das Laut-Lesen geübt wurde, und daß sich die Geschwindigkeit der Augenbewegungen aus diesem Grund der langsameren Geschwindigkeit, mit der wir sprechen, anpaßt. Die Gewohnheit kann mit Erfolg eliminiert werden, indem der Leser über die Menge der Bewegung, die sich während des Lesens in seinem Kehlkopf abspielt, Biofeedback erhält, so daß er mit diesen Bewegungen aufhören kann. Bei jeder Aktivierung seiner Kehlkopfmuskeln ertönt ein unangenehmes Geräusch, während er dagegen in aller Ruhe lesen kann, wenn diese Muskeln entspannt bleiben. Die Lesegeschwindigkeit verbessert sich in einem bemerkenswerten Maß. Ein ähnliches Verfahren ist auch bei Problemen mit Stottern möglich.

Temperaturfeedback

Durch dieses Training wird eine willentliche Veränderung der Temperatur an bestimmten Körperstellen erreicht. Bei Sportlern fallen die unter großer Anspannung oftmals kalten Finger und kalten Hände auf. Das Temperaturfeedback ist die einfachste und die am schnellsten erlernbare Technik.

Der Mensch reagiert normalerweise erst auf Temperaturunterschiede ab 2 °C. Da bei Steuerung des allgemeinen Erregungsniveaus mit Zunahme des Sympathikotonus eine Vasokonstriktion und bei Abnahme des vasomotoren Tonus eine Ge-

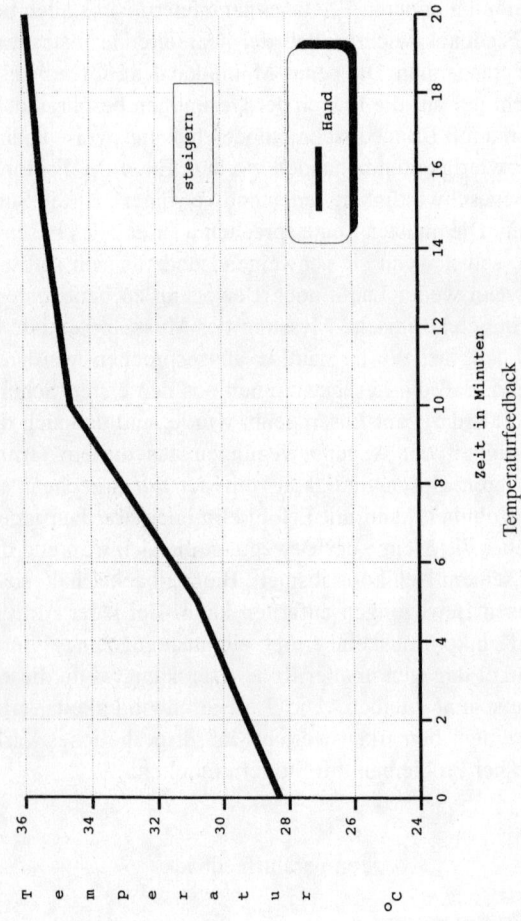

fäßerweiterung eintritt, liegt es nahe, auch das Oberflächentemperatur-Feedback einzusetzen. Der Einsatz von Oberflächentemperatur-Feedback bringt eine Desaktivierung des sympathischen Teils des autonomen Nervensystems mit sich. Damit verbunden ist eine Entspannung der Gefäße. Die Hauttemperatur ist ein Maß für die Durchblutung. Signifikant positive Veränderungen konnten wir bei der Migränebekämpfung und bei der

Bekämpfung der Raynaudschen Krankheit[1] finden. Nach geeigneten Biofeedbackmethoden können Leute, die in unserem Institut trainiert haben, die Hauttemperatur von 24 °C oder darunter auf mindestens 36 °C erhöhen. Auch bei Migränepatienten besteht zumeist eine Verkrampfung der glatten Muskeln, also der Blutgefäße, die durch ein geeignetes Temperaturtraining schnell gelöst werden kann und auch auf Dauer gelöst bleibt. Die meisten Menschen, die unter Migräne leiden, weisen eine abnorme, erhöhte sympathische Aktivität auf, die durch das Temperaturfeedback herabgesetzt wird.

Atemfeedback – respiratorisches Feedback

„Es ist eine bekannte Tatsache, daß viele Menschen in einer Sportart keine Fortschritte machen, weil sie keine Atemtechnik haben."[2]

Das Atemfeedbacktraining dient zur allgemeinen Entspannung sowohl körperlicher als auch geistiger Art in Form einer vermehrten Alphawellen-Produktion im Gehirn. Die persönliche Atemstruktur des Probanden wird via Bildschirm visuell und akustisch dargestellt. Dadurch kann eine entspannte, gesunde Bauchatmung erlernt werden.

Psychosomatik und Atmung sind eng miteinander verbunden. Es ist dabei völlig natürlich, daß sich unsere Atmung, teils unbewußt, unserer geistigen Verfassung wie auch den körperlichen Erfordernissen anpaßt.

---

[1] Menschen, die von der Raynaudschen Krankheit betroffen sind, weisen in den betroffenen Körperregionen durchschnittliche Hauttemperaturen von 19–24 °C auf, während die Hauttemperatur bei Gesunden zwischen 30 und 32 °C liegt.)

[2] Aiginger, J.: „Kybernetik, Instinktreaktionen und menschliches Verhalten", *Wiener Zeitschrift für Nervenheilkunde und deren Grenzgebiete* 2/1965, S. 109–131.

Psyche	Atmung
Lustigkeit	Atmung verflacht und beschleunigt
Freude	Atmung regelmäßiger, ebenfalls etwas beschleunigt und verflacht
Hoffnung	etwas unregelmäßige, rasche Atmung
Enttäuschung	verlangsamte, niedrige Atmung
Schreck	Hemmung der Atmung
Aufregung	Atmung wird sofort rascher, niedriger

Hautwiderstandstraining/Hautimpedanztraining

Zum Biofeedbacktraining im Sport gehört wesentlich, den hautgalvanischen Widerstand durch den eigenen Willen zu beeinflussen. Der Parameter des Spannungszustandes ist die Nervosität. Mit Hilfe eines Präzisionsgerätes wird der hautgalvanische Widerstand mittels Digitalanzeige oder Computerbild sichtbar, hörbar und dadurch veränderbar gemacht. Geeignete Elektroden werden dazu an bestimmten Körperteilen wie z.B. Fingerkuppen angeschlossen, da dort die größte Dichte an Schweißdrüsen besteht. Emotionale Erregung führt zu einem allgemeinen Zusammenbruch der „Semi-Permeabilität" der Zellmembranen der Schweißdrüsen und damit zu einem verstärkten Ionenstrom. Als Folge davon kommt es zu einem Abfall des Hautwiderstandes bzw. einer Zunahme der Hautleitfähigkeit, da sich die Schweißsekretion erhöht. Diese Art des Feedbacks findet auch bei feuchten Händen als Korrekturmaßnahme Verwendung.

Pulsfeedback

Mittels EKG wird die Pulsfrequenz akustisch dargestellt und somit willentlich beeinflußbar gemacht. In einer Fernsehsendung des Bayrischen Rundfunks stellte Olympia-Medaillengewinner Hans Riederer (Schütze) eindrucksvoll seine Pulsreduktion kurz vor der Schußabgabe dar, und zwar eine völlige präzise Senkung von bis zu 20 Schlägen/Min. Gleiches demonstrierte der von uns trainierte Europameister und Militärweltmeister Karl

Pavlis in der Sendung „Sport am Montag-Extra". Ein erhöhter Puls wird bei Sportlern eigentlich immer als unangenehm und als Zeichen der Nervosität empfunden. Deshalb ist es wesentlich, den Puls willentlich zu senken.

Durchblutungsfeedback

Das Durchblutungsfeedback wird in erster Linie zur Entspannung der Blutgefäße eingesetzt. Eine gleichmäßige Durchblutung des ganzen Körpers ist das Ziel dieses Trainings. Manchen Arten von Bluthochdruck kann mit diesem Training entgegengewirkt werden.

Darmfeedback

Das Darmfeedback ist ein ganz spezielles Training für Menschen mit Verdauungsstörungen und/oder Gewichtsproblemen. Die Darmbewegungen werden hörbar und sichtbar und somit beeinflußbar gemacht.

Stimmstreß-Analyse

Ausgedehnte Untersuchungen zeigten, daß die menschliche Stimme ein guter Indikator für Streßbelastung ist. Eine Untersuchung besagt, daß die menschliche Stimme, die einen Grundfrequenzbereich zwischen 90 und 200 Hz hat, normalerweise durch ein 8 bis 12 Hz kleines „Zittersignal" (Mikrotremor, leichte Vibration) reguliert wird. Dieses Signal wird normalerweise durch andere Sprachkomponenten verdeckt. Unser Emotionsscanner mit dem Stimmstreß-Analysator kann diese Mikrotremoren entdecken und auswerten.

Befindet sich eine Person unter Streß, so verliert die Stimme einen Teil dieser Mikrotremoren. Das autonome Nervensystem, das den Körper für Notfallreaktionen vorbereitet, veranlaßt u.a. eine Straffung der Muskeln. Da die Stimmbänder auch aus muskulösem Gewebe bestehen, straffen sie sich und verringern so den Umfang der Mikrotremoren. So hat man einen Streßindikator, der berührungslos Streßbelastungen erkennt. Jedes einzelne Wort kann auf Streßinhalte untersucht werden.

Zusammenfassung:
Neurophysiologische Meßanwendung

Feedbackart	Sensorarten	Anwendungen
Psychogenes Hirnfeld	Elektroden auf der Kopfoberfläche	Angstzustände, Depressionen, medizinische und psychologische Therapiekontrolle, Verhaltensstörungen, Kreativitätstraining, Erreichen von veränderten Bewußtseinszuständen, Hypnoseeinleitung
Atemfunktion respiratorisches *Feedback*	Dehnungsmeßstreifen um Brust und Bauch, berührungsloser Distanzsensor über Bauchdecke oder Nasensensor	Entspannungstraining psychovegetative und neurotische Störungen, Hyperventilationstetanie, Atemtraining, Schmerz, Stottern, Asthma, Allergien, auch statt AT möglich (Leuner), Angst, Sport, Schlafstörungen, Übergewicht durch Streß, Hypnoseeinleitung, Stärkung des Immunsystems
Muskelaktivität EMG	Oberflächenelektroden auf Stirn-, Nacken-, Schulter- oder Vorderarmmuskulatur sowie weiteren Muskelgruppen	Entspannungstraining bei Angstzuständen, Spannungskopfschmerzen, Rückenschmerzen, Muskelverspannungen z.B. im Schulter-, Hals- und Rückenbereich, Schmerzsyndrome,

		Rehabilitationstherapie, motorische Ticks, Zähneknirschen, Stottern, temporomandibuläre Dysfunktion, Magen-Darm-Probleme, Übergewicht durch Streß und Depressionen, Schnellesetraining, Schlafstörungen, Sexualprobleme und PC-Muskelstärkung, Impotenz, Frigidität, Desensibilisierung, Asthma, Allergien, Stärkung des Immunsystems, Sport-Bewegungsvisualisationstraining
Gleichspannungspotential	Elektroden auf der Kopfoberfläche (je nach Problematik, Kontaktpunkt)	Entspannung, Kopf freimachen, Einschlafprobleme, Übergewicht durch Streß, Magen-Darm-Probleme, Depressionen, Ängste, Sexualprobleme, Lerntraining, Kreativitätstraining, Konzentration, Sport-Bewegungsvisualisationstraining, Reaktionsgeschwindigkeit, Verbesserung von Bewegungsabläufen, Hypnoseeinleitung, Tranceüberwachung, Meditation, Subliminalkontrolle, Stärkung des Immunsystems
Gehirnaktivität EEG	EEG-Elektroden auf der Kopfoberfläche, z.B. über dem Hinterhaupt für Alphawellen-Training	Entspannungstraining Epilepsie Konzentrationstraining, Kohärenztraining, Kreativitätstraining, Schlafstörungen, Tranceüberwachung, Sport-Bewegungsvisualisationstraining, Meditations-, Alpha-, Thetatraining, Hypnosekontrolle, Subliminalkontrolle

Herzfrequenz/ Puls EKG	EKG-Elektroden an den Extremitäten oder auf der Brust	Herzarrhythmien, Herzrasen, Angst, Entspannung (AT), Sport
Blutdruck	um Oberarm gelegte Druckmanschette, mit elektronisch gesteuerter Druckapplikation	labiler Bluthochdruck
Oberflächentemperatur	Thermistor, z.B. befestigt an Fingerspitze, an Stirn oder im Schläfenbereich	Entspannungstraining, Migräne, Raynaud-Syndrom und Durchblutungsstörung, Gefäßerkrankungen, Gewichtsreduktion, Magen-Darm-Probleme, Schmerzabschaltung, kalte Hände, kalte Füße, Sport, AT, Stärkung des Immunsystems
Periphere Durchblutung	Sensoren auf Fingerkuppe oder Ohr	Entspannungstraining, Migräne, Raynaud-Syndrom und Durchblutungsstörungen, Gefäßerkrankungen, Sport, Sexualprobleme, Stärkung des Immunsystems
Elektrischer Hautwiderstand HGW, HGR, PGR hautgalv. Impedanz	Oberflächenelektroden, befestigt auf Handballen oder Fingerkuppen	Entspannungstraining, systematische Desensibilisierung, Übergewicht durch Streß, Magen-Darm-Probleme, feuchte Hände, Angst, Sexualprobleme, Schmerz, Asthma, Allergie, Sport, Stärkung des Immunsystems, Subliminalkontrolle
Darmfeedback	Sensoren auf Bauchdecke	nervöser Darm-Magen, Darm-Aktivierung, Darm-Deaktivierung, Angst, Depression, Verdauung, Übergewicht, Stärkung des Immunsystems

Stimmstreß	durch Mikrofon, berührungslose Abnahme	Angst, entspanntes Sprechen erlernen, Desensibilisierung, Sport

Die Zusammenfassung zeigt, daß Biofeedbackgeräte allein, ohne eine fachkundige Analyse und einen qualifizierten Trainer, nicht den gewünschten Erfolg bringen werden. Autodidakten auf diesem Gebiet erreichen des öfteren sogar negative Resultate!

Die kohärente Schwingung beider Gehirnhälften

In den frühen 70er Jahren konnte in mehreren Versuchsreihen an einer großen Zahl von Menschen mit Meditationspraxis festgestellt werden, daß bei Personen mit größerer Meditationserfahrung beide Gehirnhemisphären im gleichen Rhythmus schwingen. Normalerweise arbeiten die beiden Hemisphären unabhängig voneinander, in verschiedenen Frequenzen und Amplituden. Kohärenz zwischen den beiden Gehirnhälften liegt aber dann vor, wenn beide Gehirnhälften Wellen derselben Frequenz erzeugen. Im Zustand der Kohärenz bewegen sich die Wellen gemeinsam, sie heben und senken sich gleichzeitig, können aber durchaus phasenverschoben sein. Dieses Phänomen tritt nur auf in tiefer physischer Entspannung, gepaart mit innerer Heiterkeit und geistiger Klarheit, und beim Biofeedbacktraining – dem Gehirnsynchronisationstraining. Es ist der Zustand des Denkens mit dem ganzen Gehirn. Weiterführende Untersuchungen dieses Effekts haben den Beweis dafür geliefert, daß diese Art der Gehirnaktivität nicht nur angenehm, sondern möglicherweise der natürliche Zustand des Gehirns ist. Die hemisphärische Synchronisation steht scheinbar auch in Beziehung zur Normalität und Homöostase. Viele verbringen den Großteil ihrer Zeit im desynchronen Zustand, in der Engstirnigkeit.

Der britische Physiker C. Maxwell Cade untersuchte über 4000 Menschen und entdeckte dabei, daß sich die Muster beider Gehirnhälften mehr synchronisierten, wenn diese Personen Mechanismen der mentalen Selbstregulation entwickelten (Feedbacktechnik, Selbsthypnose, Meditation usw.). Er nannte den höchsten erreichbaren Zustand der Synchronisation *luzide Bewußtheit*. In ihm sind die Gehirnwellen praktisch immer symmetrisch. Viele andere Wissenschaftler fanden in späterer Folge den gleichen Effekt. Es besteht die allgemeine Meinung, daß in diesem Zustand Fertigkeiten wie Selbstkontrolle von Schmerzen (Schmerzabschaltung), Selbstheilung, Kreativität und ähnliches entstehen.

Kohärenz und Mozart

Angeregt durch die Österreichische Gesellschaft der Musikfreunde und die Herbert-von-Karajan-Stiftung wurde eine Untersuchung durchgeführt, die den Einfluß von Musik auf das menschliche EEG zeigen sollte. Die ersten Ergebnisse dieser Forschungsarbeit wurden von Prof. Helmut Petsche, dem Leiter des Instituts für Neurophysiologie der Universität Wien, so zusammengefaßt: „Musikhören bezieht den gesamten Cortex ein, nicht nur die Temporallappen und das limbische System, wie man annehmen konnte, wenn es um die bloße Verarbeitung physikalisch akustischer Reize ging."[1]

Musikhören ist aber nach dieser Vorstellung viel mehr. Besonders bei musikalisch Geschulten (Instrumentalisten, Sängern, Komponisten usw.) kommt es zu Verschaltungen in der Sehregion und zu Aktivierungen im Hinterhaupt, die denen bei komplizierten Denkleistungen wie der Vorstellung eines sich drehenden Würfel gleichen. Daraus kann man schließen, daß bewußtes Musikhören nicht nur die rein akustische Sensitivität fördert, sondern auch die räumliche Vorstellungskraft.

Gibt es nun einen Weg, diese so wichtige Kohärenz auch ohne Biofeedbacktraining zu Hause zu erreichen? Eine einfache Möglichkeit ist das Anhören von Mozarts Jagdquartett (Streichquartett B-Dur, Köchelverzeichnis 458). Es brachte, besonders

---

[1] Vgl. Wanschura, W.: „Mozart im EEG". *Bild der Wissenschaft* 12/1989, S. 14, 17.

bei Frauen und Musikgeschulten, eine Zunahme der Kohärenz zwischen den Gehirnhälften. Beim Musikhören verschalten Frauen ihre linke und rechte Gehirnhälfte wesentlich mehr als Männer.

Yoga-Atmung und Gehirn

In Wirklichkeit haben wir zwei Seelen, eine linke und eine rechte Seele.

Gemäß der alten Yogalehren können Rhythmus, Tiefe und Form unserer Atmung dazu verwendet werden, unser Bewußtsein zu verändern, Heilung zu fördern und auch die körperliche Leistungsfähigkeit zu steigern. Die Atmung durch die rechte oder die linke Nasenöffnung aktiviert verschiedene Gehirnbereiche, die unterschiedliche subjektive Erfahrungen hervorrufen. Wenn wir durch die linke Nasenöffnung atmen, ist die rechte Gehirnhälfte verstärkt tätig, wenn wir durch die rechte Nasenöffnung atmen, ist die linke Gehirnhälfte verstärkt aktiv. Es gibt einen ständigen Wechsel in der Atmung durch die beiden Nasenöffnungen (Nasenrhythmus), was auch in Gehirnpotentialmessungen sichtbar wird. Unter natürlichen Bedingungen bestimmt die Schleimhaut-Blutfülle den Strömungswiderstand des Atemweges in der Nase, und so kommt es, daß bei größerer Blutfülle in einem Nasenraum ein Atemweg mehr behindert wird und die Atemluft verstärkt durch den anderen Nasenraum strömen kann. Physikalisch kommt dieser Effekt beim Liegen auf einer Körperseite vor. Der hydrostatische Druck beim Liegen bewirkt ein relatives Zuschwellen des unten liegenden Nasenraumes, folglich wird durch den oben liegenden Nasenraum mehr Luft strömen. Untersuchungen zeigen uns, daß für diesen Effekt die mechanische Behinderung des Atemapparates (durch das Liegen) maßgebend ist. Der Effekt dürfte sich auch bei der Durchführung von Yoga-Asanas *(Yoga-Körperhaltungen)*, bei denen eine Thoraxhälfte gestaucht wird, auf die Nasenatmung auswirken. Untersuchungen zeigten:

- Hauptsächlich wird immer durch ein Nasenloch geatmet (ganz selten gleichmäßig durch beide Nasenlöcher).
- Die Atmung durch jeweils ein Nasenloch wechselt nicht ohne Grund.
- Äußere Stimuli wie das Verzehren einer üppigen Mahlzeit, ein Unfall, Schock, große Freude u.a. scheinen eine Beziehung zu dem Wechsel des Nasalzyklus zu haben.
- Die Zeitspannen des Nasalzyklus variieren von 1,5 bis 3 Stunden (90-Minuten-Rhythmen findet man auch bei spontanen Augenbewegungen, im EEG ...)
- Viele Versuchspersonen neigen zu einer linken Nasenlochatmung bei Sonnenuntergang und zu einer rechten unmittelbar nach Sonnenaufgang, also kurz nach dem Erwachen.
- Starkes Licht, auf ein Auge gerichtet, verändert den Nasalzyklus. Dies zeigt, daß der Nasalzyklus hauptsächlich vom Gehirn ausgelöst wird.
- Der Nasalzyklus bleibt auch während des Schlafes weitgehend bestehen. Ein Wechsel während des Schlafes ist mit dem Beginn einer neuen REM-Phase gekoppelt.
- Bei Messungen der Muskelspannungen der linken und rechten Kopfseite konnte im EMG eine höhere Spannung an der Kopfseite festgestellt werden, die der zur Atmung eingesetzten Nasenöffnung entgegengesetzt war. (Linksatmung: höhere rechtsseitige Muskelspannung).
- Die statistische Auswertung von Tests zeigte, daß die Versuchspersonen, die durch die linke Nasenöffnung atmen, räumlicher ausgerichtet waren, während diejenigen, die durch die rechte Nasenöffnung atmeten, verbal ausgerichtet waren.

Kopfrezept Nr. 6:
Atemkontrolle

Wollen Sie sich dieses Wissen zunutze machen, so müssen Sie nur auf Ihre Atmung achten. Atmen Sie gerade hauptsächlich durch die rechte Nasenöffnung (linkshirnig), wollen Sie aber ein rechtshirniges Problem lösen, also z.B. eine räumliche Aufgabe, so müssen Sie die rechte Nasenöffnung ca. 15 Minuten abschließen (z.B. zuhalten). Ihr Geist beginnt sich nach dieser Zeit umzupolen, zu verändern, Sie atmen dann auch ohne Abschließen einer Nasenöffnung aus dem linken Nasenraum. Es muß hier betont werden, daß dieser Effekt nicht bei allen Menschen auftritt. Der Grund dafür ist noch unbekannt.

Die Untersuchung von Yoga-Praktiken, Atemtechniken, Asanas (Körperhaltung) usw. wird in unserem Institut in den nächsten Jahren vorangetrieben. Einige Vorversuche zeigten, daß bestimmte Yoga-Praktiken mit einer positiven Veränderung, die Selbsteinschätzung der Erfahrungs- und Erkenntnisfähigkeit und des Verhaltens betreffend, in Beziehung gebracht werden können – also mit einer direkten Beeinflussung des psychogenen Feldes. Durch unsere Messungen konnten wir zeigen, daß die richtige Yoga-Praxis Körperrhythmen, wie z.B. Schlaf-Traum-Zyklus, Nasalzyklus, Hormonsekretion, aber auch Durchblutung/Blutdruck, Herzschlag, Atemrhythmus, Verdauung, Immunsystem usw., positiv beeinflussen kann. Yoga-Techniken in Kombination mit Biofeedbacktraining scheinen derzeit anderen Methoden weit überlegen zu sein.

Die beiden Bewußtseinsarten des Gehirns

linke Hemisphäre	*rechte Hemisphäre*
der Wissenschaftler	der Weise
digital	analog
sprechen und schreiben	klangliches Musikempfinden
analytisch	holistisch
analysiert	spekuliert
mathematisch	symbolisch
zeitlich orientiert	räumlich orientiert
die Zeit	der Raum
Bewußtes Ich	Unbewußtes Es
Objektebene	Metaebene
ist realistisch	ist neugierig
vermeidet Fehler	liebt das Risiko
stellt Regeln auf	bricht Regeln

kontrolliert	spielt
folgert rational	ist ungeduldig
vermeidet Risiko	fühlt
artikuliert	ist sprunghaft
dominiert	phantasiert
ist Objekt	ist Subjekt
konvergierend	divergierend
diskret	kontinuierlich
logisch	figurativ
merkt sich Namen	merkt sich Gesichter
linear, detailliert	intuitiv, kreativ
kontrolliert	emotional
analytisch	träumerisch
Sprache, verbal	musikalisch
spricht das Wort	sieht das Bild
bewußt (Sekundärprozeß)	unbewußt (Primärprozeß)
Argument	Erfahrung
denken, beobachten	fühlen, Intuition
bewußtes Verarbeiten	unbewußtes Verarbeiten
Zeit, Historie	Ewigkeit, Zeitlosigkeit
verständig	fühlend
vernünftig	genießerisch
rational	räumlich

Denken Frauen anders als Männer?

Frauen denken anders! Das EEG klärt diese uralte Frage nun endgültig. Um eine Denkaufgabe zu erfüllen, benützen Männer ihre beiden Gehirnhälften anders als Frauen. In neueren Untersuchungen konnten Prof. Petsche und seine Mitarbeiter, Dr. Rappelsberger und Doz. Pockberger, feststellen: Männer lösen Intelligenztestaufgaben dadurch, daß sie die linke und die rechte Hirnhälfte stärker koppeln, also miteinander verschalten. Frauen kommen anders zu ihren Testergebnissen: bei ihnen arbeiten beide Gehirnhälften wesentlich selbständiger. Jedoch nicht schlechter! Frauen benützen andere Denkwege. Diese entdeckte Gesetzmäßigkeit gilt aber nicht für alle Denktätigkeiten.

Wie schon berichtet, zeigen Frauen beim Musikhören häufiger Verkoppelungen zwischen Hirnarealen als Männer.

Kreativität ist erlernbar

Wie absonderlich die Vorstellung zuerst auch scheinen mag, ein Mensch kann lernen, kreativ zu sein. Kreativität muß also nicht etwas sein, mit dem man geboren wird (das man entweder hat oder nicht), sondern sie kann durch entsprechendes Training (z.B. Biofeedbacktraining) erlernt werden. Jeder ist von Natur aus kreativ, aber viele benötigen das richtige Training, um dies zu beweisen.

Bevor wir nun diesen Bereich des Biofeedbacktrainings verlassen, ist es sicher interessant, einige der Berichte von Menschen heranzuziehen, die bildhafte Vorstellungen kreativ genützt haben.

Integrative Erfahrungen

Viele Berichte von Versuchspersonen deuten darauf hin, daß mit der ausgedehnten Alpha-Theta-Praxis integrative Erfahrungen verbunden sind, die zu Gefühlen des psychischen Wohlbefindens führen. Die Versuchspersonen berichteten z.B. nach einigem Training von gesteigerter Energie, mehr Nervenkraft und größerer innerer Ruhe. Ebenso interessant wie auch therapeutisch wichtig ist die Tatsache, daß bei Gehirnwellentraining mit Rauschgiftsüchtigen, die an amerikanischen Instituten und Universitäten durchgeführt wurden, diese oft spontan berichteten, kein Marihuana oder LSD mehr nehmen zu wollen, da sie mehr Freude an den hypnagogen Erfahrungen fanden. Sie schätzten nicht nur das Gefühl, die Kontrolle dabei zu halten, sondern auch die Gewißheit, daß ihre Gefühle nicht von einer Droge ausgelöst wurden.

Schon aus den Anfangszeiten des Alpha-Theta-Trainings gibt es Berichte über eine gesteigerte Traumaktivität (oder eher ein gesteigertes Bewußtwerden der Träume) und eine gesteigerte

Erinnerung an Bilder vergangener Ereignisse, die während der Trainingssitzungen auftraten, wobei einige davon vergessene Kindheitserlebnisse betrafen. Aber auch *Déjà-vu*-Erlebnisse konnten beim Alpha-Training registriert werden. Sie alle ähnelten jedoch nicht bloßem Erinnern und Ahnungen, sondern eher einem Wiedererleben von Situationen einschließlich der Gefühle, Geräusche und Gerüche. Bei all diesen bewußtseinsverändernden bzw. -erweiternden Maßnahmen kommt es zu einer gut meßbaren, zeitlich begrenzten Veränderung des psychogenen Hirnfeldes.

Die Gehirnwellen der Zen-Mönche

Die Wissenschaftler Kasamatsu und Hirai untersuchten 1963 die Gehirnwellenaktivität japanischer Zen-Mönche, von denen einige als Meister der Zen-Meditation galten. Sie stellten folgendes fest:

- Wenn die Versuchsperson begann, ihre Aufmerksamkeit nach innen zu wenden, erschienen lange Reihen von Alphawellen.
- Wenn die Zeit verstrich, nahm die Frequenz ab und näherte sich der Alpha-Theta-Grenzregion (8 Hz).
- Manche Versuchspersonen, von denen es hieß, sie erreichten die tiefsten Stufen der Meditation, produzierten lange Reihen von Thetawellen.

Auf dieser Meditationsstufe sollen Zen-Meister eher in einem Zustand des „Wissens" als des „Denkens" sein. Die gleiche Situation stellte sich 1961 den indischen Wissenschaftlern, die Yogis beim Meditieren erforschten. Solche Berichte und Forschungsergebnisse sagen uns, daß es eine bestimmte Bedeutung hat, wenn man im tiefen Alpha- oder Theta-Zustand ist – vorausgesetzt, daß der Mensch, der diese Wellen erzeugt, bei Bewußtsein bleiben kann.

Alpha-Rhythmen von 8–13 Hz sind mit einem wacheren Zustand als Theta-Rhythmen verbunden. Obwohl die meisten untrainierten Menschen unfähig sind, während der Thetawellen-

Produktion bei vollem Bewußtsein zu bleiben, gelingt dies fast jedem Schüler bei der Alphawellen-Produktion. Die Anwesenheit von Alpha- und noch mehr von Theta-Rhythmen wird oft von hypnagogen oder traumähnlichen Bildern begleitet. Das hypnagoge Bild (vom griechischen *hypnos* = Schlaf und *agogos* = führend) kommt ins Bewußtsein, wenn der Mensch einschläft. Diese Bilder scheinen plötzlich aus dem Nichts aufzutauchen, was zu Beginn oft überraschend oder erschreckend ist.

Bei den meisten Menschen erscheinen Alpha-Rhythmen schon spärlich beim Schließen der Augen. Oft genügt es, die Aufmerksamkeit auf ein inneres Bild oder einen Tagtraum zu richten, selbst wenn dabei die Augen geöffnet bleiben. Bemerkt man, daß die Augen eines Menschen glasig werden, während man mit ihm spricht, kann man annehmen, daß er Alphawellen erzeugt und nicht mehr wahrnimmt, was man sagt.

Im Gegensatz dazu sind Beta-Rhythmen (von 13–30 Hz und mehr) gewöhnlich mit aktiver Aufmerksamkeit verbunden, die auf die Außenwelt oder auf Gedankenvorgänge gerichtet sein kann. Wenn ein Mensch Angst hat oder versucht, ein Problem logisch zu lösen, findet man auch bei geschlossenen Augen fast ununterbrochen Beta-Rhythmen im EEG.

Es ist bekannt, daß viele Künstler oder Wissenschaftler, die auf ihrem Gebiet Ungewöhnliches leisten, über ihre Erfahrungen übereinstimmend folgendes berichten: Sie schildern eine Art Tagtraum, in dem intuitive Ideen und Lösungen in der Form von hypnagogen Bildern zum Bewußtsein kommen. Im Unterschied zum logischen Lösen von Problemen befanden sie sich dabei alle in einem tiefen Alpha- oder Thetawellen-Bereich. Daraus folgt: Kreativität ist erlern- und trainierbar! Es geht um eine richtige Kombination von EEG-Feedback, Erlernen von langsamen Rhythmen, Erreichen eines richtigen Gehirngleichspannungspotentials und Erlernen der Gehirnsynchronisation, also der Fähigkeit, beide Gehirnhälften zu synchronisieren, so daß sie harmonisch zusammenarbeiten (z.B. durch ein Capscan-EEG-Verfahren mit Online-Computerauswertung).

Kunst und Wissenschaft

William Blake, John Milton und Samuel Coleridge sind klassische Beispiele für Künstler und Dichter, die durch bildhafte Vorstellungen Inspirationen empfinden, während sie sich in einem veränderten, außergewöhnlichen Bewußtseinszustand befanden.

Viele Menschen haben die Zustände des Halbschlafes, des Traumes oder Halbtraumes beschrieben, in denen die kreativen Lösungen und Inspirationen zum Bewußtsein kamen. Z.B. schrieb Jean Cocteau 1952 an seinen Freund Jacques Maritain: „Der Dichter ist seiner Nacht ausgeliefert. Er muß sein Haus säubern und ihren Besuch erwarten ... Das Stück, das ich schreibe ... ist ein solcher Besuch ... Eines Morgens, nachdem ich schlecht geschlafen hatte, erwachte ich ruckartig und sah, wie von einem Theaterstuhl aus, drei Akte, die eine Epoche und Charaktere zum Leben brachten, über die ich keine dokumentarischen Zeugnisse besaß ..." Aus diesem Erlebnis ging sein Stück „Les chevaliers de la table ronde" hervor.[1]

Robert Louis Stevensons Fähigkeit, die „Heinzelmännchen" seines Geistes zu befehlen, damit sie für ihn Geschichten lieferten, während er schlief, ist wohl bekannt. Ebenso bekannt ist auch Poincarés Beschreibung seiner Vision, die er hatte, als er im Bett lag und den Schlaf erwartete: Mathematische Vorstellungen stiegen in Wolken auf, tanzten vor ihm und verbanden sich zu etwas, in dem er den Anfang der Fuchsschen Funktion erkannte, die Lösung eines Problems, nach der er seit geraumer Zeit gesucht hatte.

Der Chemiker Friedrich Kekulé (1829–1896) war besonders geübt darin, die Fähigkeit seines Geistes, Bilder zu erzeugen, kreativ zu nützen. Bei einem Essen, das zu seinen Ehren gegeben wurde, berichtete er über eine Reihe von traumähnlichen Zuständen, in denen Atome „gaukelten" und Schlangen bildeten, die sich plötzlich „begannen am Schwanz zu fassen", um dann Ringe zu bilden und ihn so zur Entdeckung seiner Theorie der Benzolringe führten. Arthur Koestler bezeichnete dies als „das brillanteste Stück Vorhersage, das im gesamten Bereich der

---

[1] Zitiert nach Green & Green: *Biofeedback*, 1978, S. 147.

organischen Chemie zu finden ist"[1]. Es ist kein Wunder, daß Kekulé seine Zeitgenossen aufforderte: „Wir wollen träumen lernen, meine Herren!"

L.E. Walcup[2] untersuchte kreative Wissenschaftler und berichtete davon: „... kreative Menschen scheinen auf dem Gebiet, auf dem sie kreativ sind, ein hohes Maß an Perfektion in der Fähigkeit zu visualisieren – fast zu halluzinieren – entwickelt zu haben. Ihre Visualisationen sind so beschaffen, daß sie die Denkprozesse leicht beeinflussen können. Dieser Aspekt der Kreativität macht neue Forschung und viele Änderungen in der Erziehung zum kreativen Tun notwendig."

Daß Bewußtseinserweiterung – Samadhi, höheres Bewußtsein und ähnliches – schon immer als Förderung der Kreativität und der Intelligenz galt, sehen wir schon in alten indischen Überlieferungen, in denen es heißt: „Erleuchtung bringt einen Kreativitäts- und Intelligenzzuwachs im schier unglaublichen Maß."

Werbewirkungsforschung

Wer die Macht über die inneren Bilder des Menschen hat, der hat auch Macht über seine Gefühle. Bilder sind wie schnelle Schüsse ins Gehirn. Sie entscheiden, ob ein Mensch die dazugehörige Information überhaupt auf- oder wahrnimmt. Ein Mensch nimmt nur das richtig wahr, was seinen Blick mindestens 0,2 Sekunden lang „fesselt". Neue Untersuchungen belegen: ein im wahrsten Sinne des Wortes „reizendes" Bild schafft mehr als tausend überzeugende Worte, da die Wirkung des Bildes sich aufgrund der hauptsächlich rechtshirnigen Verarbeitung weitgehend der gedanklichen Kontrolle entzieht. Wir stehen heute in der westlichen Welt vor einer Informationsüberflutung, einer Informationsüberlastung von rund 97%. Das bedeutet, daß der statistische Durchschnittsbürger nur 3% von dem wirklich

---

[1] Koestler, A.: *The Act of Creation*. New York: The Macmillan Co., 1964.
[2] Walcup, L.E.: „Creativity in Science through visualization", *Perceptual Motor Skills* 21/1965, S. 35–41, S. 79.

Laborunabhängige Untersuchung von äußeren Eindrücken

wahrnimmt und verarbeitet, was Fernsehen, Rundfunk, Zeitschriften und Plakate ihm anbieten.[1] Doch das Interesse an Informationen wird noch mehr nachlassen, sie werden immer flüchtiger, nachlässiger und bruchstückhafter aufgenommen. Wer heute und in Zukunft Menschen überzeugen will, muß vor allem auffällig verpacken, sich „manipulativer Informationstechniken" durch das Auslösen erotischer Gefühle, emotionaler Zustände bedienen. Das aber können am ehesten Bilder und kurze Texte.

Einer unserer Hauptarbeitsbereiche ist die Werbewirkungsforschung für Zeitung, Rundfunk und Fernsehen. Einige Beispiele aus dieser Arbeit sind auch für den Verbraucher interessant. Sie zeigen, wie Käufer manipuliert werden und wie Verkäufer gezielt Werbemanipulation betreiben können. Diese Manipulation beginnt schon bei der Verpackung eines Produktes. Eine Firma bot in der Intention, das Produkt für sich sprechen

---

[1] Diese Werte sind Durchschnittszahlen. Sie müssen für den einzelnen, der sich eine bestimmte Lektüre aus Überzeugung oder speziellem Interesse kauft, nicht zutreffen.

zu lassen, eine bestimmte Sorte Reis zunächst in einer Klarsichtfolie an, die einen direkten Blick auf die Körner erlaubte. Doch so war der Reis nur schwer abzusetzen. Der Umsatz konnte um 60 Prozent gesteigert werden, nachdem man eine neue Verpackung mit einem schön anzusehenden Reisgericht in einer Pfanne zeigte. Eine ebensogute Wirkung erzielten bei Videoclips Filme über Weite, Meer und Abenteuer, auch deswegen, weil diese Bilder den inneren, entspannenden Bildern des Menschen sehr ähnlich sind. Bilder sind dann wirkungslos, wenn sie alltäglich oder kontrastarm sind, keine klaren Eindrücke hinterlassen, wenn sie also jederzeit austauschbar sind. Tests zeigten: die meisten Markenbilder sind schwach, zu wenig ausgeprägt und auswechselbar. Diese Messungen beweisen, daß Werbung mehr ist als ein guter Slogan. Werbung sollte in der heutigen Zeit der Informationsüberflutung genau mittels neurophysiologischer Meßanordnung bestimmt und auf ihre Wirksamkeit überprüft werden.

Abschnitt 2
Die Anwendung mentaler Techniken

*Es wird die Zeit kommen, wo es als Schande gilt,
krank zu sein, wo man Krankheiten als Wirkung
verkehrter Gedanken erkennen wird.*

Wilhelm von Humboldt

Hypnose, Selbsthypnose und Entspannung

„Ich möchte, daß Sie sich nun entspannen, während Sie diese Zeilen lesen, einfach entspannen, ich möchte, daß Sie Ihren ganzen Körper entspannen, kontrollieren Sie alle Ihre Muskeln, suchen Sie nach Spannungen, die in Ihren Muskeln bestehen, und entspannen Sie nun Ihre Muskeln. Entspannen Sie Ihre Stirne, entspannen Sie Ihre Gesichtsmuskeln. Entspannen Sie Ihre Nackenmuskeln, die Muskeln der Arme, die Muskeln der Beine, entspannen Sie alle Muskeln Ihres Körpers. Sie spüren eine

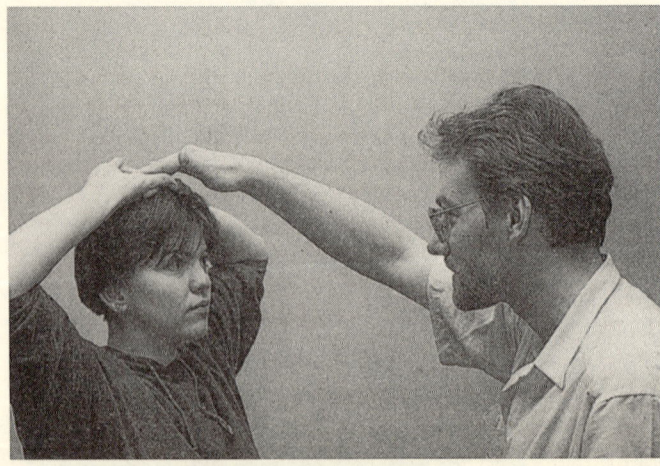

Hypnoseeinleitung (Ruth A., links, Walter F. Pamberg, rechts)

Trägheit, eine Müdigkeit in Ihrem ganzen Körper, und während Sie dies lesen ..."

So oder ähnlich beginnt eine Hypnoseeinleitung durch Suggestion. Doch das sind nur die wahrnehmbaren Geschehnisse um die Hypnoseeinleitung, Worte. Was aber ist die Hypnose, was geschieht in Hypnose, in Selbsthypnose? Wie wird sie eingeleitet, und welche Verwendung findet sie? Was muß ein guter Hypnotiseur können und wie kann man die Hypnose/Selbsthypnose richtig nützen?

Physische Veränderungen in Hypnose

1. Die Muskelentspannung
Bei Entspannung entsteht ein meßbarer Muskeltonusabfall. Unter Muskeltonus versteht man den Grundspannungszustand der Muskeln. Ein Senken des Muskeltonus erreicht man bei Hypnose, Selbsthypnose und beim Autogenen Training durch die Suggestion der Schwere (Schwereübung), zu messen mittels Biofeedbackgerät-EMG. Bei Meditationsverfahren konnten Senkungen des neuromuskulären Tonus nicht im gleichen Ausmaß beobachtet werden wie bei jenen Entspannungsinduktionen, die diese Reaktionen eben direkt ansprechen, z.B. Hypnose, Autohypnose, Autogenes Training usw. Noch bessere Effekte der Muskelentspannung konnten wir messen, wenn beim Erlernen der Entspannungsinduktion Biofeedbacktraining als Begleitmaßnahme eingesetzt wurde.

2. Periphere Gefäßerweiterung
Erwärmen der Hände und Füße. Direkt werden diese Reaktionen wieder durch Hypnose, Selbsthypnose und Autogenes Training mit den sogenannten Wärmeübungen erzeugt. Meist treten solche Reaktionen gemeinsam mit einem Tonusverlust der Muskulatur auf. Daher zählen beide Veränderungen, also Absinken des Muskeltonus und Erweiterung der Blutgefäße, Erwärmung der Hände und Füße, als zuverlässige physiologische Entspannungszeichen. Meßbar ist dies durch Temperaturfeedback und Durchblutungsfeedback an Händen und Füßen.

3. Veränderung des Atems

Der Atemrhythmus verändert sich bei allen drei Verfahren charakteristisch: Die Häufigkeit des Ein- und Ausatmens nimmt ab, und die Brustatmung stellt sich auf die gesunde Bauchatmung um. Außerdem werden die Pausen zwischen Ausatmen und Einatmen länger. Die Veränderung der Atemrhythmik ist ebenso ein verläßliches Anzeichen für den Entspannungszustand. Gemessen wird die Atmung durch respiratorisches Feedback (Atemfeedback; die richtige Suggestion ist: „Atem ruhig und gleichmäßig").

4. Senkung des Gasaustausches

Sehr direkt mit der veränderten Atemtätigkeit ist eine Reduktion des Sauerstoffverbrauches und der Kohlendioxid-Abhauchung verbunden. Der Sauerstoffverbrauch kann um 10–20 % gesenkt sein.

5. Senkung der Herzfrequenz

Je weniger Energie der Organismus verbraucht, um so weniger schnell muß das Herz schlagen, um so mehr kann die Herzleistung (Blutvolumen, welches das Herz pro Minute in den Körper pumpt) absinken. Verlangsamt sich beim Entspannen, bei Hypnose der Herzschlag nicht, so ist dies zumeist ein direktes Zeichen, daß das körperliche Aktivierungsniveau noch zu hoch ist. Dies ist meßbar über EKG-Feedback, Pulsfeedback und Durchblutungsfeedback.

6. Zunahme des elektrischen Hautwiderstandes

Der psychogalvanische Reflex verändert sich ganz besonders deutlich bei zunehmender Entspannung und emotionalem Loslassen, also bei weniger störenden Gedanken. Steigt der Hautwiderstand, werden die Hände und Füße trockener; dies ist in den meisten Fällen als Zeichen der zunehmenden Entspannung zu werten. Gemessen wird der Vorgang durch ein Hautwiderstands-Meßgerät oder Hautimpedanz-Meßgerät. Auf der Aufzeichnung des elektrischen Hautwiderstands beruht auch das Prinzip des Lügendetektors.

7. Veränderung der Hirnstromaktivität

Das EEG ist ein relativ zuverlässiger Indikator für das Aktivierungsniveau des Zentralnervensystems. Mit Hilfe des EEG kann man feststellen, ob ein Mensch wach ist, einschläft, entspannt ist usw. Mißt man die Hirnströme eines Menschen in Hypnose, so stellt man fest, daß in der rechten Hirnhälfte mehr Alphawellen auftreten als in der linken Hirnhälfte, wie es für Entspannungszustände typisch ist. In EEG-Brain-Mapping-Untersuchungen können die linken und rechten Gehirnströme getrennt gemessen werden; die linke Gehirnhälfte ist bei Rechtshändern für rationales, logisches Handeln, die rechte für unsere Phantasie und Gefühle zuständig.

Während der tiefen Hypnose verlagert sich die Gehirnaktivität von der linken auf die rechte Gehirnhälfte, also von der „Vernunft-Seite" zur „Gefühls-/Phantasie-Seite". Es bleiben aber noch Restaktivierungen von 20–30 Prozent auf der linken Gehirnseite vorhanden. Das Bewußtsein ist auf die Stimme des Hypnotiseurs eingeengt (Rapport).

Messungen des Gleichspannungspotentials mittels EEG und Potentialmeßgerät zeigen eine sehr starke Aktivität besonders in der rechten Hirnhälfte.

8. Veränderung der Hormonkonzentration

Außer den genannten Veränderungen konnten signifikante Veränderungen der Hormonkonzentration bemerkt werden, ein Absinken von Katecholaminen und Plasmakortisol; bei Streß steigt die Konzentration dieser Hormone beträchtlich an. Somit können wir auch einen direkten Einfluß der Hypnose, Selbsthypnose und auch des Biofeedbacktrainings auf das Blutbild finden. Außerdem ändert sich der Milchsäuregehalt des Blutes, es verändert sich der Blutdruck, für das Immunabwehrsystem wichtige Lymphozyten (T-, B-Zellen) nehmen nach Hypnose, Selbsthypnose und Biofeedbacktraining zu. Bei Streßeinwirkung nehmen die T- und die B-Zellen ab, die Zahl der Blutplättchen, wichtig für die Blutgerinnung, und die der roten Blutkörperchen ändert sich ebenfalls nach der Hypnose.

9. Einfluß auf die Bewegung des Magens und des Darms
Ein Einfluß auf die Magen- und Darmbewegung ist über Hypnose, Selbsthypnose und Biofeedbacktraining ebenso nachweislich erreichbar und durch Magen- und Darmfeedback und Ultraschalluntersuchungen meßbar.

10. Veränderung des psychogenen Hirnfeldes
Die Hypnotisierbarkeit ist abhängig von der Aktivität und Form des psychogenen Hirnfeldes. Hohe Erregungszustände hirnelektrischer Natur, ganz besonders in der rechten Gehirnhälfte, vereiteln oft die Hypnoseeinleitung. In solchen Fällen bleibt oft nur der Ausgleich des psychogenen Hirnfeldes mittels Biofeedbacktraining, um doch noch zu einem Erfolg zu kommen. Bei hoher hirnelektrischer Aktivität der linken Gehirnhälfte, welche ebenso eine Hypnoseeinleitung erschweren kann, genügt es zumeist, mit entsprechenden Entspannungsmethoden eine Dämpfung herbeizuführen. Überaktivitäten („Übererregung") des psychogenen Hirnfeldes können aber auch so weit verstärkt werden, bis der Punkt erreicht wird, wo der Bezug zur Realität verlorengeht. Diesen Weg sollten nur entsprechend ausgebildete Hypnotiseure gehen. Um in diesem Fall sinnvoll weiterarbeiten zu können, muß innerhalb der Hypnosesitzung die Überaktivität mittels entsprechender Suggestionen abgebaut werden. Hypnose wie auch Selbsthypnose bringen einen Ausgleich des psychogenen Feldes mit sich. Das Zeitgefühl wird in der Hypnose drastisch manipuliert, was durch das umstrukturierte Hirnfeld meßbar wird. Bei Einsatz gezielter Suggestionen kann es ebenso zu einer nachhaltigen Veränderung des psychogenen Hirn- und Körperfeldes kommen.

Psychische Veränderungen in Hypnose

Es entsteht ein Gefühl der körperlichen und psychischen Gelöstheit. Ruhe und Gelassenheit machen sich bemerkbar. Die Zeit wird falsch eingeschätzt, die Körpergrenzen können verfließen. Eine Einengung der Aufmerksamkeit macht sich bemerkbar. Hände und Füße können vorübergehend gefühllos werden.

Schweregefühl oder auch Leichtigkeit der Glieder oder des ganzen Körpers kann sich einstellen. Magen- und Darmgeräusche können durch die Entspannung auftreten ...

Die mittlerweile vorliegenden Ergebnisse neurophysiologischer und psychologischer Untersuchungen weisen darauf hin, daß Hypnose einen Sonderzustand darstellt.

Forschungen über Gehirnstromaktivität konnten zeigen, daß der Übergang vom Wachzustand, von der Aktivität zum hypnotischen Schlaf durch eine Verlangsamung der Gehirnfrequenz begleitet wird. Je mehr die Versuchsperson in Richtung Schlaf abgleitet, um so stärker nimmt die Grundfrequenz der Alphawellen (8–12 Hz) ab, und es kommt zu einem vermehrten Auftreten langsamer Thetawellen (3,5–7 Hz). Nun beginnt bei der Hypnose die Gratwanderung. Der Hypnotiseur verhindert ein Tiefersinken in den Schlaf. Beim Einschlafen würden sich im EEG sogenannte K-Komplexe und Schlafspindeln zeigen. Doch der Hypnotiseur hält die Versuchsperson im Zwischenbereich. Sehr oft steigt nun das Gehirnpotential an. Es entsteht ein eigenartiger Zustand, den man auch bei Tranceinduktionen bei Schamanen und anderen messen kann: hohes Potential – langsame Gehirnwellen; hohe Konzentration bei entspanntem Gehirn; viel Energie, gut durchblutetes Gehirn und langsames EEG (3,5–7 Hz). Es handelt sich um einen Zustand, den es nur abhängig von der Suggestion und den Hypnoseeinleitungstechniken geben kann. Das Gehirn konzentriert sich im Halbschlaf, alle Aktivität ist auf den Rapport, auf die Suggestion konzentriert. Der Rest „schläft". Dieser Zustand scheint trotz allem ein Erbe der Mensch- und Tierwelt zu sein.

Läßt man in diesem Zustand der entspannten Wachheit die Versuchsperson sich mit sich selbst beschäftigen, so entstehen in manchen Fällen hypnagoge Bilder, spontane Halluzinationen, die oft durch schnelle Augenbewegungen bei geschlossenen Lidern zu bemerken sind, oder die Person fällt in natürlichen Schlaf.

Anwendungsmöglichkeiten von Hypnose und Selbsthypnose

Allgemein:
Unbewußte und bewußte Ängste (Prüfungsangst, Versagensangst), Konzentrationsstörungen, Lernprobleme, Erhöhung der Gedächtnisleistung, Fehlverhalten, Unsicherheit, Nervosität, Streß (Überforderungsreaktion), Stottern, Sprachstörungen, Schnelllerntraining.
Verändern des psychogenen Feldes.

Sport:
Verbesserung der Reaktion, Erhöhung der Reaktionsgeschwindigkeit, Verbesserung der Konzentration, Erlernen von neuem Verhalten, Bewegungsabläufen und Techniken.

Medizin:
Bettnässen, Nägelbeißen, Phobien, Zwangsverhalten, Asthma, Herzneurosen, Magen-Darm-Erkrankungen, Ulcus (Geschwür), manche Arten von Bluthochdruck, manche Allergien, vegetative Dystonie, Impotenz (impotentia psychica), nächtliches Zähneknirschen, Schlafstörungen, Depressionen, Suchtverhalten, Alkohol, Tabletten, Übergewicht, Migräne, Ohrensausen usw.

Mentale Techniken: Autogenes Training, Hypnose, Entspannung, Trance

Geschichtlicher Überblick

Antike

Die Hypnose ist scheinbar so alt wie die Menschheit selbst. Die erhaltenen Keilschriften aus den Ländern am Euphrat und Tigris zeigen uns, daß das älteste bekannte Kulturvolk der Erde, die Sumerer, bereits im 4. Jahrtausend v. Chr. die Hypnose kannten und in der gleichen Weise anzuwenden verstanden, wie dies noch heute geschieht. Auch in den ältesten Sanskrit-Urkunden der Inder, im Manus-Gesetzbuch, werden bereits unseren heutigen Hypnoseeinleitungen ähnliche Verfahren beschrieben. Hier ist die Rede vom Wachschlaf, Traumschlaf und dem Wonneschlaf.

Auf einem 3000 Jahre alten Papyrus, dem Papyrus Ebers, sind die hypnotischen Methoden der Ägypter recht gut beschrieben.

Die Tradition des Tempelschlafs wurde im antiken Griechenland in Tempeln, welche dem Asklepios geweiht waren, gepflegt. Wie in Ägypten wurde auch hier die Heilung im Schlaf vollzogen.

Mittelalter

Ebensolche Heilungen werden aus der Zeit des frühen Christentums berichtet. Im 11. Jahrhundert finden wir erste Überlieferungen von Selbsthypnose bei Mitgliedern eines Ordens, den Hesychasten auf dem Berg Athos. Sie betrieben die sogenannte Nabelschau – eine Selbsthypnose durch Konzentration des inneren Blicks auf den eigenen Nabel.

Theophrastus Bombastus von Hohenheim, genannt Paracelsus (1493–1541), lehrte, daß das Entscheidende bei jeglicher Heilung der „innere Arzt" sei. Er berichtete, daß Mönche im österreichischen Kärnten Kranke heilten, indem sie diese in glänzende Kristallkugeln blicken ließen. Die Kranken seien dadurch gewöhnlich in tiefen Schlaf gesunken. In diesem Schlaf gaben dann die Mönche entsprechende Suggestionen zur Genesung, die dann zumeist auch eintrat.

Neuzeit

Erst die Inquisition und die Hexenverfolgung ließen diese Form der Heilkunst und Hilfe in Vergessenheit geraten, denn jeder, der sie ausübte, geriet automatisch in den Verdacht, Teufelsbeschwörer zu sein.

Franz Anton Mesmer (1734–1815) gilt als Wegbereiter der modernen Hypnosetherapie. Er vertrat die Theorie, daß alle Krankheiten auf ein Ungleichgewicht des von ihm entdeckten animalischen Magnetismus im Organismus zurückzuführen seien. Heute wissen wir, daß er seine Behandlungserfolge hauptsächlich der Hypnose und der suggestiven Beeinflussung, aber auch dem Placebo-Effekt verdankte. Er begann mit „magnetischen" Metallen zu arbeiten und entwickelte nach und nach seine immer komplexer werdende Theorie. Den Anstoß zur heutigen Suggestionslehre gab der portugiesische Abbé Faria (1755–1819), der sich 1813 in Paris niederließ. Er hatte in Indien hypnotische Erscheinungen studiert und war im Gegensatz zu Mesmer zu der Überzeugung gekommen, daß zur Einleitung des hypnotischen Schlafs keinerlei Fluidum seitens des Hypnotiseurs erforderlich sei. 1819 erschien sein Werk über Hypnosetechnik. Seine Hypnosemethode bestand im wesentlichen darin, daß er einfach an die Kranken herantrat, ihnen scharf in die Augen sah (Augenfixationsmethode) und ihnen plötzlich zurief: „Dormez!" (Schlafen Sie!). Fast 50% der Personen fielen dabei schon in Hypnose.

Einer der wichtigsten Akteure in der Geschichte der Hypnose war der schottische Arzt James Braid (1795–1860). Er prägte den Ausdruck *Hypnose (hypnos* ist das griechische Wort für Schlaf), der sich bis heute behauptet. In einer fünf Jahre vor seinem Tod erschienenen Schrift führt er auch die Trancephänomene nicht mehr auf den nervösen Schlaf zurück, sondern auf eine erhöhte Aufmerksamkeitskonzentration, bei der Glaube, Erwartung und Imagination stärker als im Wachzustand wirken. Der Arzt A. Liébeault unterzog die Braidschen Experimente einer Nachprüfung und bestätigte sie. 1866 veröffentlichte er darüber das Buch „Künstlicher Schlaf und ähnliche Zustände". Auf dieses Werk wurde Jahre später Prof. *Hippolyte* Bernheim (1843–1919) von der Universität Nancy aufmerksam. Er führte die Behandlungsweise und Methode in der medizinischen Klinik in Nancy ein. Gemeinsam mit Liébeault begründete er die „Schule von Nancy" und setzte damit den Beginn der wissenschaftlichen Anwendung der Hypnose.

Zwanzigstes Jahrhundert

Einer der berühmtesten Schüler der Schule von Nancy ist Sigmund Freud, der Begründer der Psychoanalyse. Er vertrat später die Ansicht, daß die hypnotische Suggestion, die „etwas im Seelenleben zu verdecken ... sucht, eine leichte Kraftanstrengung", wie „eine Kosmetik" arbeite, die „psychoanalytische Suggestion dagegen wie eine Chirurgie".[1] 1887 entschloß er sich erst einmal ernsthaft zur Anwendung der Hypnosetherapie und wandte ab Dezember 1887 die hypnotische Suggestion an. Ein Zwischenfall beendete im Mai 1889 seine Hypnosearbeit: eine Patientin schlang Freud die Arme um den Hals. Seine Reaktion, die er in seiner Selbstdarstellung schildert: „Ich war nüchtern genug, diesen Zwischenfall nicht auf die Rechnung meiner persönlichen Unwiderstehlichkeit zurückzuführen ... sondern auf die Natur des mystischen Elements, welches hinter der Hypnose wirkt. Um es auszuschalten oder wenigstens zu isolieren, mußte ich die Hypnose aufgeben".[2] Die Aufgabe der Hypnose sollte Freud zur Entdeckung der Psychoanalyse führen.

---

[1] Freud, S.: „Vorlesungen zur Einführung in die Psychoanalyse", in: *Studienausgabe*, Bd. 1. Frankfurt/Main: Fischer Taschenbuch Verlag, 1982, S. 33–445; S. 433.
[2] Chertok, L.: *Hypnose. Theorie, Praxis und Technik*. Genf: Ramòn F. Keller, 1969, S. 19.

Emil Coué (1857–1926) entwickelte die Lehre von der Autosuggestion. Er erkannte, daß die Hypnose im Grunde eigentlich immer nur eine Selbsthypnose ist. Der Hypnotiseur erzeugt in den Versuchspersonen nur die Vorstellung der Hypnose, die diese dann verwirklichen. Er folgerte daraus, daß jeder Mensch sich selbst hypnotisieren könne (was auch die Theorie des Autogenen Trainings nach J.H. Schultz besagt), und erklärte seinen Patienten, daß eine Heilung ihrer Krankheit durch Selbstsuggestion zu erreichen sei. „Lernen Sie, sich selbst zu heilen, Sie können es." Er veranlaßte seine Patienten u.a., sich zwanzigmal den Satz: „Mir geht es von Tag zu Tag, in jeder Hinsicht immer besser und besser" einzuflüstern. Sein wichtigster Lehrsatz ist unbestritten: „Nicht der Wille ist der Antrieb unseres Handelns, sondern die Vorstellungskraft." Weitere Forscher erwarben sich sichere Verdienste um die moderne Hypnose, wie z.B. I.P. Pawlow (1849–1936). Er entdeckte den bedingten Reflex.

Als Großmeister der Hypnose gilt Milton Erickson. Seine Theorie: „Hypnose ist eine therapeutische Methode, die mehr als andere Einfühlungsvermögen und Beobachtungsgabe verlangt. Deshalb läßt sich Hypnose auch nur bedingt erlernen. Ein guter Hypnotiseur muß eher eine Künstlernatur als ein Theoretiker sein." Erickson begann gleich mit der Hypnose, als er diese Methode kennengelernt hatte, zu experimentieren. Als er 1928 an der Universität of Wisconsin promovierte, war er bereits ein erfahrener Praktiker der Hypnose. Erickson war an den Rollstuhl gefesselt und teilweise durch Polio gelähmt, er war farbenblind und konnte keine Unterschiede in den Tonhöhen wahrnehmen. So war es für ihn wichtig, die nonverbale (Körper-) Sprache ständig zu verfeinern. In der Hypnose hatte er seine Handicaps in Stärken verwandelt. Da er nicht durch Variationen in Klang und in der Farbe abgelenkt wurde, konnte er sich ganz auf andere Hinweisreize konzentrieren, die von den meisten Menschen nicht einmal wahrgenommen werden. Seine unglaublich starke Beobachtungsgabe befähigte ihn oft, das Problem eines Patienten zu erspüren, zu fühlen, bevor dieser überhaupt darüber sprach. Er konzentrierte sich auf Muskelzuckungen, Augenbewegungen, Pausen beim Sprechen, geringfügige Veränderungen in der Haltung usw., um zum gewünschten Ziel zu gelangen. Heute sind Milton Ericksons therapeutische Methoden zum Teil aufgezeichnet und werden auch durch Neurolinguistisches Programmieren an Interessierte als Kurse und Bücher weitergegeben.

Einen anderen Weg der Hypnose gehen seit jeher die Naturvölker. Schamanen, Medizinmänner und Heiler praktizieren noch heute in Selbsthypnose, in Trance Heilungen und versetzen ihre „Patienten" in heilende Bewußtseinszustände. 1979, während einer längeren Reise nach Südwestafrika (Namibia) und Südafrika, hatte ich selbst die Gelegenheit, die Trance als Heilmethode zu beobachten. Die afrikanischen Buschmänner in der Kalahari betreiben heute noch regelmäßig die Tranceheilung, und das mit Erfolg. Hier erlebte ich eine uralte, heute fast ausgestorbene Heiltradition: nächtliche ekstatische Heilungstänze mit stark suggestivem Charakter, in denen die Heiler in einen erweiterten Bewußtseinszustand gleiten, der eine Voraussetzung zum Heilen ist.

In den USA, im ehemaligen Ostblock, aber auch in anderen Ländern wurde seit dem Zweiten Weltkrieg vermehrt an der Hypnose geforscht. Um die Hypnose besser und wirkungsvoller einsetzen zu können, wurde und wird noch immer nach wissenschaftlichen Erklärungen und neuen Techniken gesucht. Wir untersuchen seit 1980 die Hypnose und die Wirkung der Hypnose mittels Biofeedbackgeräten. Interessante Experimente und Arbeiten über Hypnose und Trance wurden von Prof. Giselher Gutmann, Vorstand der Abteilung für allgemeine und experimentelle Psychologie der Universität Wien, durchgeführt.

In einer Sendereihe des österreichischen Fernsehens, dem „Wir-Bürgerservice", führte er am 28.9.1986 und 26.10.1986 eine Gleichstrompotentialmessung des Gehirns bei einer hypnotisierten Person durch. Dabei konnte er zeigen, daß das Gehirn während der Hypnose sehr aktiv ist und sich erst gegen Ende der Hypnosesitzung stark entspannt.

So können wir zum Abschluß dieses geschichtlichen Abrisses sagen, daß die Hypnose nicht *out*, sondern *in* ist. Neue Forschungsmethoden, neue technische Hilfsmittel unterstützen uns, der Hypnose auf den Grund zu gehen und hypnotische Erfolge zu messen. Neue Techniken, von Hypnosemaschinen bis zur subliminalen Suggestionstechnik, ermöglichen uns, eine neue Methode zu erarbeiten. Letztlich erfahren wir mehr von dem, was wir eigentlich sind: eine Geist-Körper-Einheit, ein bewußter und ein unbewußter Mensch.

Augenfixation: Meditation und Netzhautbild

Ein Charakteristikum jeder Meditation ist die Blickfixation. Einige der subjektiven und objektiven Erscheinungen bei Meditation entsprechen daher jenen, die auch bei Versuchen mit stabilisierten Netzhautbildern auftreten. Beim wachen Menschen führen die Augen in der Sekunde sehr viele ruckartige Bewegungen (Sakkaden) aus, wodurch fortlaufend die Umwelt abgetastet wird – nach jedem Ruck entsteht ein topographisch verändertes Netzhautbild. Den statischen, stabilen Umwelteindruck gewinnen wir offenbar erst infolge einer entsprechenden Datenverarbeitung im visuellen System. Mit einem kleinen Mikrobildprojektor, auf einer sich mit dem Auge mitbewegenden Kontaktlinse angebracht, kann man erreichen, daß immer dasselbe Bild auf dieselbe Netzhautstelle projiziert wird – man spricht von einem „stabilisierten Netzhautbild"[1]. Die Folge ist, daß die Versuchsperson nach einer Weile gar nichts mehr sieht – „blackout". Gleichzeitig stellt sich ein über allen Hirnabschnitten dominierender Alpha-Rhythmus ein[2]. Das Phänomen des „Nichtsmehr-Sehens" mit gleichzeitigem Alpha-EEG konnte Cohen[3] auch im „Ganzfeld" erreichen, d.h. durch Blicken in ein vollkommen ungegliedertes, helles Feld. Strukturabbildung und deren zeitliche Änderung sind also für den Sehvorgang essentiell wichtig, durch Meditation wird beides unterdrückt. Darin liegt auch eine wahrnehmungspsychologische Ähnlichkeit zur Hypnoseeinleitung durch Fixationstechnik. Subjektiv geht das Ver-

---

[1] Pritchard, R.M.: „Stabilized images of the retina." *Scientific American* 1961.
[2] Lehmann, D., Beeles, G.W. and Fender, D.H.: „EEG responses during the observation of stabilized and normal retinal images." *EEG clin. Neurophysiol.* 22/1967.
[3] Cohen, W.: „Spatial and textual characteristics of the Ganzfeld." *Am. J. Psychol.* 76/1957, S. 403.

schwinden der optischen Wahrnehmung mit dem Gefühl des Raum- und Zeitmaßverlustes einher. In der Zen-Meditation wird die Blickfixation zum Teil mit geöffneten Augen vollzogen.

Augenfixation als Hypnoseeinleitung

Selbsthypnose-Fixationspunkte

Mentale Techniken: Autogenes Training, Hypnose ... 131

Hypnose und Kommunikation

Hypnose ist die Kommunikation mit dem Unbewußten. Was ist die richtige Kommunikationsweise? Was verstehen wir unter Einfühlungsgabe in der Kommunikation? An dieser Stelle möchte ich einige Beispiele bringen.

Unsere Kommunikation, unsere Einfühlungsfähigkeit, unsere Beobachtungsgabe ist es, die aus uns einen guten Hypnotiseur, eine gute Führungskraft oder auch einen guten Trainer macht.

Natürlich gehört auch technisches Wissen dazu, doch dieses Wissen ist leicht zu erlangen. Die zwischenmenschliche Kommunikation zu verbessern ist ein Weg ohne Ende. Man lernt immer dazu. Die Hauptregeln dabei sind aber immer: sich in den anderen hineinfühlen, ihn beobachten, hinter seine Worte hören, jede Körperbewegung registrieren und auch deuten lernen.

Das Kommunikationskreuz

Die Sprache ist unsere Hauptkommunikationsform, die wir sozusagen „immer parat haben", die uns einander am nächsten bringt. Deswegen sollte jeder soweit wie möglich in der Lage sein, sprachliche Kommunikation zu betreiben. Es sollte jedem in klarer und deutlicher Form möglich sein, seine persönliche Botschaft dem Nächsten zu übermitteln. Ganz besonders Hypnotiseure sollten sich in dieser Fähigkeit trainieren.

Wer spricht mit wem? Was tun wir eigentlich, wenn wir mit jemandem sprechen? Mit wem sprechen wir eigentlich?

Kommunikationskreuz, Bild 1

Wie viele Personen sprechen miteinander? Zwei?

Nein, Sie irren! Nicht nur zwei Personen sprechen miteinander, sondern bloß zwei imaginäre Personen sprechen miteinander!

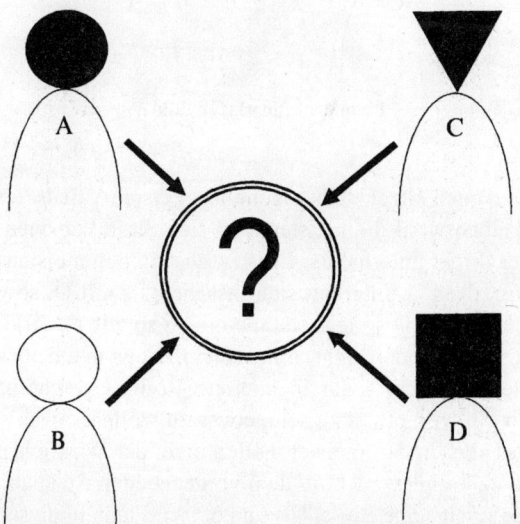

Kommunikationskreuz, Bild 2

Das imaginäre Kommunikationskreuz: B spricht mit F, E spricht mit C

A = der Mensch/Sie
B = Ihre Vorstellung von sich selbst
C = das Bild, wie Sie Ihr Gegenüber sieht (sehen will)
D = Ihr Gesprächspartner
E = so sieht sich Ihr Gegenüber
F = das Bild, das Sie von Ihrem Gegenüber haben (haben wollen)

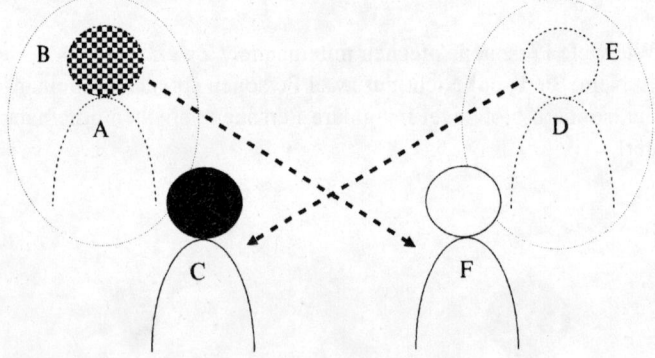

Kommunikationskreuz, Bild 3

Zwei Personen sitzen sich gegenüber, Person A und Person D. Nun glauben wohl die meisten, daß sich diese Personen untereinander direkt unterhalten. Dies ist aber in den meisten Fällen unrichtig, denn A unterhält sich fast niemals mit D, so wie sie wirklich ist, und D spricht fast nie mit A, so wie er wirklich ist.

Vielmehr ist jeder Mensch in seinem Leben in eine bestimmte Rolle (vielleicht sogar in mehrere Rollen) geschlüpft. Der Mensch gibt vor, etwas zu sein, etwas zu wollen, etwas zu können, was aber in den meisten Fällen nicht der Wirklichkeit entspricht – zumindest nicht in dem vorgegebenen Ausmaß.

Jeder spielt seine Rolle. Oft und oft wird man in diese Rollen hineingedrängt – andere verlangen mehr oder weniger, daß man diese Rolle spielt. Dies trifft besonders oft im Berufsleben zu. In der Familie wird sie meist zwangsweise angenommen, da man eben der Vater, die Mutter, der große Bruder usw. zu sein hat.

In unserem konkreten Fall bedeutet das also, daß A der Person D eine gewisse Rolle vorspielt – und nicht nur das, sondern A spielt sich selbst auch eine gewisse Rolle vor; umgekehrt trifft dasselbe zu. Das bedeutet nichts anderes, als daß sich A und D zwar rein körperlich gegenüberstehen, aber nicht auf geistiger Ebene. Die Person D identifiziert sich nämlich in ihrer eigenen Vorstellung mit E (die gestrichelte Linie um D herum), während A sich mit der eigenen Vorstellung von B (die gestrichelte Linie um A herum) identifiziert.

Aber auch die beiden imaginären Eigenvorstellungen unterhalten sich nicht miteinander, denn – und jetzt kommen wir zum Kern der Sache – das Bild der Dame D von sich selbst ist also E, und dieses imaginäre Bild betreibt nun tatsächlich Kommunikation mit C, also der Vorstellung, die sich die Dame D von Gesprächspartner A, der ihr ja körperlich gegenübersitzt, macht.

Das bedeutet aber nichts anderes, als daß D einen Umweg zu E, also einer fiktiven Vorstellung von sich selbst, wählt, um dann aber wiederum nur mit C – also einem imaginären Bild, das sich die Dame D von ihrem Gesprächspartner A gemacht hat – zu kommunizieren.

Dasselbe Prinzip gilt im umgekehrten Fall für A. A spricht nicht direkt zur Dame D, sondern gleichfalls über den Umweg seines von sich selbst gemachten Bildes B zu einer ebenfalls selbstgeschaffenen Vorstellung seiner Gesprächspartnerin D, dem Bild F.

Traurig, daß eigentlich beide Personen aneinander vorbeireden. Würden beide Personen das Prinzip verstehen, so würde beispielsweise A versuchen, das von sich selbst geschaffene Bild B soweit zurückzunehmen, daß er zu seinem persönlichen Kern vordringen könnte, was ihn wiederum ungemein offen für seine Umwelt machen würde.

Könnte die Person A nun den bloßen Kern der Person D sehen – ohne jegliche Vorurteile –, so wäre sie in der Lage, die Person D so zu sehen, wie sie wirklich ist – ohne irgendein von

D selbst auferlegtes Rollenspiel. Um aber Kommunikation mit D zu treiben, müßte die Person A nach wie vor über das fiktive Selbstbild von D, nämlich E, sprechen. A muß also das Bild akzeptieren, das die Person D von sich selbst geschaffen hat (E).

So gesehen ist die Person D von der Person A über das Bild E am besten anzusprechen. Das heißt, A unterhält sich nicht mit dem, von dem er glaubt, daß dies sein Gesprächspartner ist (F), sondern er sollte sich besser mit dem Selbstbild von D, nämlich E, unterhalten. Trotzdem sollte die Person A aber auch den Kern D, also den eigentlich angestrebten Gesprächspartner, nicht aus den Augen lassen, denn das ist sie wirklich. Das ist sie, wie sie es eigentlich nicht einmal selbst von sich weiß, oder vielmehr, wie es die wenigsten von sich selbst wissen.

Streichen wir den wichtigen Grundsatz heraus: Unterhalten Sie sich nicht mit dem Bild, das Sie sich selbst von Ihrem Gesprächspartner gemacht haben, sondern mit dem, das sich Ihr Gesprächspartner von sich selbst gemacht hat.

In der Regel unterhalten sich zwei Menschen über ein gewisses Kreuz – wir nennen es das *imaginäre Kommunikationskreuz*, wobei sie sich im Endeffekt wirklich fern bleiben. Dies führt uns deutlich vor Augen, daß es von zwingender Notwendigkeit ist, bei jeder Unterhaltung den Standpunkt des Gegenübers einzunehmen, um die Dinge und Ansichten sozusagen mit seinen Sinnen wahrzunehmen, zu erfühlen.

Zurück zum Beispiel: Der Mensch A hat den Kern seines Gegenübers, also das D der Dame, in jedem Fall zu isolieren. Er (und damit sind Sie gemeint) hat zu lernen, künftighin in allen Unterhaltungen, bei jeder Konversation das tatsächliche Ich des anderen – über den Umweg des Selbstbildes seines Gesprächspartners (das E der Dame) – anzusprechen.

Sie sollten ab jetzt Ihr Gegenüber mit anderen Augen betrachten lernen. Stellen Sie sich vor, Ihre Augen könnten – gleich einem Röntgenapparat – Ihr Gegenüber durchleuchten, und Sie könnten so zum wahren Kern Ihres jeweiligen Gesprächspartners vordringen (z.B. den Gehirntyp feststellen). Wäre das nicht für uns alle ein Vorstoß in eine völlig neue Dimension, in eine Art der Kommunikation, wie sie wahrer und wirklicher gar nicht sein kann?

In unserer heutigen Welt ist jeder einzelne Mensch für sich ein außerordentlich interessantes Wesen, voller Ideen, voller Einfälle, in jedem Augenblick. Dadurch hat jedermann jederzeit die Gelegenheit, das eben Besprochene immer aufs neue zu üben. Indem Sie andere Menschen „durchschauen", können Sie deren Motivation, deren Antrieb, deren Verhalten wesentlich besser verstehen. Letzten Endes sind wir – in der Gesamtheit gesehen – auch in der Lage, uns besser zu verstehen – durch gezielte, direkte Kommunikation.

Der Gesprächszyklus

Wir leben in einer Gemeinschaft, die im Kleinen beginnt und sich bis ins Große fortsetzt. Wir leben in den Gemeinschaften Familie, Klasse, Arbeitsplatz, wir leben inmitten von Kollegen, Freunden, Mitmenschen, Gleichgesinnten usw. Wir leben in Wohngemeinschaften, Bezirken, Dörfern, Städten, Ländern – und all dem ist eines *gemeinsam*: Wir leben auf dieser Welt.

Unser erklärtes Ziel sollte es sein, mit *jedem* – egal welcher Herkunft, Hautfarbe, Rasse, Geschlecht, Nationalität, Religion – eine harmonische Kommunikation zu führen. Ziehen wir uns nicht zurück, sondern lernen wir, in dieser unserer Welt *miteinander* zu leben, in die wir hineingeboren wurden. Streben wir eine *sinnvolle Gemeinschaft* an!

Mittel zum Zweck sind dazu unter anderem ausführliche Kenntnisse über das Funktionieren einer richtigen Kommunikation. Machen wir uns an dieser Stelle einmal klar, welche Schwierigkeiten, welche Fehlerquellen die verbale Verständigung in sich birgt.

Ein Mann spricht mit seiner Frau über den Kauf eines neuen Autos, wobei er sich ein sparsames, kleines Auto vorstellt, die Frau aber vielleicht die Vorstellung eines schnellen, teuren Sportwagens hegt. Das bedeutet, daß A wohl zu B spricht, aber die Vorstellung über ein und dasselbe Thema zwischen A und B völlig different ist.

Natürlich läßt sich dieses Beispiel x-beliebig anwenden – beispielsweise wenn sich Menschen über verschiedene Krankheiten unterhalten.

Kommunikationskreuz, Bild 4

Wird das Bild, das Sie sich in Ihrer Vorstellung gebildet haben, durch das Ihnen zur Verfügung stehende Mittel Sprache nicht präzisiert, so bestehen gegenüber Ihrem Gesprächspartner mitunter arge Differenzen in puncto Auffassung.

Nochmals: A hat sich in seiner Vorstellung ein Bild geformt, das er seinem Gegenüber übermitteln möchte. Der Gedanke wird in Sprache geformt. Der Empfänger – die Dame B – bildet sich aufgrund der ihr übermittelten Information in ihrem Geist ebenfalls ein Bild, das aber aufgrund der mangelhaften Kommunikation nicht einmal annähernd dem von A entspricht.

Bei unserer Kommunikationsform Sprache können verschiedene Fehler auftreten. Da wir mittels unserer Sprache nicht imstande sind, Gefühle zu übermitteln, ist jede informative Konversation beschränkt, entstehen Mißverständnisse. In den meisten Fällen kommt noch hinzu, daß viele Menschen ihrem Gegenüber in einer Konversation gar nicht richtig folgen können oder gar wollen. Sie sind unaufmerksam. Mißverständnisse sind in diesen Fällen eher die Folge als in Gesprächen, wo zumindest von beiden Seiten dem anderen eine gewisse Aufmerksamkeit entgegengebracht wird. Eine absolut treffende, exakte Übermittlung wäre in unserem gegenständlichen Fall von A an B nur durch eine Gefühlsübermittlung, verbunden mit einer präzisen Beschreibung, möglich. Leider ist das – wie uns allen bekannt ist – aber in den seltensten Fällen möglich.

Wenn Sie ein Bild, das Sie sich geformt haben, verbal genauestens beschreiben wollten, so würden Sie enorm lange dazu brauchen. Allein ein Auto in all seinen Einzelheiten beschreiben zu wollen würde Tage in Anspruch nehmen. Normalerweise besteht in einem Gespräch sicher nicht die Zeit, so tief auf Details einzugehen. Es bleibt uns daher gar nichts anderes übrig, als von Anfang an zu akzeptieren, daß wir mit unserem Kommunikationsmittel Sprache nicht imstande sind, uns hundertprozentig verständlich zu machen – ebenso wie wir außerstande sind, den anderen hundertprozentig zu verstehen. Die oft gebrauchte Redewendung „Ja, ich verstehe" führt sich damit eigentlich selbst ad absurdum. Jede Unterhaltung ist zumeist „oberflächlicher" Natur, weil wir einander nie voll und ganz verstehen (können). Dieses Kommunikationsproblem wird dann oftmals noch dadurch verstärkt, daß zwei Personen eigentlich über völlig verschiedene Dinge miteinander sprechen, obwohl jeder glaubt, daß er vom anderen verstanden wird. Die häufigsten Mißverständnisse innerhalb einer Konversation entstehen durch Unaufmerksamkeit des Hinhörenden, also durch unzureichendes Hinhören, das seinerseits aber wieder auf einem falschen Gesprächsablauf basiert.

Sie sollten daher folgende Regel beachten:
Um ein Gespräch richtig zu führen, vor allem auch richtig zu beenden, ist es notwendig, immer einen – für den anderen erkennbaren – Abschluß ans Ende des Gespräches zu setzen. Andernfalls wäre ihr Gegenüber irritiert ob Ihrer Reaktionslosigkeit, und es würde ein Gefühl wie etwa „Da fehlt doch noch etwas!" in ihm entstehen.

Lassen Sie Ihren Gesprächspartner unbedingt aussprechen; fallen Sie ihm nicht mit Ihren eigenen Argumenten, Einfällen, Gedanken ins Wort!

Zeigen Sie Ihrem Gesprächspartner von Zeit zu Zeit, daß er nach wie vor Ihre ungeteilte Aufmerksamkeit genießt, indem

Sie ihn bestätigen (entweder verbal oder durch die eigene Körpersprache). Andernfalls würde Ihr Gesprächspartner sozusagen „im Leerlauf" sprechen. Er kann dann nicht erkennen, ob das, was er sagt, auch auf fruchtbaren Boden fällt.

Suchen Sie in einem Gespräch auch unbedingt den Augenkontakt mit Ihrem Gesprächspartner. Lassen Sie Ihren Blick nicht im Raum schweifen, denn das hätte wieder zur Folge, daß Sie Ihrem Gegenüber nur oberflächliche Aufmerksamkeit attestieren – auch wenn das mitunter überhaupt nicht der Fall ist!

Versuchen Sie immer den Gehirntyp festzustellen (siehe auch Kopfrezept Nr. 1, Seite 30).

Zusammenfassung

Mißverständnisse und Kommunikationsprobleme innerhalb einer Konversation entstehen zumeist durch mangelnde Aufmerksamkeit des Hinhörenden, die sich in fehlender Bestätigung (Emotion!) manifestiert.

Außerdem sind sogenannte Gedankensprünge, also ein Abgleiten vom eigentlichen Gesprächsziel, Verfehlungen innerhalb eines Gesprächszyklus.

**Kopfrezept Nr. 7:
Gesprächsverhalten**

1 Versuchen Sie, sich in Ihr Gegenüber (geistig) hineinzuversetzen.
2 Blicken Sie Ihrem Gegenüber ruhig und fest in die Augen, halten Sie den Blickkontakt mit Ihrem Gesprächspartner – Sie demonstrieren damit Ihre offene Haltung! Mit Hilfe unserer Fixationspunkte erlernen Sie auch einen ruhigen, festen Blick.
3 Steuern Sie das Gesprächsziel in klaren, deutlichen Formulierungen an.
4 Beantworten Sie Fragen korrekt mit Ja oder Nein.
5 Suchen Sie Emotionen durch Ihre Körpersprache auszudrücken, durch Kopfnicken, durch Lächeln, durch Stirnrunzeln, usw.

6 Bestätigen Sie Ihr Gegenüber von Zeit zu Zeit. Sie geben Ihrem Gesprächspartner damit ein Gefühl der Sicherheit, ein Gefühl des Verstandenwerdens. In den meisten Fällen führt dies dazu, daß sich Ihr Gesprächspartner mehr und mehr öffnet, Ihren Argumenten und Anschauungen zugänglicher wird.

7 Vermeiden Sie in allen Fällen Gedankensprünge. Behalten Sie Ihren roten Faden bei, selbst wenn Ihr Gesprächspartner Gedankensprünge vollführt. (Siehe auch Punkt 3.)

8 Beenden Sie ein Gespräch wieder mit einer Bestätigung. Nur so ist es für Sie und Ihren Gesprächspartner möglich, zu einem anderen Thema überzugehen. Ist ein Gesprächszyklus durch eine fehlende Bestätigung noch nicht abgeschlossen, laufen Sie Gefahr, daß Ihr Gegenüber trotz eines neuen Themas gedanklich noch immer im vorigen Thema verweilt, d.h., Ihnen fehlt für jede weitere sinnvolle Konversation die ungeteilte Aufmerksamkeit Ihres Gegenübers. Sie sprechen dadurch aneinander vorbei.

Merke: Jedes Gespräch sollte ein Ziel verfolgen, wenn es sinnvoll sein soll. Eine Verneinung am Ende eines Gesprächs ist kein guter Abschluß. Sind Sie anderer Meinung als Ihr Gesprächspartner, so bestätigen Sie ihm, daß Sie seine Ansichten wohl verstanden haben, legen Sie ihm dann aber nach den angeführten Regeln Ihren Standpunkt dar. Beharren Sie nämlich am Ende eines Gesprächs auf einer bloßen Verneinung, könnte mitunter bei Ihrem Gesprächspartner sehr leicht ein Gefühl des „Vor-den-Kopf-gestoßen-Werdens" entstehen.

Nun wollen wir im Verständnis der Kommunikationsregeln etwas tiefer gehen. Schon seit langem weiß man, daß sich Menschen hinsichtlich der Aufnahme und Verarbeitung von Informationseinheiten spezialisiert haben (siehe: Das psychogene Feld, Seite 21 f.). Im großen und ganzen wird im normalen Wachzustand immer ein Sinnesorgan bevorzugt: Das sind im wesentlichen der Sehsinn, das Gehör und die sogenannten kinästhetischen Wahrnehmungen. Dazu gehören aber auch viele Wahrnehmungen, die über die klassischen fünf Sinne hinausgehen: zum Beispiel das Empfinden für Druck und Schmerz, für die Lage eines Körperteils in bezug zum Rest (Raumsinn), Orientierungssinn usw. Wenig bekannt ist auch, daß grundsätzlich jedes Gefühl, auch wenn wir uns dessen nicht bewußt sind, von Körperwahrnehmungen begleitet ist.

Die Worte, mit denen wir unser Erleben beschreiben, sind direkte Hinweise, welcher Sinneskanal gerade dominiert. Oft ist es sehr interessant zu beobachten, wie jemand seinen normalen Bewußtseinszustand anders darstellt als einen Meditations- oder Trancezustand. Meist benützt jede dieser Gehirnaktivitäten einen anderen Sinneskanal. So können Sie etwa von jemandem hören: „Morgens beim ersten Lichtstrahl öffne ich das Fenster, um das helle Strahlen der Sonne in mein dunkles Schlafzimmer einzulassen." Und dann von der gleichen Person: „Wenn ich mich niedersetze, um zu meditieren, dann fühle ich die Müdigkeit oft wie eine Woge über mich hereinstürzen …"

Auch dem Ungeübten wird bei genauerer Beobachtung schnell klar, daß es sich beim ersteren um vorwiegend visuelle Sinneseindrücke handelt (Licht, Strahlen, Dunkelheit). Im zweiten Fall kommen deutlich Körpergefühle zum Tragen (Müdigkeit, Stürzen, Setzen usw.).

Wir müssen uns darüber klar sein, daß es keine gedankliche Aktivität in unserem Gehirn gibt, die nicht an die Träger der Sinne gekoppelt ist!

Wenn Sie sich an eine Situation erinnern, z.B. Eislaufen, so müssen Sie sich die Sinneseindrücke der damaligen Zeit wieder vergegenwärtigen, im Sinne der Hypnose „regressieren" Sie also. Sie fühlen also die kalte Luft auf der Haut, hören die Rufe der anderen, das Schleifen der Kufen auf dem Eis und sehen die Winterlandschaft vor sich.

Unsere Erinnerungen werden ausschließlich als Sinneseindrücke „abgelegt". Mögliche Speicherinhalte sind also Bilder, Geräusche bzw. Worte und Körperempfindungen. Andere Erinnerungen gibt es nicht! Versuchen Sie sich weiter vorzustellen, daß jeder Mensch seine eigene Strategie hat, wie er sich etwas merkt, und Sie können sich die Verständigungsprobleme der Menschheit etwas näher bringen.

Kopfrezept Nr. 8:
Unsere Sprache – Kommunikationsregeln

Für jeden, der an der Kommunikation mit anderen Menschen interessiert ist, ergibt sich ein breites Feld bisher ungeahnter Möglichkeiten. Für die Einleitung einer Hypnose bieten sich diese neuen Erkenntnisse geradezu an. Sie brauchen nur zu erkennen, in welchem Wahrnehmungssystem sich jemand anderer vorzugsweise befindet, um optimal auf sein Weltbild einzugehen.

So wird sich die Einleitung einer Hypnose bei dem einen etwa so anhören: „Sie sehen einen Bergsee vor sich, die klaren Gipfel der Berge mit ihrem strahlenden Weiß spiegeln sich im Wasser ..."; bei einem anderen: „... Und aus dem tiefsten Inneren Ihres Körpers breitet sich ein warmes Gefühl der Ruhe aus wie eine langsame Welle ..." Damit geht ein Hypnotiseur in optimaler Weise auf das momentane Wahrnehmungssystem des anderen ein. Er leitet dann über auf eine andere Form der Wahrnehmung, die bis dahin weitgehend unberücksichtigt war; macht auf das Ticken der Pendeluhr im Raum aufmerksam, auf die Vogelgesänge vor dem Fenster, auf den allgegenwärtigen Straßenlärm ... Typisch ist, daß die Personen anschließend berichten, es wäre für sie völlig überraschend gewesen, plötzlich wirklich dies oder jenes zu hören.

Die von außen durchgeführte „Umschaltung" des Sinneskanals eröffnet eine Fülle von Möglichkeiten der Einflußnahme und natürlich auch der Manipulation. Aus Platzgründen soll hier nicht weiter darauf eingegangen werden. Dies wäre wohl eher das Thema eines eigenen Buches.

Wie wirkt sich die Wahrnehmung des bisher Erwähnten nun auf das tägliche Leben von Herrn und Frau Jedermann aus? Nehmen wir an, Sie hören jemanden sagen, er habe sein Leben fest in der Hand ... er spüre alles intensiv. Sie erkennen hier einen Menschen, der momentan besondere Aufmerksamkeit auf seine Körperwahrnehmungen richtet. Mit hoher Sicherheit werden Sie seine Aufmerksamkeit gewinnen können, wenn Sie sich ebenfalls in seinem Bezugsrahmen bewegen. Sie könnten in etwa antworten, daß Sie sich freuen, die Sicherheit und Kraft des anderen zu spüren, die zielsichere Art, in die Zukunft zu gehen usw.

Erstaunlich ist, daß es meist genügt, wirklich dem Gegenüber deutlich zu zeigen, daß Verständnis der gleichen Art da ist, um Sympathie und eine Fülle unverhoffter Lorbeeren zu ernten: „So wie Sie hat mich noch nie jemand verstanden", „Endlich jemand, der wirklich weiß, was ich meine", „Sie müssen Gedanken lesen können …" und viele andere dieser Aussprüche sind der oft unerwartete Lohn für effiziente Kommunikation im Alltag.

Hier abschließend einige Beispiele:

Visuelle Worte: Licht, Klarheit, Durchblick, Erscheinung, unsichtbar, hell, farbig, dunkel, verschwommen, Aussicht

Akustische Worte: das hört sich ja …, hör auf, unerhört, … da sagte ich zu mir …; kreischen, sprechen, sagen, lügen, versprechen, Aussage in Abrede bringen, leugnen

Kinästhetische Worte: erfassen, dafürhalten, unterdrücken, zusammenfassen, ausreichen, anpacken, handhaben, fallen lassen, angreifen.

Hypnose und Gefahr?

Bei einer fachmännischen Hypnose und deren Auflösung ist mir noch keine irgendwie geartete Beeinträchtigung des Hypnotisierten bekannt geworden. Hypnosetherapeuten von Rang und Namen halten eine Gefahr durch Hypnoseanwendung für ausgeschlossen.

Kopfrezept Nr. 9:
Die zehn Regeln der richtigen Suggestion

Egal ob Sie nun jemandem hypnotisch Suggestionen einflüstern, sich in Selbsthypnose mit Hilfe einer Kassette Suggestionen vorspielen oder ob Sie eine Subliminal-Suggestionskassette hören: Wenn eine Wirkung erreicht werden soll, dann müssen die Suggestionen richtig formuliert werden.

1. Positive Suggestionen haben immer größere Wirkung als negative. Begriffe wie „nein, nicht, will nicht, werde nicht, kann nicht, nie, niemals" usw. sollten vermieden werden. Eine falsche Suggestion wäre: „Ich habe keine Kopfschmerzen." Richtig ist: „Mein Kopf wird frei und klar."
2. Eine Suggestion, die Ihnen etwas erlaubt, wird von Ihrem Unbewußtsein eher ausgeführt als ein Verbot. Ihr Unbewußtes kann auf ein Verbot mit Widerstand reagieren.

3 Eine Suggestion kann dann als Befehl abgefaßt werden, wenn ein unbewußtes Bedürfnis besteht, von jemandem beherrscht zu werden. „Du kannst, Sie können, du willst" sind Erlaubnisse. „Du wirst, Sie müssen, Sie werden" sind Befehle.
4 Drei- bis fünfmaliges Wiederholen der Suggestion innerhalb einer Sitzung ist eine wichtige Voraussetzung für eine wirksame Einflußnahme.
5 Suggestionen nicht in Gegenwartsform abfassen, sondern in die unmittelbare Zukunft setzen. Man muß dem Unbewußten Zeit zur Verwirklichung lassen. „Meine Kopfschmerzen sind verschwunden" wäre falsch. Besser ist: „Mein Kopf wird frei und klar" oder „Bald wird der Schmerz nachlassen, sich auflösen" ... „Ich entspanne mich."
6 Eine Suggestion wird noch verstärkt, wenn Sie der gedachten Suggestion ein Bild beifügen. Stellen Sie sich den Ablauf der Suggestion bildlich vor.
7 Fühlen Sie die Verwirklichung der Suggestion. Denken Sie: „Meine rechte Hand wird warm", und stellen Sie sich dabei vor, wie Ihre Hand im angenehmen, warmen Wasser liegt, denken Sie an ein angenehmes, warmes Bad. Fühlen Sie, wie Ihre Finger dicker werden, wärmer werden ... erwarten Sie die Wärme.
8 Suggerieren Sie pro Hypnose oder Selbsthypnosesitzung immer nur eine Suggestion, nur ein Ziel, denn sonst tritt Wirkungsstreuung ein.
9 Formulieren Sie Ihre Suggestionen in Ihrer Sprache, mit Ihren Worten, bezeichnen Sie Ihr Ziel eindeutig, halten Sie die Suggestionen einfach. Das Unbewußte weiß, wie Ihr Ziel lautet.
10 Suchen Sie nach negativen und schädlichen Suggestionen, um sie aus Ihrem Wortschatz zum Verschwinden zu bringen. Suchen Sie nach negativen Worten, Sätzen und Redewendungen in Ihrem Sprachschatz, und eliminieren Sie sie aus ihrem Vokabular, nach dem Motto: „Du wirst, was Du denkst". Negative Redewendungen sind: „Das liegt mir im Magen", „Das schaffe ich nicht", „Das halte ich nicht aus", „Das vertrage ich nicht", „Da blicke ich nicht durch". Wer denkt: „Ich kann das nicht", „Ich fürchte", „Ich schaffe es nicht" u.ä., suggeriert seinem Unbewußten Ängste, Unsicherheit, Unfähigkeit.

Redewendungen und ihre Symptome

Gehirn: „Alles steigt mir zu Kopf."
Folgen: Migräne, Kopfschmerzen, Konzentrationsstörungen, Schlafstörungen, Depressionen

Auge: „Das kann ich nicht mehr mitansehen."
Folgen: Überempfindlichkeit gegen grelles Licht, Zucken und Schleier vor den Augen, Übermüdung, Sehstörungen

Blutgefäße: „Das Blut gefriert mir in den Adern."
Folgen: Durchblutungsstörungen, Schwindelgefühle, kalte Hände oder Füße, Schwindelanfälle

Speicheldrüse: „Vor Schreck bleibt mir die Spucke weg."
Folgen: ständiger Kloß im Hals, trockener Mund. Bei zu wenig Speichel Verdauungsstörungen

Lunge: „Etwas schnürt mir die Kehle zu."
Folgen: Atemnot wegen Sauerstoffmangel, zu schnelle flache Atmung (nach Luft schnappen), Asthmaanfälle

Herz: „Ich dachte, ich krieg' einen Schlag."
Folgen: Herzrhythmusstörungen, Schmerzen und Stiche im Brustbereich, Angstgefühle wegen Infarktverdacht

Magen: „Hab mir vor Wut ein Loch in den Bauch geärgert" oder „Bei mir schlägt alles auf den Magen."
Folgen: Magenschleimhautentzündungen, Geschwüre

Galle und Leber: „Mir läuft vor Wut die Galle über."
Folgen: erhöhte Leberwerte (auch durch falsche Ernährung), Gallenblasenentzündungen, Leberzirrhose

Bauchspeicheldrüse: „Bin total auf dem Hund."
Folgen: Hungergefühl, Schwäche, Schweißausbruch, Unterzucker

Nieren: „Alles geht mir an die Nieren."
Folgen: Klopf- und Druckschmerzen, Nierenbeckenentzündungen, Bluthochdruck

Darm: „Ärger schlägt mir auf den Darm."
Folgen: Stuhldrang, Blähungen, chronische Verstopfung, Durchfälle

Blase: „Das schlägt mir auf die Blase."
Folgen: Harndrang, Schmerzen beim Harnlassen, Entzündungen (Infektionen)

Geschlechtsorgane: „Ich hab zu nichts mehr Lust."
Folgen: Menstruationsbeschwerden, Verlust der Libido, Impotenz

Muskulatur: „Ich bin vor Schreck wie gelähmt."
Folgen: allgemeine Abgespanntheit, Krampfneigung, Rückenschmerzen

Die Grundregel der Suggestopädie

Im Umgang mit Kindern, Schülern und Sportlern sollten Sie folgende Redewendungen aus Ihrem Vokabular streichen: „Du kannst das nicht", „Du bist faul", „Du taugst rein gar nichts", „Du bist dumm", „Du bist ein Versager" … Ähnliche Redewendungen und Beschimpfungen, die jahrelang auf Jugendliche einwirken, können zumeist ihre Wirkung gar nicht verfehlen. Das Ergebnis ist ein heranwachsender, in seiner Persönlichkeit beschränkter, ängstlicher, destruktiver, mit Minderwertigkeitsproblemen beladener „normaler" Mensch. Will man etwas erreichen, will man jemanden zu Höchstleistungen motivieren und Probleme ausmerzen, so sollte man seine Wortwahl positiv gestalten: „O.k., bei einem der nächsten Versuche schaffst du es", „Du kannst das, es geht dir bald wieder besser" … Wenn Sie etwas wollen, sagen Sie immer, was Sie wollen, und nicht, was Sie nicht wollen. Falsch wäre: „Paß auf, daß du nicht runterfällst", richtig ist: „Halte dich gut fest." Seien Sie in Ihren Redewendungen immer zuversichtlich. Ich will hier nicht sagen, daß Sie übertriebene „Schönfärberei" betreiben sollen, aber geben Sie sich und anderen eine Chance. Werden Sie positiver, und geben Sie diese positive Art an andere weiter. Bedenken Sie: „Ein Lächeln, das Sie aussenden, kehrt zu Ihnen zurück."

Kopfrezept Nr. 10:
Hypnosetest – Suggestibilitätstest

Die nun folgenden Tests sollen Ihnen zeigen, ob jemand leicht zu hypnotisieren ist und ob Sie die Hypnose schnell und erfolgreich erreichen werden.

Test 1: Der Blickrichtungstest[1]

Nach unseren Erkenntnissen ist Kreativität eine der wichtigsten Fähigkeiten, die eine gut zu hypnotisierende Person haben sollte. Kreativität hat etwas mit Imagination und gutem Vorstellungsvermögen zu tun, ebenso wie die Fähigkeit der Absorption (das Aufgehen in einer gelesenen Geschichte, in einem guten Film, in einer Vorstellung). Um nun gut hypnotisierbare Personen von weniger guten schnell unterscheiden zu können, testen Sie die Vorstellungsfähigkeit wie folgt. Stellen Sie der zu testenden Person folgende Frage: „Wie viele Buchstaben hat das Wort Psychologie?" Eine gut hypnotisierbare Person schaut beim Lösen dieser Aufgabe in der Regel nach links (wenn sie Rechtshänder ist, sonst oft umgekehrt). Machen Sie den gleichen Test bei weniger gut zu hypnotisierenden Personen, so schauen diese in der Regel nach rechts (wenn sie Rechtshänder sind, sonst oft umgekehrt) oder aber auch nach unten. Welche Theorie steht mit diesem Test in Zusammenhang? Es ist seit langem bekannt, daß bei Rechtshändern die rechte Hälfte des Gehirns die linke Körperseite kontrolliert. Die linke Hälfte des Gehirns kontrolliert bei Rechtshändern die rechte Körperseite. Die Steuerung der Au-

---

[1] Dieser Test bezieht sich auf eine Arbeit von Bakam P.: „Hypnotizability, Laterality of Eye Movement, and Functional Brain Asymmetrics". *Perceptual and Motor Skills* 28/1969, S. 927–932.

Blickrichtungstest

genbewegung nach rechts wird also von der linken Hirnhälfte durchgeführt, die Augenbewegung nach links von der rechten Hirnhälfte. Interessant ist es in diesem Zusammenhang, daß Menschen, die ihre Augen bevorzugt nach links bewegen, häufig durch heftige emotionale Regungen auffallen. Vor allem die unangenehmen Gefühle spiegeln sich in der linken Gesichtshälfte wider, deren Muskeln von der rechten (gefühlsmäßigen) Gehirnhälfte gesteuert werden.

EEG, Hirnpotentialmessung und Hirndurchblutungsmessungen zeigen uns, daß bei Rechtshändern die linke Hirnhälfte auf analytische, logische, sprachliche Informationsverarbeitung spezialisiert ist, während die rechte für räumliche, bildliche, vorstellungsmäßige Verarbeitung von Informationen zuständig ist. Biofeedback- und Blickrichtungsstudien deuten darauf hin, daß bei gut hypnotisierbaren Personen die bildliche Hirnhälfte die Testaufgaben übernimmt. Bei vielen Tests konnte man feststellen, daß die bildliche Hirnhälfte die Möglichkeit zur Hypnotisierbarkeit bringt. Mit diesem Test können Sie unauffällig (z.B. als Trainer oder Therapeut) feststellen, ob die untersuchte Person leicht zu hypnotisieren ist, oder aber auch, ob sie durch richtige Suggestion zu motivieren ist. In unserem Institut wird dieser Test leicht abgewandelt in Kombination von Gehirnpotentialmessungen durchgeführt, was eine genaue Aussage über die Hypnotisierbarkeit der jeweiligen Person zuläßt. Natürlich können Sie diesen Test auch als ersten Selbsttest für die Eignung zur Autohypnose einsetzen, Sie müssen sich dabei nur durch einen Spiegel beobachten.

Test 2: Der Balancetest

Beim Balancetest steht die zu testende Person mit geschlossenen Füßen aufrecht da, den Blick zur Decke gerichtet. Der Hypnotiseur fordert die Person auf, die Augen zu schließen, den Kopf aber in der gleichen Stellung zu belassen. Nun gibt er folgende Anweisung: „Ich möchte nun Ihre Entspannungsfähigkeit prüfen, dazu lege ich meine Hände auf Ihre Schultern." Nachdem dies geschehen ist, suggeriert er weiter: „Nun werden Sie eine Kraft spüren, die Sie nach hinten in Richtung meiner Hände zieht, leisten Sie keinen Widerstand, ich werde Sie sicher halten, wenn Sie nach hinten fallen, Sie fallen, Sie fallen, Sie werden nach hinten gezogen." In diesem Augenblick hebt der Hypnotiseur die Hände millimeterweise von der Schulter ab. Jetzt sollte die zu testende Person, wenn sie gut suggestibel ist, leicht nach hinten taumeln. Natürlich müssen die Suggestionen mit fester Stimme und glaubhaft gesprochen werden, damit sie wirken.

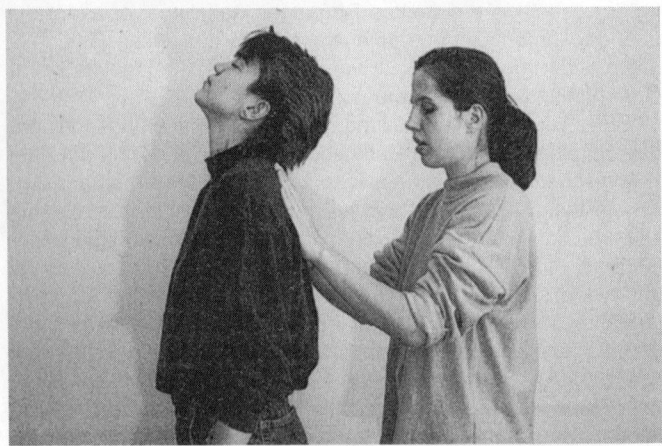

Balancetest (Renate Eggetsberger, rechts)

Test 3: Der Händefalt-Test

Bei dem Test einer Personengruppe bietet der Händefalt-Test Vorteile, denn er kann zur selben Zeit bei allen Personen durchgeführt werden. Wieder suggeriert der Hypnotiseur eindringlich:

„Nun achten Sie auf meine Stimme, ich will, daß Sie Ihre Hände fest über dem Kopf falten. (Der Hypnotiseur macht vor, wie dies geschehen soll.) Nun bitte schließen Sie für einen Moment die Augen. Stellen Sie sich vor, daß sich Ihre Hände verbinden, so, als wären sie zusammengeklebt. Ihre Hände kleben zusammen, fest zusammen. Wenn ich nun von eins bis fünf zähle, schließen sich Ihre Hände immer mehr und mehr zusammen, fest zusammen, 1-2-3-4-5. Nun können Sie versuchen, Ihre Hände zu öffnen, Sie werden bemerken, daß dies unmöglich ist, versuchen Sie es jetzt, es geht nicht." Bei den Personen, die die Hände nicht oder nur schwer auseinanderbringen können, zeigt sich eine gute Einflußnahme durch den Hypnotiseur. Eine Hypnose wäre für einen guten Praktiker leicht einzuleiten. Für diejenigen Personen, die die Hände nicht öffnen können, suggerieren Sie nun weiter: „Ich zähle von eins bis zehn, dann können Sie Ihre Hände lösen. Alles ist wie vorher, Sie fühlen sich wohl. 1-2-3-4-5-6-7-8-9-10. Öffnen Sie die Hände langsam."

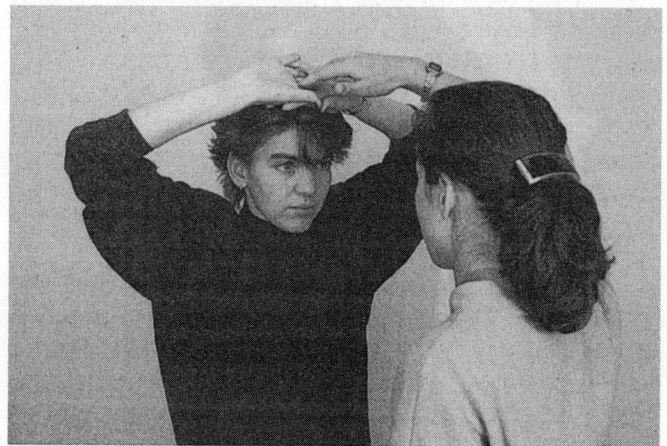

Händefalt-Test

Test 4: Die Pendelmethode

Hierfür benötigen Sie einen etwa 15 cm langen Faden, an dessen Ende Sie einen Ring, eine Beilagscheibe oder einen anderen geeigneten Gegenstand binden. Nun zeichnen Sie sich auf ein weißes A4-Format-Papier einen Kreis mit einem Kreuz. Dann legen Sie das Blatt auf einen Tisch. Nehmen Sie nun das Pendel zwischen Zeigefinger und Daumen, und halten Sie das Pendel über die Kreuzmitte. Nun stellen Sie sich intensiv vor, daß sich das Pendel nach rechts zu drehen beginnt. Erwarten Sie die Drehung immer stärker und stärker, aber halten Sie Hand und Arm locker, so, wie auf der Abbildung zu sehen ist. Beginnt sich das Pendel immer stärker und stärker zu drehen, so stellen Sie sich vor, daß sich die Richtung ändert und das Pendel sich nach links dreht. Suggerieren Sie: „Du drehst dich nach links", erwarten Sie auch diese Drehung. Sollten Sie mit diesem Test erfolgreich sein, sollte sich also das Pendel in die gewünschte Richtung bewegen, ohne Zutun Ihres bewußten Willens, so haben Sie Ihrem Unterbewußtsein die erste bewußte Suggestion gegeben, die es ausgeführt hat. Sie werden auf Hypnose und Selbsthypnose gut ansprechen. Dieser Versuch hat natürlich nichts mit Wünschel-

Pendeltest

rutengehen, mit Pendeln oder Magie zu tun, er zeigt nur, daß Ihr Unbewußtes Ihre Muskelsteuerung übernommen hat. In der Fachsprache heißt dieser Effekt *ideomotorische Bewegung*, ein natürlicher Ablauf. Es gibt noch viele weitere Hypnose- und Selbsthypnosetests, wir wollen es aber im vorliegenden Buch bei den vier Versuchen belassen, da sie im wesentlichen alle Bedürfnisse abdecken. Sollten sich für Sie noch weitere Fragen bezüglich der Hypnose oder Selbsthypnose ergeben, so wäre die Konsultation eines geübten Hypnotiseurs oder eines Biofeedbacklabors, das mit den richtigen Meßgeräten ausgerüstet ist, zu empfehlen.

Die Praxis der Hypnose

Der Hypnotiseur

Strenggenommen kann jeder intelligente und verantwortungsbewußte Mensch, der über genügend Selbstbewußtsein und ein sicheres Auftreten verfügt, hypnotisieren lernen. Meiner Überzeugung nach gehört zu einem guten Hypnotiseur mehr. Er sollte eine einfühlende, in seiner Hypnosemethode flexible und auch mit guter Beobachtungsgabe ausgezeichnete Persönlichkeit sein. Technik, Routine und Erfahrung sind weitere Merkmale eines guten Hypnotiseurs. In den Bereich der medizinischen Hypnosetherapie darf und soll sich nur derjenige wagen, der eine dementsprechende Ausbildung absolviert hat und ausreichende hypnotische Praxis mitbringt.

Hypnoseeinleitung

Ein Beispiel aus der Praxis

„Ist das Ihr erster Kontakt mit Hypnose? Ja ...? Gut, dann sehen Sie mir in mein rechtes Auge, ganz fest in mein rechtes Auge, ganz fest ... Ihr Atem wird ruhig – gleichmäßig, angenehmer, ihre Arme und Hände werden schwer, sehr schwer, bleischwer, ihr Herz schlägt ruhig – und gleichmäßig, nichts mehr stört, einfach geschehen lassen, loslassen, loslassen von allem, was stört, geschehen lassen, und während Sie loslassen, einfach loslassen, beginnen Ihre Augen zu brennen, Ihre Augenlider werden schwer, bleischwer, angenehm schwer. Ihre Augenlider sind müde, aber schließen Sie sie nicht, wenn Sie sie noch offenhalten können. Ihre Augenlider sind schwer, sehr schwer, unsagbar schwer. Sie werden schlafen ... tief schlafen ... nun wird sich Ihr rechter Arm langsam und von selbst heben, beginnend von den Fingern an wird Ihre rechte Hand immer leichter und leichter, Ihre Hand, Ihr Arm, hebt sich empor, weiter, weiter und weiter ... nichts kann stören, und Sie schlafen immer tiefer und tiefer und viel tiefer ... trotzdem hören Sie meine Stimme, befolgen Sie alle meine, für Sie positiven Suggestionen. Atmen Sie ruhig und gleichmäßig ... nun wird sich Ihr Arm beugen, und Ihre Hand wird Ihr Gesicht berühren ... ja ... nun schlafen Sie tief, sehr, sehr tief, und jeder Ihrer ruhigen Atemzüge bringt Sie tiefer in die Hypnose, in den Zustand, in dem Sie alle meine positiven Suggestionen befolgen, in dem sich alle meine positiven Suggestionen verwirklichen werden ... nun wird Ihre rechte Hand, Ihr rechter Arm langsam wieder schwerer und schwerer und sinkt zurück. Sie schlafen immer tiefer und tiefer ... nun öffnet sich das Tor, das imaginäre Tor zu Ihrem Unterbewußtsein ... meine Worte fließen nun in Ihr tiefes, inneres Selbst ... nun entspannen sich alle Ihre Muskeln ... die Muskeln von Stirn, vom Kiefer ... die Muskeln Ihres Kopfes entspannen sich ... es entspannt sich Ihr Nacken ... Ihre Schultern, Ihre Arme, Ihre Hände ... Ihre Beine, Ihre Füße, Ihr Bauch, Ihr Rücken, es entspannen sich alle Muskeln Ihres Körpers, alle Muskeln werden weich und entspannen sich ... Sie fühlen sich wohl, Ihnen ist angenehm warm, Sie fühlen sich angenehm schwer ... ganz schwer ... Die Augen sind geschlossen, bleiben geschlossen ... bis ich den Befehl gebe, die Augen zu öffnen, bleiben die Augen geschlossen, wie zugeklebt. Sie fühlen sich wohl, alle Geschehnisse des Tages treten nun ganz zurück ... Sie sinken tiefer ... Sie sind ganz entspannt, völlig ruhig, Sie schlafen, aber, obwohl Sie schlafen, können Sie mit mir sprechen, Sie können auf meine Fragen antworten, ohne aus diesem Zustand zu erwachen. Sie sprechen, wie ein Mensch im Schlaf spricht ... nur lauter, nur deutlicher ... tief schlafen ... tief schlafen ... Nun, wie geht es Ihnen? (Der Hypnotisierte antwortet.) Nun gebe ich Ihnen einige für Sie positive Suggestionen, die Sie befolgen werden ... haben Sie mich verstanden? ... (Der Hypnotisierte antwortet.) Suggestionen, die schon vorher mit Ihnen selbst ... dem Trainer oder Betreuer besprochen wurden und auch ganz genau erstellt und aufgeschrieben wurden, werden nun einige Male suggeriert. Nun prägen Sie sich alle positiven Suggestionen ein, meine Suggestionen wirken, egal an welchem Ort, unter welchen Umständen auch immer, egal was geschieht, meine Suggestionen wirken ... und in der Nacht, im richtigen Augenblick des Schlafes, unbemerkt von Ihrem Tagbewußtsein, von Ihrem logischen Verstand, wiederholen sich unbewußt meine Suggestionen, jede Nacht ... bis ... und bleiben so wirksam bis ... schlafen, tief schlafen ... Atem geht ruhig und gleichmäßig ... schlafen ... Sie hören weiter meine Worte ..."

Bevor man den Hypnotisierten nun zurückholt, gibt man bei einer der ersten Hypnosesitzungen die posthypnotische Suggestion, daß man am Beginn der nächsten Sitzung nur das Schaltwort, das Schlüsselwort, das immer ein „Kunstwort" sein sollte, z.B. „Nakor", anwenden wird. Er fällt darauf augenblicklich, reflexartig, in hypnotischen Schlaf, der demjenigen gleicht, in dem er sich gerade befindet, ja sogar noch tiefer. Dann wird schrittweise aufgeweckt.

„Nun werde ich Sie erwecken, nach und nach wird die Hypnose weichen, ich werde von 10 bis 1 zählen, und Sie sind wach. Ihr Kopf ist frei und klar, Ihre Reaktion ist dann wieder schnell und sicher, Ihr Körper ist normal schwer, wie vor dieser Hypnose. Wenn Sie wach sind, fühlen Sie sich ausgesprochen wohl, was bleibt, sind meine Suggestionen, die sich auch in jeder Nacht bis ... immer wieder wiederholen und so wirksam bleiben ... nun zähle ich von 10 bis 1, bei 1 sind Sie wach, Ihre Reaktion ist dann wieder schnell und sicher. Zehn, neun ... acht ... Sie kommen höher, sieben ... sechs ... höher und höher ins Hier und Jetzt, fünf ... vier ... drei ... Sie nehmen die Unterlage, auf der Sie liegen, wahr, zwei ... eins ... öffnen Sie nun die Augen, es geht Ihnen gut."

Darauf folgt noch ein Gespräch. Tonband- oder Videomitschnitte werden analysiert und übergeben.

Die vorher beschriebene Hypnoseeinleitung mittels Augenfixation und Verbalsuggestion ist eine Möglichkeit von vielen, die hypnotische Trance einzuleiten und zu vertiefen. Die richtige Auswahl der jeweiligen Technik erfordert viel Fingerspitzengefühl, Flexibilität und Wissen vom Hypnotiseur, was meiner Meinung nach eine Frage des Talents ist, aber auch jahrelange Praxis und Ausbildung bedingt. In unserem Institut haben wir Techniken entwickelt, die es ermöglichen, besser auf den Einzelnen

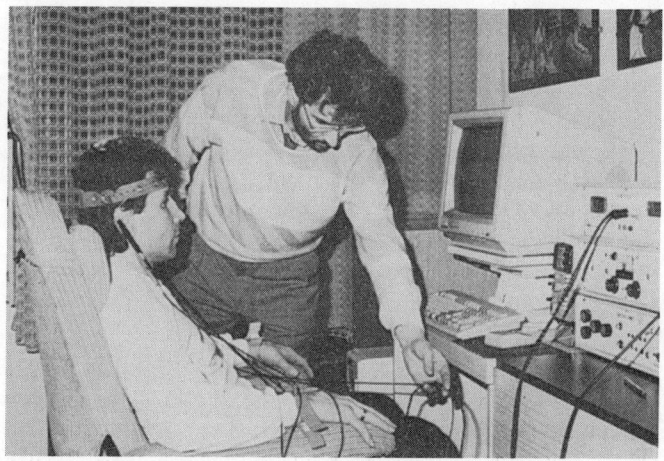

Ex-Europameister im Boxen, Hans Orsolics, bei einer biofeedbackunterstützten Hypnoseeinleitung

einzugehen und so die bessere Methode zu wählen, bei dem einen Augenfixation, beim anderen Computerhypnose, Indikationsmuster oder Hypnosemaschinen, unterstützt von auf ihn ausgemessener Musik oder Tonfrequenzen und richtigen Suggestionen. Und immer steht der einzelne Mensch im Mittelpunkt. Durch Biofeedbackanalyse, neurophysiologische Messungen, Erstellung eines Meßprofils, Tests usw. und natürlich eine äußerst flexible Technik versuchen wir, eine hohe Erfolgsquote zu erreichen. In unserem Institut wird die Hypnose selbst auf Wunsch oder auch aus analytischen Gründen mittels Video mitgeschnitten, und meist ist auch eine Vertrauensperson (Trainer usw.) anwesend. Aus Gründen der Übertragung werden in den meisten Fällen bei Frauen nur weibliche, bei Männern nur männliche Hypnotiseure eingesetzt.

Bioelektrische Tests, die wir 1983 zusammen mit Dr. Kokoschinegg, Leiter des Instituts für Biophysik und Strahlungsforschung, durchführten, zeigten, daß es große Unterschiede in der Hypnosewirkung gibt. Nicht jeder Hypnotiseur erreicht bei einer bestimmten Person die gleiche Wirkung. Der Wechsel des Hypnotiseurs kann bei Problemfällen äußerst wirkungsvoll sein.

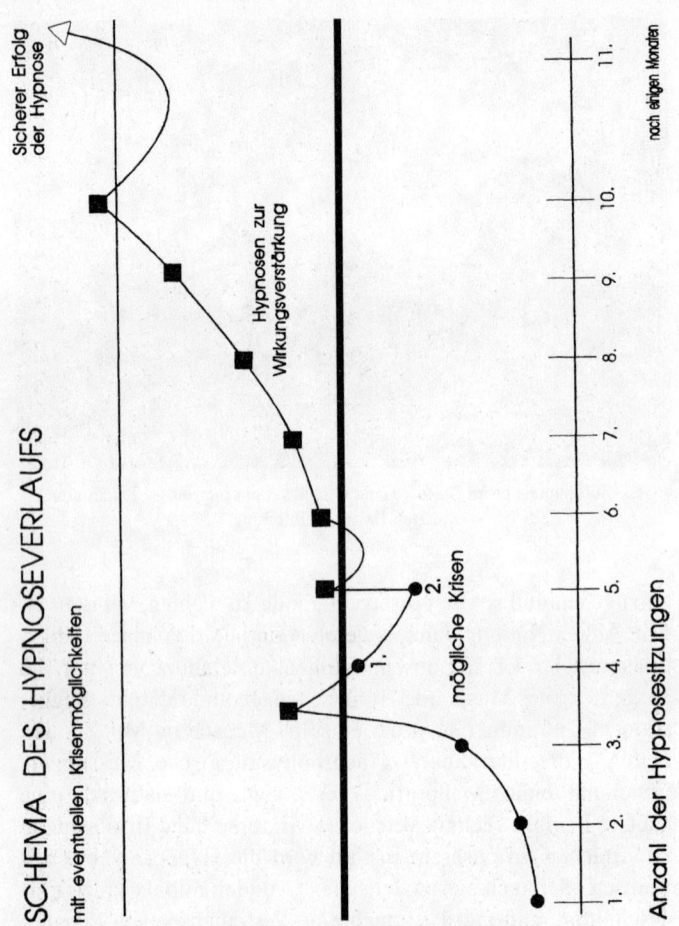

Schema des Hypnoseverlaufs. Nur mehrere Hypnosesitzungen und Auffrischungssitzungen garantieren den bleibenden Erfolg. Hier ein Beispiel: 10 Sitzungen innerhalb von 10 aufeinanderfolgenden Tagen, nach etwa 3 Monaten eine Auffrischungssitzung. Ist der Erfolg gegeben, so zeigt sich dies auch in der Struktur des psychogenen Feldes.

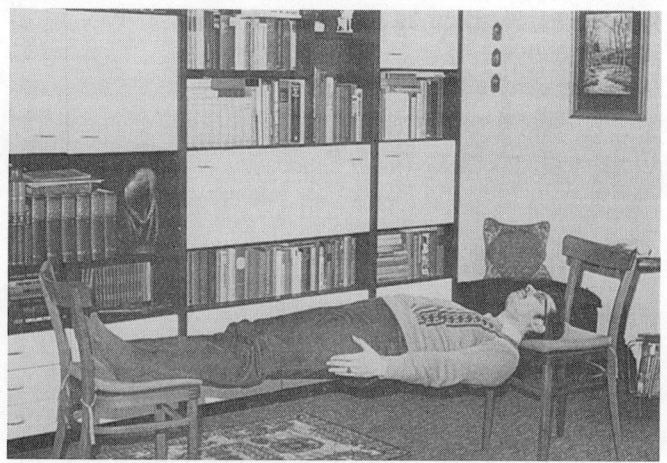

Kataleptische Starre

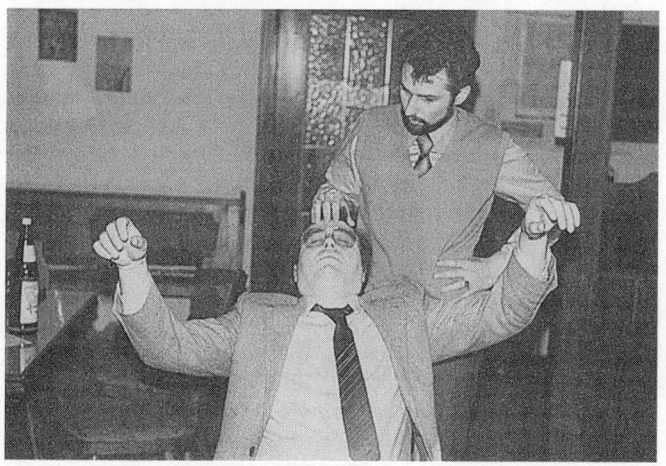

Armkatalepsie – Hypnosekurs 1981

Hypnose: Grade und Tiefe

Tiefe	Grad	Symptome
Hypnoid	1	Leichte Entspannung
	2	Tiefere Entspannung
	3	Flattern der Augenlider (Schwere der Augenlider)
	4	Schließen der Augen
	5	Vollständige physische Entspannung
Leichte Trance	6	Katalepsie der Augenlider
	7	Katalepsie der Gliedmaßen
	8	Kataleptische Starre
	9	Anästhesie (Schmerzabschaltung der Hautoberfläche)
Mittlere Trance	10	Partielle Amnesie (teilweises Vergessen, was in der Hypnose geschehen ist)
	11	Posthypnotische Anästhesie (nach dem Erwachen Schmerzabschaltung)
	12	Leichtere posthypnotische Suggestionen werden nach dem Erwachen durchgeführt
	13	Kinästhetische Illusionen sind möglich
	14	Totale Amnesie
Tiefe Trance	15	Fähigkeit, die Augen zu öffnen, ohne daß sich die hypnotische Trance verändert, der Hypnotisierte bleibt bei geöffneten Augen in tiefer Hypnose
	16	Unlogische posthypnotische Suggestionen werden nach dem Erwachen durchgeführt
	17	Kompletter Somnambulismus
	18	Posthypnotische Sinnestäuschungen, optischer wie akustischer Art, sind möglich. Der Hypnotisierte sieht z.B., solange es suggeriert wurde, nach dem Erwachen Dinge, die nicht vorhanden sind.

Selbsthypnose – die mentale Selbsthilfemethode

Streß, seelisches Fehlverhalten, falsche Interpretation von Informationen und Eindrücken können Gesundheitsstörungen hervorrufen. Unbewältigte, verdrängte Probleme bestehen im Unterbewußtsein weiter, führen zu Störungen und schließlich zu geistigen und/oder körperlichen Krankheiten. Probleme machen krank, auf Streß falsch reagieren macht krank. Ich glaube nicht, daß daran heute noch irgend jemand zweifelt. Herzrhythmusstörungen, falsches Atmen, Muskelverspannungen, Hautausschläge, Magengeschwüre, Migräne, Kopfschmerzen, ständig kalte Hände, kalte Füße, Schlaflosigkeit, unregelmäßiger Blutdruck und Konzentrationsstörungen sind nur einige Beschwerden, die jeder Arzt täglich von vielen seiner Patienten zu hören bekommt. Oft zeigen gründliche Untersuchungen und Laborbefunde, daß keine organische Störung vorliegt, sondern daß die Beschwerden auf funktionelle Störungen zurückzuführen sind. Die Ursachen sind Streß, Nervosität, Überbeanspruchung, Depressivität, destruktive Gedanken und natürlich auch falsche Ernährung und Bewegungsmangel. Welche Krankheiten aber aus diesem Problemkreis entstehen können, hängt von der jeweiligen körperlichen Verfassung des einzelnen und natürlich von seinen Vererbungsfaktoren ab. Betroffen ist zuerst immer das schwächste Glied in der Kette, also das schwächste Organ. Doch was ist zu tun, wenn der Mediziner die Diagnose stellt, daß eine funktionelle Störung vorliegt? Neben den medizinischen Behandlungsweisen, die in diesem Fall nur die Symptome beeinflussen, aber nicht die Ursache beheben können, sind Entspannungstechniken und Selbsthypnose zur endgültigen Entschärfung der Ursache ratsam oder zu ihrer gänzlichen Behebung unbedingt nötig. In vielen Fällen ist eine Kombination aus Biofeedbacktraining und selbsthypnotischer Technik zielführend.

Möglichkeiten der Hypnose

Hypnotische Altersregression

Eines der interessantesten und wohl auch bedeutendsten Phänomene der Hypnose ist die Altersregression. Eine hypnotisierte Person wird mittels Suggestion (geistig) in ein beliebiges Alter, in eine beliebige frühere Lebenszeit versetzt. In diesem Zustand zeigt sie dann, wenn nicht anders suggeriert, das Verhalten, das für dieses Alter bezeichnend war. Erinnerungen können präzise und deutlich auftauchen. Gerüche, Gefühle, Geschmack, Geräusche und Bilder, alle erdenklichen Einzelheiten können in diesem Zustand aus dem Unterbewußten abgerufen werden. Ereignisse, die längst vergessen waren, können „wieder erlebt" werden. Probleme, die eventuelle körperliche oder auch psychische Mängel ausgelöst haben, können gefunden und „angreifbar" werden. Für das Unterbewußtsein existiert keine Vergangenheit und keine Zukunft, alles ist Gegenwart.

Lisi Baumgartner 6 J.

Elisabeth Baumgartner 10 Jahre

Elisabeth Baumgartner 13 Jahre

Elisabeth Baumgartner 16 Jahre

x *Elisabeth Baumgartner 18 J.*

Elisabeth Baumgartner 32

Elisabeth Baumgartner

Elisabeth Baumgartner 50 J

80 Jahre

Schriftprobe bei Altersregression. Mit „x" markierte Unterschrift ist das momentane Alter der Versuchsperson

Die Technik der Altersregression findet auch im Sporttraining seine Verwendung, wenn es darum geht, den Ursprung von Problemen und Ängsten zu suchen, die durch ein normales Training, durch eine normale Analyse nicht gefunden oder entschärft werden können.

In der Hypnose werden prinzipiell zwei Arten der Altersregression unterschieden.

1. Die totale Altersregression: Dabei ist sich die Versuchsperson der Tatsache, daß sie in Wirklichkeit älter ist, nicht bewußt. Ihr Benehmen entspricht dem suggerierten Alter.

2. Die partielle Altersregression: Dazu ist nur ein leichter Hypnosezustand nötig. Die Versuchsperson erlebt alles in einer Art Dualismus, nimmt zwar alle Einzelheiten der suggerierten Zeit wahr, ist sich dabei aber zumeist der augenblicklichen Zeit, der augenblicklichen Situation bewußt.

Gibt es die totale Erinnerung (total recall)?

Dem früheren Direktor der Nervenklinik von Montreal, Wilder Penfield, waren schon Ende der 50er Jahre überraschende Dinge aufgefallen. Bei Versuchen, die Schläfenlappenregionen des Gehirns über feinste Sonden elektrisch zu reizen, hatte er bei seinen Patienten längst vergessene Erinnerungen wachgerufen. Die Leute sahen das Tapetenmuster ihres Kinderzimmers, sie fühlten Gegenstände, sie spürten wieder den Harzgeruch ihrer heimatlichen Wälder und hörten alte Melodien.

Bei allen Verhaltensweisen, Stimmungen, Körperbewegungen, Glücks- oder Wonnegefühlen, die durch elektrische Gehirnreize wiedererlebt werden, muß man sich einmal die Konsequenz dieser Eingriffe vergegenwärtigen, die Betreffenden können nämlich absolut nicht unterscheiden, ob das, was sie empfinden, was sie tun, das Ergebnis eines künstlichen Zustandes ist, oder ob es ganz natürlich „über sie kommt". Dieses Verfahren wird auch heute noch bei Gehirnoperationen angewandt, und Forschungsarbeiten bestätigen dieses Phänomen. Unser Gehirn speichert jede erdenkliche, auch noch so nebensächliche Information. Diese kann dann abgefragt werden, auch mit einer weniger „blutigen" Methode, wie eben der hypnotischen Altersregression.

Die posthypnotische Suggestion, die Terminsuggestion

Die posthypnotische Suggestion ist etwas ganz Erstaunliches. Befehle, die der Charakterveranlagung der Versuchsperson entsprechen, werden gewöhnlich ausgeführt, auch wenn sie absolut albern und unsinnig sind. Andererseits werden unvernünftige Suggestionen, die dem Charakter und den moralischen Prinzipien widersprechen, aller Voraussicht nach nicht befolgt, selbst wenn sich das Medium in tiefster, in somnambuler Trance befindet.

Sogar nach einer leichten Trance und wenn das Medium sich deutlich an die Suggestionen erinnert, erweisen sich einfache posthypnotische Suggestionen normalerweise als wirksam. Sagt man der Versuchsperson, nach dem Erwachen werde sie ihre Krawatte irgendwie stören, und sie werde die Krawatte lockern wollen, dann wird sie in den meisten Fällen genau dies tun. Sie wird es mit größter Sicherheit und zur Verblüffung der Zuschauer tun, obwohl sie sich noch ganz deutlich an die Suggestionen erinnert und sich ausgesprochen eigenartig vorkommt.

Die Kraft der posthypnotischen Suggestion hängt von der Tiefe der Trance ab, von der Natur der Suggestion selbst, ihrer Formulierung, der angewandten Technik und der persönlichen Reaktion des Mediums. Daraus folgt, daß die Wirksamkeit einer solchen Suggestion ein paar Minuten, aber auch ein Leben lang halten kann. Ein guter Verstärker ist folgende Suggestion: „Von nun an wiederholen sich alle meine gegebenen Suggestionen im richtigen Augenblick des Schlafes unbemerkt von Ihrem Wachbewußtsein, von Ihrem logischen Verstand dreimal jede Nacht." Einer der wesentlichen Vorteile der Terminsuggestion ist, daß man der Versuchsperson befehlen kann, die Suggestionen nicht nur unmittelbar nach dem Erwachen, sondern auch Stunden, Tage, ja sogar Jahre nach dem Erwachen durchzuführen. Bei einer sportlichen posthypnotischen Suggestion kann man den Auslöser weit in die Zukunft verlegen, z.B. an den Beginn des Wettkampfes.

Zwei extreme Arten von posthypnotischen Suggestionen, die gewöhnlich von somnambulen Versuchspersonen befolgt werden, sind die positive und die negative Halluzination. Ein Beispiel für die *positive Halluzination*, bei der das Medium einen suggerierten Gegenstand sieht, der gar nicht vorhanden ist, ist die sogenannte „Fernsehhalluzination", die ich selbst mit einer guten Versuchsperson durchgeführt habe. Dieser Frau, die in der Lage war, sehr schnell in somnambule Trance zu sinken, wurde gesagt, nach dem Erwachen würde der Fernsehempfänger eingeschaltet sein, und sie würde ganz deutlich die Beatles auf dem Fernsehschirm sehen. Doch es war bereits zwei Uhr morgens, und das Fernsehprogramm war schon zu Ende. Kaum war die Versuchsperson erwacht, ging ich zum Apparat und schaltete ihn ein. Der Schirm leuchtete hell auf, aber natürlich war sonst nichts zu sehen. Plötzlich schaute die Frau zu ihrem Freund und rief aus: „Hallo, das sind ja die Beatles!" Alle schauten sie verwundert an. Nach der Frage: „Was singen sie denn?" sagte sie: „Yesterday" ...

Die *negative Halluzination*, vielleicht die phantastischste von allen, besteht darin, daß die Versuchsperson aufgrund posthypnotischer Suggestionen eine Person oder einen Gegenstand einfach nicht wahrnimmt, obwohl alle anderen Anwesenden die Person bzw. den Gegenstand deutlich sehen. So sagte ich einmal einer Versuchsperson, die sich in einer tiefen Trance befand, daß sie meinen Assistenten und mich nicht mehr sehen könne. Nach dem Erwecken ignorierte sie uns beide, und wir nahmen ein Polster, um es zwischen uns beiden hin und her zu werfen. Die Versuchsperson war äußerst irritiert, denn sie sah scheinbar nur das Polster, der zwischen uns hin- und herflog.

Aus diesen Beispielen sieht man, wie stark die Kraft einer posthypnotischen Suggestion sein kann.

Hypnose und Geburt[1]

Das Bedürfnis nach einer harmonischen Schwangerschaft und einer leichten, schmerzfreien Geburt besteht wohl in jeder werdenden Mutter. Unmittelbar nachdem eine Frau weiß, daß sie ein Baby erwartet, beginnt ein langer Weg der Auseinandersetzung mit dem neuen körperlichen Erlebnis der Schwangerschaft und der bevorstehenden Geburt. Alle Bekannten und Verwandten haben in dieser Zeit die „besten" Vorschläge und Tips, und das Erlebnis der Geburt wird von den bereits erfahrenen Müttern in aller Dramatik geschildert und beschrieben. Da ist die Rede von Angst, Schmerz und Ungewißheit; die werdende Mutter bekommt Bilder des Entsetzens und der Qual übermittelt.

Nun stellt sich natürlich die Frage, ob dies Bestimmung und Schicksal der Frau ist oder ob es eine Möglichkeit gibt, daß Wohlbefinden, Ausgeglichenheit und Freude die Zeit der Schwangerschaft bestimmen und daß der Vorgang der Geburt voll Leichtigkeit ist, entspannt und schmerzfrei stattfindet. Wir haben in diesem Zusammenhang einige sehr gute Erfahrungen mit dem Einsatz von Hypnose und Biofeedbacktraining gemacht. Die Vorbereitung auf eine schmerzfreie Geburt sollte aus mehreren Gründen auf alle Fälle am Anfang der Schwangerschaft beginnen.

- Eventuelle Umstellungsprobleme zu Beginn der Schwangerschaft können sehr leicht und sofort reguliert werden.
- Die erlernten Fähigkeiten können lange genug im voraus geübt werden, um bei der Geburt ein routiniertes, sicheres Anwenden zu garantieren.
- Im Verlauf der Schwangerschaft entstehen oft Situationen (z.B. Untersuchungen, Blutabnahmen, im fortgeschrittenen Stadium Rückenschmerzen usw.), wo die Technik der gezielten Entspannung bzw. Schmerzabschaltung durch Hypnose sehr zum Wohlbefinden der schwangeren Frau beiträgt.

---

[1] Die Ausführungen zu diesem Teil stammen von Renate Eggetsberger.

Bei der Geburt meiner beiden Söhne habe ich selbst erlebt, wie hilfreich Entspannungs- und Selbsthypnosetechniken sind. Diese Fähigkeiten sind nicht etwas, das nur Auserwählte können, sondern sie sind von jeder Frau zu erlernen. Die Wirkung der Schmerzfrei-Hypnose und der Entspannungsübungen beruht auf der tiefen Entspannung aller Muskeln, besonders der Bauch- und Beckenbodenmuskulatur, beim Geburtsvorgang. Schmerzen durch Angst und Verkrampfung sind so vermeidbar. Außerdem beschleunigt die muskuläre Entspannung den Geburtsvorgang enorm. In den uns bekannten Fällen der Schmerzabschaltung dauerte es vom Augenblick der ersten bewußt wahrgenommenen Eröffnungswehe bis zur Geburt nie länger als vier Stunden.

Schon während der Schwangerschaft gibt es für die Hypnose große Einsatzmöglichkeiten. Mit ihrer Hilfe ist es möglich, eine optimale Einstellung zu Schwangerschaft und Geburt zu erzielen. Die Vielfalt der Variationen von Suggestion und gezielter Entspannung ist enorm. Es kommt hier auf die Vorstellung der jeweiligen Anwenderin und auf das Einfühlungsvermögen des Betreuers an.

Bereits zu Beginn der Schwangerschaft werden die richtigen Suggestionen der Schmerzabschaltung (z.B. die Vorstellung, zu verreisen oder ähnliches) gesucht und ausprobiert, um für jede Frau die richtige Formel zu finden. Diese Suggestion wird dann täglich geübt und somit konditioniert. Immer wieder verwendet dann die werdende Mutter die Schmerzabschaltung und Hypnose im täglichen Leben. Dies verstärkt ihr Können und ihr Selbstvertrauen im Umgang mit ihrem Körper. Sie kann in der Folge in einem hohen Maß über sich selbst entscheiden, darüber, wann und in welchem Ausmaß körperliche Zustände wahrgenommen oder erlaubt werden.

Hypnose und Muskelzuwachs

Zahlreiche Faktoren, grob in psychische und muskuläre unterteilt, beeinflussen die Manifestation menschlicher Körperkraft. Viele dieser Faktoren können mit systematischem Krafttraining modifiziert werden, andere sind dagegen offenbar mit Training nicht zu beeinflussen; sie unterliegen wahrscheinlich der natürlichen Vererbung und werden schon früh im Leben festgelegt.

In einer Reihe von bisher noch nie durchgeführten Experimenten hat man am George Williams College eine Gruppe von Studenten und Studentinnen verschiedenen Tests ausgesetzt, um den „psychologischen" Einfluß auf die menschliche Körperkraft zu untersuchen. Gemessen wurden die Oberarmkraft, und zwar unter normalen Bedingungen, unmittelbar nach einem lauten Geräusch oder unter lautem Schreien der Probanden, unter dem Einfluß von Alkohol und Amphetaminen bzw. „Muntermachern" sowie unter Hypnose, bei der den Probanden suggeriert wurde, sie seien erheblich stärker als normal und bräuchten keine Verletzungen zu fürchten. Jeder dieser Einflüsse steigerte die Körperkraft über das normale Maß hinaus. Die größte Steigerung wurde unter Hypnose beobachtet.

Die Wissenschaftler vermuten die Ursache für die größere Körperkraft unter den verschiedenen experimentellen Gegebenheiten in einer vorübergehenden Modifikation der Zentralnervensystem-Funktionen. Die meisten Menschen sind unter normalen Umständen von einer gewissen neuralen Inhibition (Hemmung) betroffen, die verhindert, daß sich ihre wahre Körperkraft manifestiert. Diese Körperkraft ist weitgehend vom Querschnitt der Muskeln, der Verteilung der unterschiedlichen Muskelfasern sowie der biomechanischen Anordnung von Muskeln und Knochen abhängig. Neuromuskuläre Inhibition könnte auf frühere unangenehme Erfahrungen mit Sport oder körperlicher Anstrengung zurückzuführen sein, auf ein übermäßig beschützendes Elternhaus oder auf Furcht vor Verletzung. Ungeachtet der Ursache sind aber Betroffene im allgemeinen nicht in der Lage, das Maximum ihrer Körperkraft aufzuwenden bzw. zu entfalten. Unter der Anspannung einer intensiven Konkurrenzsituation oder unter dem Einfluß desinhibitorischer Mittel oder hypnotischer Suggestion verringert sich die Inhibition. Motorneuronen werden optimal aktiviert, und es kommt zu „supermaximaler" Entfaltung von Körperkraft.

Verstärkte Erregung in Verbindung mit Desinhibition (bzw. neuraler Fazilitation) könnte eine Erklärung für die scheinbar unerklärlichen Kraftakte sein, die Männer und Frauen häufig in Notlagen vollbringen. Aller Wahrscheinlichkeit nach sind Menschen unter solchen extremen Bedingungen in der Lage, ihr volles Kraftpotential zu mobilisieren. Übrigens sind Drogen bzw. Medikamente, laute Geräusche und Hypnose nicht die einzigen Faktoren, die verstärkte Kraftentfaltung bewirken können. In vielen Sportarten versetzen sich optimal Trainierte praktisch in einen Zustand der Selbsthypnose, indem sie sich vor einem Start oder vor einem Spiel tief konzentrieren und Suggestionen geben. Versuche haben gezeigt, daß „mental Gestärkte" mehr Kraft im Wettkampf aufbrachten und meßbare Erfolge erzielten.

Hypnose bei Gewichtsproblemen

Wie kommt es, daß Diäten keine Gewichtsabnahme auf Dauer herbeiführen? In etwa 95 von 100 Fällen wird das auf eine Diät abgenommene Gewicht später wieder zugelegt, in der Regel sogar ein paar Kilo mehr. Mehrere Faktoren spielen dabei eine Rolle:

- Physiologische Mechanismen, die bei reduzierter Nahrungsaufnahme den Stoffwechsel bremsen – eine Reaktion des Körpers, die unseren Vorfahren in Zeiten des Hungers das Überleben ermöglichte.
- Ein möglicherweise genetisch festgelegter Fixpunkt des Körperfettanteils. Wenn der Körperfettanteil unter einen bestimmten Prozentsatz sinkt, bekommt man mehr Appetit, und der Stoffwechsel verlangsamt sich, damit weniger Kalorien länger anhalten.
- Eine Reduktion des Stoffwechselumsatzes, die das Abnehmen erschwert, infolge ständigen Übergewichts oder drastischer Diät.
- Psychologische Faktoren wie Streß oder negative Emotionen und die „Schutzschicht", die manche Menschen in ihrem Körperfett sehen.
- Mangelnde Bewegung.

Was tun?

Lassen Sie Ihren Fettwert (mittels Infrarot-Meßgerät) messen, Ihr Streßprofil erstellen und ein Programm ausarbeiten, das Sie konsequent beibehalten. Ändern Sie Ihre Einstellung und Ihr psychogenes Feld. Akzeptieren Sie die Tatsache, daß Sie nicht schnell und mühelos abnehmen können. Die Regulierung des Körpergewichts erfordert eine Änderung Ihrer Eßgewohnheiten auf Dauer und regelmäßige sportliche Aktivität.

Die beste Möglichkeit ist eine Kombination von kalorienreduzierter und fettarmer Ernährung mit regelmäßigem körperlichem Training. Das geht zwar langsamer und macht Mühe, aber es funktioniert. Hier, und gerade hier, kann Hypnose und Biofeedbacktraining ansetzen. Durch Feedbacktraining, durch Erhöhung der Temperatur an der Schilddrüse kann der Grundumsatz des Körpers verändert werden. Menschen mit einer Überaktivität der Schilddrüse – also deren erhöhter Temperatur – können essen, ohne viel zuzunehmen. Sportliche Betätigung und weniger Essen oder Essen zum richtigen Zeitpunkt (siehe auch Chronobiologie, Seite 195) kann suggestiv unterstützt werden. Ebenso helfen Suggestionen gegen den Heißhunger nach Süßigkeiten und gegen den Drang nach kalorienreichem Alkohol.

Die so aufgebaute Diät mit suggestiver Unterstützung, mit Erwärmung der Schilddrüse und im gegebenen Fall einem Entspannungstraining wird auf Dauer ihren Erfolg bringen. Auch hier ist eine Analyse von absoluter Notwendigkeit, um die psychologischen Faktoren festzustellen, die für das Übergewicht ausschlaggebend sind, also ob das Übergewicht auf Bewegungsmangel, auf Streß oder auf Zusichnehmen von zuviel fetten oder zu süßen Stoffen zurückzuführen ist.

Befreiung von Schmerzen

Hypnose, Selbsthypnose wie auch Biofeedbacktraining wirken in Bereiche, die nur sehr schwer faßbar sind. Eine dieser Wirkungen ist die Schmerzabschaltung und Schmerzlinderung. Viele schmerzhafte Operationen werden auch heute noch unter hypnotischer Narkose ausgeführt. Auch die stärksten Schmerzreize können durch Hypnose/Selbsthypnose oder durch einen mittels Biofeedbacktraining koordinierten Effekt blockiert werden. Daß es auch hier neue wissenschaftliche Erklärungen gibt, zeigt uns ein Forschungsergebnis aus der Psycho-Neuro-Immunologie. Bei Placebo-Medikamentengabe (Pseudo-Medikamente) konnte die Ausschüttung von Endorphinen, körpereigenen Schmerzstillern (Morphinen), festgestellt werden, die die Schmerzabschaltung verursachen.

Haben die Endorphine auch etwas mit der schmerzlindernden Wirkung des Placebo-Effekts zu tun? Der erste Versuch, der dies bewies, wurde 1977 an der Universität von San Francisco durchgeführt. Patienten, denen ein Weisheitszahn gezogen wurde, erhielten eine Spritze. Die Ärzte sagten, es sei Morphium, in Wirklichkeit war es ein Placebo – eine harmlose Kochsalzlösung. 40 Prozent der Patienten reagierten mit einer zufriedenstellenden Schmerzlinderung. Um herauszufinden, wodurch sie zustande gekommen war, wurde diesen Patienten Naloxon gespritzt. Naloxon ist ein Opiatantagonist, eine Substanz, die bei Morphinvergiftungen therapeutisch eingesetzt wird und die Wirkung von Opiaten, auch der Endorphine, blockiert. (Es besetzt die Opiatrezeptoren.) Nach der Injektion mit Naloxon nahmen die Schmerzen, die durch das Placebo zurückgegangen waren, wieder zu und waren schließlich so stark wie zuvor.

Fazit: Die Endorphine steckten hinter der Schmerzlinderung des Placebo-Effekts – nicht nur die „Psychologie".

Neue Wege der Selbstregulierung

Daß dazu auch die Beeinflussung des Immunsystems gehört, zeigt eine Untersuchung des Psychologen Howard Hall von der Pennsylvania-Staatsuniversität. Hall versetzte 25 gesunde Männer und Frauen im Alter zwischen 22 und 85 in einen Trancezustand. Vorher hatte er ihnen Blut abgenommen und damit einen Immunstatus erstellt. In der Hypnose stellten sich die Klienten vor, wie ihre weißen Blutkörperchen sich vermehren und wie

Haie im Blutstrom fließen, feindliche Keime angreifen und diese überwältigen. Während der Hypnose wurde den Klienten suggeriert, daß die Haie sie auch in Zukunft beschützen würden, auch wenn sie nicht bewußt an sie dachten. Dann brachte Hall ihnen Selbsthypnose bei und ließ sie eine Woche lang üben. Zweimal täglich gingen sie in Trance und ließen die Haie los. Nach einer Woche versetzte er sie wieder in Trance, dann wurde erneut Blut abgenommen. Die Ergebnisse waren vom Alter der Teilnehmer abhängig. Wer jünger als 50 war, zeigte eine signifikante Verbesserung seiner Immunantwort. Bei den Älteren war diese Verbesserung zwar vorhanden, aber nicht signifikant, was wohl durch den normalen, altersmäßig bedingten Rückgang der Immunreaktion erklärt werden kann. Doch Hall fand noch ein zweites aufschlußreiches Ergebnis: Je tiefer sich ein Teilnehmer in Trance versenkte, desto mehr Immunzellen hatte er im Blut. (Siehe dazu auch das Kapitel Psycho-Neuro-Immunologie, Seite 210).

Selbsthypnose im Sport

Natürlich ist die Technik der Selbsthypnose nicht nur bei seelischen und körperlichen Problemen anwendbar, sondern bereits zur Prophylaxe (zur Vorbeugung) solcher Probleme. Im Sport dient sie vor allem dazu, Wettkampfstreß abzubauen, die Konzentration im richtigen Augenblick aufzubringen (beim Start, bei der Schußabgabe, beim Wurf, beim Schuß auf das Tor, bei der Skiabfahrt, beim Aufschlag oder beim richtigen Klettergriff …) und zu halten; sich in der Nacht vor dem Wettkampf gut zu regenerieren, gut durchzuschlafen, perfekte Bewegungsabläufe einzuüben, zu programmieren. In unserem Institut geschieht dies durch Hypnose oder Selbsthypnose mit Biofeedbackunterstützung wie Hirnmessung und Emotionsmessung. Bewegungsabläufe werden z.B. in Hypnose mittels Videovorführung eines perfekten Bewegungsablaufs programmiert. (Der Hypnotisierte hat dabei die Augen geöffnet, ohne zu erwachen.) Die Bewegungsabläufe werden vom Trainer, vom Sportler und dem Hypnotiseur in Einzelheiten zerlegt und zu den Bildern besprochen.

Solche Bewegungsablauf-Suggestionen werden dem Sportler als Video, aber auch als Tonkassette mitgegeben, der sich diese Suggestionskassette in Selbsthypnose entweder ansehen oder anhören kann. Im Wettkampf selbst und vor dem Wettkampf ist der Sportler dann, fern von unserem Labor, zumeist auf sich selbst und auf seine Selbsthypnosetechnik angewiesen. Die Selbsthypnose ermöglicht ihm, sich mental zu stabilisieren, sein Bestes zu bringen, die Hypnose und die Suggestionen im richtigen Augenblick zu aktivieren – also sein Unbewußtes zu seinem Verbündeten zu machen.

Kopfrezept Nr. 11:
Richtig liegen

Wie man sich setzt oder legt, ist nicht egal! Bioelektrische Messungen und Potentialmessungen der Akupunkturpunkte haben zweifelsfrei gezeigt, daß die energetisch beste Lage bei Hypnose, Selbsthypnose und Entspannung die ist, den Kopf nach Norden, die Füße nach Süden zu richten. Man sollte also in der Nord-Süd-Achse liegen oder sitzen. Auch diese Erkenntnisse sollen wir, wenn es irgendwie möglich ist, ausnützen, um die nachfolgende Selbsthypnosetechnik zu verstärken. Nun aber zur Selbsthypnosetechnik selbst. Wir sollen nicht lernen, jemand anderer zu werden, sondern wir sollen lernen, uns loszulassen, in das, was wir sind.

Kopfrezept Nr. 12:
Fingerpulsfühlen

Eine sehr einfache, aber durchaus wirkungsvolle Übung, um jederzeit Kontakt mit körperinneren Vorgängen zu finden, ist das Fingerpulsfühlen. Sie legen dazu die Finger beider Hände aneinander (siehe Abbildung), schließen vielleicht am Anfang kurz die Augen und regulieren den dabei auftretenden Druck auf den Fingerkuppen so lange, bis Sie an den Kontaktpunkten Ihren Puls fühlen. Verharren Sie nun kurz in dieser Stellung, und beginnen Sie ganz ruhig und gleichmäßig zu atmen. Ganz langsam werden Sie bemerken, daß Sie den Pulsschlag immer deutlicher und stärker fühlen. Beginnen Sie nun den Puls zu zählen, immer von eins bis zehn. Bei der Zahl Zehn angelangt, beginnen Sie wieder bei eins, ebenso wenn Ihre Gedanken abgleiten. Die Anzahl der Schläge ist dabei nicht wichtig, sondern nur die Konzentration auf den Puls. Während Sie somit Ihre Konzentration in Ihren Körper lenken, entstehen die gewünschten Begleiterscheinungen:

Fingerpulsfühlen

- Spannungen lösen sich auf.
- Die Blutgefäße erweitern sich.
- Die Hände werden wärmer.
- Der Puls verlangsamt sich.
- Eventueller Spannungskopfschmerz oder leichte Migräne kann sich auflösen.
- Unruhe reduziert sich.
- Körperbewußtsein wächst.

Außer diesen möglichen positiven körperlichen Reaktionen ist die Übung des Fingerpulsfühlens eine sehr gute Vorkonzentration zur Einleitung einer Selbsthypnose; besonders bei den ersten fünf Versuchen der Selbsthypnose kann damit eine gute Vorentspannung erreicht werden.

Kopfrezept Nr. 13:
Selbsthypnose
ist der schnelle Weg zu Ihrem Unterbewußtsein

1. Phase: Kopieren und befestigen Sie einen der Fixationspunkte aus dem Buch (auf Seite 130), so daß Sie ihn bequem sehen können. Legen oder setzen Sie sich bequem hin, öffnen und lockern Sie Ihre Kleidung. Ist es kühl, so bedecken Sie Ihren Körper mit einer warmen, aber leichten Decke. Sorgen Sie dafür, daß Sie für den Zeitraum des Selbsthypnosetrainings nicht gestört werden. Stellen Sie Ihr Telefon ab und verschließen Sie, wenn nötig, Ihre Türe. Nehmen Sie sich genügend Zeit. Atmen Sie nun ruhig und gleichmäßig. Es kann hilfreich sein, ein- bis dreimal tief und fest ein- und auszuatmen und dann den Atem zur Ruhe kommen zu lassen. Hände und Arme sollten bequem parallel zum Körper liegen. Nun sehen Sie auf einen der Fixationspunkte. Konzentrieren Sie sich auf den Punkt, ganz fest. Gleitet Ihr Blick ab, so kommen Sie wieder auf den Fixationspunkt zurück. Das erste Stadium der Selbsthypnose (Autohypnose) ist das „Verschließen der Augen" ohne bewußtes Zutun – die Augenlider schließen sich von selbst. Dies geschieht in einem Zustand, in dem Sie zwar immer noch wach sind, die Augen aber nur mehr mit sehr großer Willensanstrengung oder auch gar nicht mehr zu öffnen sind. Beobachten Sie nun ruhig den Fixationspunkt, Ihre Augen beginnen langsam zu brennen, und die Augenlider werden müder ... sagen Sie sich im Geist Ihr Schaltwort einige Male vor (Haben Sie keines, erfinden Sie ein „Kunstwort" oder denken die Zahl „Eins") und gleichzeitig: „Meine Augenlider werden schwer ... schwer, ganz schwer." Wiederholen Sie diesen Gedanken, denken Sie nur daran und an nichts anderes; kommen doch noch andere Gedanken, so lassen Sie sie einfach unbearbeitet kommen und gehen. Konzentrieren Sie sich nur auf den Fixationspunkt und auf Ihre schweren Augenlider, lassen Sie sich von diesem Gefühl, von diesem Gedanken durchdringen: „Augenlider schwer, sehr schwer", glauben Sie daran ... erwarten Sie diese Schwere – sie kommt. Wenn Sie nur diesen Gedanken im Kopf haben, wenn Sie sich auf ihn und den Fixationspunkt konzentrieren, werden Ihre Augenlider bleischwer. Dann gehen Sie zur nächsten Phase der Übung über.

2. Phase: Wiederholen Sie Ihr Schaltwort (oder sagen Sie im Geist: „Zwei"), und denken Sie gleichzeitig: „Meine Augenlider sind nun schwer, sehr schwer, sie werden sich ganz von selbst schließen. Wiederholen Sie diesen Gedanken, erwarten Sie, daß sich die Augenlider von selbst schließen ... aber schließen Sie die Augenlider nicht gewaltsam, kämpfen Sie nicht, um sie offen zu lassen, sondern konzentrieren Sie sich auf den Fixationspunkt und auf den Gedanken: „Meine Augenlider sind nun so schwer, daß sie sich ganz von selbst schließen werden ... bleischwer", und während Sie diesen Gedanken wiederholen, nur diesen Gedanken, lassen Sie Ihre Augenlider selbst agieren. Wenn Sie wirklich nur diesen Gedanken hegen, wenn Sie nur von ihm erfüllt werden und loslassen, dann werden sich nun die Augenlider langsam und ganz von selbst schließen. Wenn Ihre Augenlider geschlossen sind, so lassen Sie sie zu, und atmen Sie ruhig und gleichmäßig weiter. Dann gehen Sie zur nächsten Phase der Übung über.

3. Phase: Wiederholen Sie Ihr Schaltwort einmal (oder sagen Sie im Geist: „Drei"), und denken Sie gleichzeitig: „Meine Augenlider sind fest geschlossen, ich kann sie nicht öffnen." Wiederholen Sie denselben Gedanken wie vorhin, konzentrieren Sie sich darauf, lassen Sie sich von den Gedanken durchströmen ... Gehen Sie zur nächsten Phase der Übung über.

4. Phase: Wiederholen Sie Ihr Schaltwort (oder sagen Sie im Geist: „Vier"), und denken Sie gleichzeitig: „Meine rechte Hand, mein rechter Arm wird schwer, ganz schwer." Dann: „Meine linke Hand, mein linker Arm wird schwer, ganz schwer ... beide Hände werden schwer." Warten Sie auf die Schwere. Lassen Sie sich von der Schwere durchströmen ... Nun wiederholen Sie: „Mein rechter Fuß und mein rechtes Bein werden schwer, sehr schwer ... mein linker Fuß und mein linkes Bein werden schwer, sehr schwer." Warten Sie auf die Schwere, lassen Sie die Schwere kommen, lassen Sie sich von der Schwere durchströmen. Dann gehen Sie zur nächsten Phase der Übung über.

5. Phase: Wiederholen Sie Ihr Schaltwort (oder sagen Sie im Geist: „Fünf"), und denken Sie gleichzeitig: „Mein Atem geht ruhig, angenehm und gleichmäßig, mein Herz schlägt ruhig, angenehm und gleichmäßig ..." Nun wiederholen Sie: „Alle meine Muskeln entspannen sich bequem." Beginnen Sie mit den Muskeln von Stirn und Kiefer. Entspannen Sie Ihre Zunge, entspannen Sie Ihr Gesicht, lockern Sie alle Muskeln ... „Alle meine

Muskeln entspannen sich, die Halsmuskeln, die Muskeln der Hände, Arme, Füße, Beine, Schultern, Rücken, Bauch." Wiederholen Sie: „Alle meine Muskeln werden locker, werden angenehm weich, entspannen sich." Dann gehen Sie zur nächsten Phase der Übung über.

6. Phase: Wiederholen Sie Ihr Schaltwort (oder sagen Sie im Geist: „Sechs"), und denken Sie gleichzeitig: „Mein Atem geht weiter ruhig und gleichmäßig, angenehm ruhig und gleichmäßig ... meine Hände, beide Hände werden strömend warm, angenehm warm, gut durchblutet, strömend warm, beide Hände angenehm warm ... beide Hände werden strömend warm ... Lassen Sie sich von der angenehmen Schwere durchdringen. Denken Sie dann: „Ich bin ganz ruhig, entspannt, angenehme Wärme durchströmt meinen ganzen Körper, ich bin ganz ruhig." Dann gehen Sie zur nächsten Phase über.

7. Phase: Wiederholen Sie Ihr Schaltwort (oder sagen Sie im Geist: „Sieben"), und blicken Sie mit geschlossenen Augenlidern zur Nasenwurzel; dieser Blick verändert den Gehirnwellenzustand in Ihrem Gehirn. Es entsteht ein Alpha- oder Theta-Zustand. Ihr Gehirn schwingt dann in einem ruhigen Rhythmus, in welchem sich die Entspannung vertieft und Suggestionen sich leichter verwirklichen können. Halten Sie den Blick mit geschlossenen Augenlidern bei der Nasenwurzel an, und suggerieren Sie sich nun: „Immer wenn ich mich künftig in den Zustand tiefer Hypnose, tiefer Trance versetzen will, die noch tiefer ist als jene, in der ich mich gerade befinde, wird mir das immer schneller gelingen. Ich brauche mir nur vorzunehmen, daß ich mich in Trance versetze, dann wiederhole ich fünfmal mein Schaltwort (oder zähle langsam von eins bis fünf), und schon sinke ich in Trance ... Meine Augenlider werden dann wieder bleischwer, meine Augen schließen sich reflexartig, mein Körper wird schwer, meine Muskeln entspannen sich, mein Körper wird strömend warm und ruhig. Dann drehe ich meine Augen in Richtung Nasenwurzel. Während der Selbsthypnose kann ich weiter denken und behalte die Kontrolle über mich ... Dann kann ich mir beliebige Suggestionen einflüstern, die sich verwirklichen werden." (Immer nur eine Suggestion pro Sitzung, und diese Suggestionsformel fünfmal langsam wiederholen, während der Suggestionen Augen zur Nasenwurzel richten.) Wenn Sie nun „erwachen" wollen, so lassen Sie die Augen wieder in die normale Lage zurückkehren, und wiederholen Sie in Gedanken: „Ich werde mich nun aus diesem angenehmen Zustand erwecken. Wenn ich erwache, bin ich frisch und munter, mein Kopf ist frei und klar, meine Reaktion schnell und sicher, es geht mir gut ... Nun zähle ich von zehn bis eins. Bei eins bin ich hellwach. Zehn ... – ich komme höher, neun, acht, sieben ... – ich komme höher und höher, was bleibt, sind meine Suggestionen, die weiter wirken – sechs, fünf ... – ich komme höher ins Hier und Jetzt, die Schwere weicht – vier, drei ... – meine Augenlider sind wieder normal, zwei, eins ... – meine Augen öffnen sich, es geht mir gut."

Sollten Sie nicht gleich erfolgreich sein, so seien Sie nicht entmutigt. Bis jetzt hat es noch jeder (der wirklich will!) geschafft, die Selbsthypnose zu erlernen. Vielleicht fällt es Ihnen leichter, Ihre Suggestionen langsam auf ein Tonband zu sprechen. Die Dauer sollte etwa 20–30 Minuten betragen, also bei jeder Stelle, wo ein Effekt eintreten soll, langsam sprechen. Lassen Sie sich Zeit, damit sich der Zustand einstellen kann. Hilfreich ist die Untermalung mit entsprechender, beruhigender Musik; ein leichter, angenehmer Duft, gedämpftes Licht, alles, was hilft, diesen Zustand leichter zu erreichen.

Kopfrezept Nr. 14:
Suggestionsformeln

Gegen starkes nervöses Schwitzen: „Ich bin vollkommen ruhig und gelassen, Schwitzen ganz gleichgültig." „Hände sind trocken und kühl, angenehm trocken."

Gegen Migräne: „Stirn bleibt angenehm kühl", oder „Kopf frei und klar".

Gegen Schmerzen: „Oberkiefer angenehm kühl und schmerzfrei" oder „Rechte Nierengegend angenehm warm und ganz schmerzfrei" oder „Leber und Galle strömen warm und schmerzfrei".

Bei Spannungskopfschmerzen: „Nacken angenehm warm, Kopf frei und klar".

Bei Gelenkschmerzen: „Gelenk beweglich und schmerzfrei, Gelenke warm, beweglich und ganz schmerzfrei."

Abbau von Aggressionen: „An jedem Ort, zu jeder Zeit die Ruhe und Gelassenheit" oder: „Ich bleibe immer frei und ruhig." „Ich bin vollkommen ruhig, gelassen, ich bin ruhig, gelassen."

Bei Sexualstörungen: „Ich bin jetzt in der Liebe gelöst, aktiv und völlig frei."

Hilfe für Raucher: „Ich bin ganz ruhig und gelassen, Zigarettenrauchen ganz gleichgültig."

Hilfe bei Alkohol: „Ich bin vollkommen ruhig, gelassen und frei, Alkohol völlig gleichgültig, nebensächlich."

Bei Angstzuständen: „Ich bin frei und habe Mut", „Ich bin fröhlich und frei."

Suggestionskassetten

Wenn wir in unserem Institut Suggestions- oder Selbsthypnosekassetten erstellen, werden dem jeweiligen späteren Benutzer Musikstücke vorgespielt und gleichzeitig der Entspannungszustand, das Gehirnverhalten mittels EEG überprüft. Alles, was wirken soll, wird getestet, um einen optimalen Entspannungseffekt zu erzielen und so die Hypnose oder Selbsthypnose zu erreichen. Nichts bleibt dem Zufall überlassen. Entstehen bei der Selbsthypnoseeinleitung Probleme, so lehren wir die jeweiligen Probanden mittels Biofeedbacktraining das richtige entspannte Verhalten.

Beispiel: Jemand kann gedanklich nicht abschalten. Es erfolgt eine Schulung im Gehirnpotentialtraining; das Gehirn lernt, sich selbst zu entspannen, es lernt Desaktivität. Oder: Jemand kann seine Hände, seine Füße nicht erwärmen. Sitzungen mit Temperaturtraining lösen dieses Problem schnell. Ein weiteres Beispiel: Muskelentspannung im ganzen Körper abzubauen, den Muskeltonus willentlich zu senken und auch Angstspannungen abzulegen. Biofeedbacktraining ist hier der schnellste Weg zum Erfolg.

Biofeedbacktraining, Selbsthypnose, die richtige Musik, die richtige entspannende Tonfrequenz usw. sind Garantien für den sicheren Erfolg. Aber es stehen Ihnen noch weitere Möglichkeiten zur Verfügung. Einer der Wege zur Selbsthypnose: Lassen Sie sich von einem geübten und geschulten Hypnotiseur (nicht von einem Bühnen- oder Varieté-Hypnotiseur) in Hypnose ein Schlüssel- oder Schaltwort „einpflanzen", mit welchem Sie dann zu Hause die Selbsthypnose schnell und sicher einleiten können. Lassen Sie sich eine Subliminal-Selbsthypnosekassette erstellen, mit deren Hilfe das Schlüsselwort leichter eingepflanzt wird. Oder lassen Sie sich ein Biofeedback-Schlüsselwort konditionieren. Beim Biofeedbacktraining wird ein Auslöserwort (Schlüsselwort, Schaltwort, indisch oft auch „Mantra" genannt) an den erreichten Trainingseffekt gekoppelt. Wann immer Sie z.B. das Wort „relax" im Geist wiederholen, treten augenblicklich (in ein bis fünf Sekunden!) eine Muskelentspannung, eine Entspannung des Gehirns, ruhige Atmung, ein ruhiger Herzschlag und warme Hände ein. So können Sie mit dem Schlüsselwort blitzschnell eine Selbsthypnoseeinleitung praktizieren. Schlüsselwörter sind der schnellste Weg zum Ich, sozusagen der Eilzug ins Zentrum des Ich. Drehen Sie danach wieder die geschlossenen Augen zur Nasenwurzel, und vertiefen Sie den Zustand durch weitere Suggestionen. Ab diesem Zeitpunkt können Sie sich eigene Suggestionen einflüstern, diese fünfmal wiederholen, wie bei der normalen Selbsthypnose. Oder besuchen Sie einen guten Kurs für Autogenes Training, und erlernen Sie die entsprechenden Entspannungsmethoden. Haben Sie Probleme beim Erlernen der einzelnen Phasen, so kann das Biofeedbacktraining auch hier einen schnellen Lernerfolg bringen. Sie sehen, es stehen Ihnen heute viele Mittel zur Verfügung, die Kraft der Selbsthypnose, der positiven Suggestion für sich zu nutzen.

Das Autogene Training

Das Autogene Training ist eine Alltags- und Lebenshilfe von großer Effektivität, die jeder erlernen kann. Es ist eine angewandte Physiologie des vegetativen Nervensystems, ein erprobter Weg, dem Leistungsdruck und den Normzwängen unserer Zeit zu entrinnen. Es ist ein Abschalten, ein Umschalten auf Ruhe und Entspannung, ein tiefer Erfahrungshorizont jenseits von Angst, Hemmungen, Streß und Komplexen, autosuggestive Selbstheilung und aktive Selbstverwirklichung. Nach ihrem Begründer, Prof. J.H. Schultz, einem Mediziner, ist Autogenes Training eine wissenschaftliche Methode der konzentrativen Selbstentspannung auf der Grundlage von Autohypnose und Eigensuggestion.

Wie aus dieser kurzen Einleitung schon zu sehen ist, ist das Autogene Training eine Methode der Selbsthypnose. So hat es auch die Erlangung des Hypnoids zum Ziel. Die abgesenkte Bewußtseinslage des Hypnoids gibt dem Übenden den für das Übungsziel maßgeblichen Erfahrungshorizont, die spezifischen Erlebnisqualitäten dieser Schicht und die besondere Ruhehaltung. Letztere ist nicht zu verwechseln mit einem schlafähnlichen Dämmerzustand oder einem inhaltslosen Dösen. Gerade die besondere Aufmerksamkeit für die beteiligten körperlichen Vorgänge und die damit verbundenen Gefühlsinhalte verleiht dem Hypnoid eine unverwechselbare Qualität. Physisch ist der Zustand des Hypnoids durch folgende Umschaltungen gekennzeichnet: Die Skelettmuskulatur ist in ihren funktionellen Bezugspaaren, den sogenannten Antagonistenpaaren, erschlafft. Wir sprechen von einer Tonusminderung und meinen damit die Herabsetzung der ständig vorhandenen Spannung der Muskeln, die für den tätigen Organismus notwendig ist. Die Blutgefäße sind besonders an der Peripherie entspannt und nehmen mehr Blut auf (Erhöhung der Temperatur). Die Blutverteilung im Körper ist gleichmäßiger, alle Körperabschnitte haben einen reichlichen Blutzufluß, der sich subjektiv in einer wohltuenden Wärmeempfindung ausdrückt. Die rhythmischen Leistungen der biologischen Aktivität, nämlich Atemfunktion und Herztätigkeit, sind auf einen ausreichenden Ruhegang eingependelt und arbeiten mit geringer Intensität, aber größtmöglicher Effektivität, was als wohltuende Ruhe und rhythmische Ausgewogenheit erfahren wird. Der gesamte Bauchraum kommt durch vegetative Entspannung zu einer gleichmäßigen, unverkrampften Eigenaktivität bei sparsamer Verwendung der Mittel. Dies führt zu dem überraschenden Ergebnis, daß ein unbewußter Bereich unseres Körpers sich durch kleine Zeichen bemerkbar macht und angenehme Gefühle produziert. Der Kopf nimmt an den vegetativen Umschaltungen beim Autogenen Training selbst nicht teil (was auch eine gewisse Problematik des Autogenen Trainings mit sich bringen kann). Schultz fand den bezeichnenden Ausdruck vom kühlen, aber konzentrierten Kopf, d.h. das Gesamterlebnis des Übenden ist nicht ein kopfloser Zustand. Die im Denken und Vorstellen in Erscheinung tretende Gehirntätigkeit ist allerdings zurückgestellt oder ganz aufgehoben. An die Stelle konzentrierter Denkarbeit ist die ruhige Betrachtung des Körpers in seiner Selbstwahrnehmung getreten. Spontane Einfälle verlieren sich. Der im Training ruhende Mensch nimmt sich mit allen Sinnen wahr, aber er reflektiert nicht über sich. Der Wille als komplexe Leistung der Persönlichkeit in bezug auf die eigene Person ist nicht ausgeschaltet, sondern in vorzüglicher Weise mit der Herstellung und dem Durchhalten des Sein-Zustandes beschäftigt. Er ist es auch, der sich selbst das Ziel setzt und den Impuls für den Ausstieg aus dem Autogenen Training gibt. Die sinnreiche Technik der sogenannten Zurücknahme gestattet dem Übenden, sich aus freien Willensentscheidungen entgegen dem wohligen Lebensgefühl zur Beendigung der Übung zu entschließen und hierfür notwendige Techniken anzuwenden. Kombinationen des Autogenen Trainings mit Biofeedbacktechniken haben sich als sehr wirkungsvoll erwiesen.

Autogenes Training und Streßtyp

Bevor Sie mit dem Autogenen Training beginnen, sollten Sie feststellen lassen, welcher Streßtyp Sie sind. Für Sympathikotoniker ist Autogenes Training oder Selbsthypnose eine gute

Möglichkeit des mentalen Trainings. *Dem Vagotoniker aber ist von Autogenem Training oder Selbsthypnose abzuraten,* da dieser Streßtyp dazu neigt, sich im Leben zurückzuziehen, und oft sehr stark gedämpft und inaktiv ist. Dieses Verhalten würde durch das Autogene Training noch verstärkt werden. Nach unseren Erkenntnissen und Messungen braucht ein Vagotoniker ein aktivierendes Training, eines, das auf eine aktive Beherrschung von Körperfunktionen ausgerichtet ist (z.B. Biofeedbacktraining). Der Erfolg beim Autogenen Training ist also wesentlich davon abhängig, welcher Streßtyp Sie sind.

Kopfrezept Nr. 15:
Autogenes Training in der Praxis

Nehmen Sie eine bequeme Haltung ein. Halten Sie den Körper ruhig. Atmen Sie ruhig und gleichmäßig. Holen Sie nun fünfmal langsam und tief Luft, wobei Sie durch beide Nasenlöcher aus- und einatmen. Dann beginnen Sie das ausgeglichene Atmen.

Ausgeglichenes oder gleichförmiges Atmen

Atmen Sie langsam und gleichmäßig durch beide Nasenlöcher aus und ein, ohne Pause zwischen Aus- und Einatmen. Konzentrieren Sie die Aufmerksamkeit darauf, wie der Atem an dem Raum zwischen den Nasenlöchern vorbeiströmt. Wenn der Geist abschweift, bringen Sie ihn zu dem Raum zwischen den Nasenlöchern zurück. Vier Minuten fortfahren ... Atmen Sie langsam, aber nicht so langsam, daß das Zwerchfell zuckt oder sich anstrengt, um mehr Luft in die Lungen zu befördern. Dann richten Sie Ihre Aufmerksamkeit auf die autogenen Übungen zur Beruhigung des Körpers (niedrige Muskelspannung), Beruhigung der Emotionen (Wärme in den Händen) und Beruhigung des Geistes (nach innen gerichtete Aufmerksamkeit).

Beruhigung des Körpers

Nehmen Sie sich Zeit, die Entspannung jedes einzelnen Körperteils zu visualisieren und zu fühlen, während Sie still die Sätze wiederholen. Dann „lassen Sie es einfach geschehen":
„Ich bin ganz ruhig ... ich bin ganz ruhig und entspannt ... ich fühle mich jetzt ganz entspannt ... meine Füße, meine Knöchel, meine Knie und meine Hüften fühlen sich schwer an, entspannt und angenehm ... der ganze Mittelteil meines Körpers fühlt sich entspannt und ruhig an ... meine Hände, meine Arme und meine Schultern fühlen sich schwer, entspannt und angenehm an ... mein Hals, mein Kiefer und meine Stirn fühlen sich entspannt an ... sie fühlen sich angenehm und ruhig an ... mein ganzer Körper fühlt sich ruhig an, angenehm und entspannt ..."

Beruhigung der Emotionen

Während Sie in einer bequemen und entspannten Haltung bleiben, benützen Sie die folgenden Sätze ebenso wie oben, wobei Sie die Wärme visualisieren und fühlen: „Meine Arme und Hände sind schwer und warm ... ich bin ganz ruhig ... meine Arme und Hände sind entspannt, entspannt und warm ... meine Hände sind warm ... Wärme strömt in meine Hände, sie sind warm ... warm ... meine Hände sind warm ... entspannt und warm ..."

Beruhigung des Geistes

Lenken Sie die Aufmerksamkeit nach innen. Bei jedem Satz stellen Sie sich die Stille und den Rückzug der Aufmerksamkeit nach innen vor und fühlen es: „Ich bin ganz ruhig, mein Geist ... mein Geist ist ruhig ... ich ziehe meine Gedanken von der Umgebung zurück und fühle mich heiter und still ... tief in mir selbst kann ich mich selbst entspannen, bequem und still visualisieren ... ich bin wach, aber auf eine angenehme, ruhige, nach innen gekehrte Weise ... mein Geist ist ruhig und still ... ich empfinde eine innere Ruhe ..."

Halten Sie die innere Ruhe etwa fünf Minuten aufrecht. Reaktivieren Sie sich, indem Sie fünfmal tief Luft holen. Strecken Sie sich, spüren Sie, wie die Energie Ihren Körper durchströmt. Am Ende Ihrer Übung halten Sie die Sitzung in einem Tagebuch fest, indem Sie folgende Fragen beanworten:

- Welche physischen Empfindungen hatten Sie während der heutigen Übung?
- Welches Gefühl hatten Sie?
- Welche Gedanken hatten Sie? Waren es Worte oder Bilder oder beides?
- Wie tief, glauben Sie, waren Sie entspannt?

Wenn Sie diese Übungen mindestens fünfmal pro Woche wiederholen, dann sollten Sie in kürzester Zeit einen guten Entspannungszustand erreichen. Es ist natürlich auch möglich, den Übungsablauf auf Kassette aufzunehmen und so die Übungen zu absolvieren.

Zusammenfassung der autogenen Trainingsformel

Autogenes Training, Unterstufe:
Ich bin vollkommen ruhig, ganz ruhig
Der rechte Arm ist ganz schwer (ca. sechsmal)
Ich bin vollkommen ruhig
Der rechte Arm ist ganz warm (ca. sechsmal)
Ich bin vollkommen ruhig
Herz schlägt ganz ruhig, kräftig (gleichmäßig, ca. sechsmal)
Ich bin vollkommen ruhig
Atmung ganz ruhig und gleichmäßig (ca. sechsmal)
Es atmet mich
Sonnengeflecht strömend warm (ca. sechsmal)
Ich bin vollkommen ruhig
Stirn angenehm kühl (ca. sechsmal)
Ich bin vollkommen ruhig
Formelhafter Vorsatz, z.B.:
Ich schaffe es (diese Suggestion im Autogenen Training ca. 10–30mal wiederholen)
Zurücknehmen: „Arme fest, tief atmen, Augen auf."

Wenn Sie diese Übungen einmal perfekt beherrschen und Ihnen die Übungsformeln „in Fleisch und Blut" übergegangen sind, können Sie diese Formeln abkürzen mit:
Ruhe – Schwere – Wärme
Herz und Atmung ganz ruhig und gleichmäßig
Sonnengeflecht strömend warm
Stirn angenehm kühl
Zurücknehmen „Arme fest, tief atmen, Augen auf, es geht mir gut."

Mentaltraining im Sport

Das mentale Trainingskonzept

Mit diesem Schlüssel zum sportlichen Erfolg beschäftigen wir Mitglieder des Institutes für angewandte Biokybernetik und Feedbackforschung uns seit 1983. Wir erarbeiten Methoden, Konzepte, wir entwickeln und bauen spezielle Biofeedbackgeräte, und wir erstellen Hypnose-, Selbsthypnose- und Kassettentrainingsprogramme für den Sportbereich. Die von uns betreuten Spitzensportler kommen derzeit aus folgenden Sportarten: Autoslalom, Badminton, Fußball, Eiskunstlauf, Fechten, Handballteam, Laufen, Leichtathletik, Naturbahnrodeln, Radrennen, Rudern, Segeln (Tornado), Sportschießen, Tennis, Wasserspringen, alpiner Skilauf, Armbrust, Autorallye, Bogenschießen, Diskus, Reiten, rhythmische Sportgymnastik, Squash, Schützen (Gewehr), Wurftaubenschützen (olympisches Skeet), Golf, Boxen, Marathonlauf, Tischtennis.

Das Wort *mental* kommt aus dem Lateinischen und bedeutet soviel wie Geist, Verstand, Intellekt. Der Begriff umfaßt alle Dinge, die sich in unserem Kopf abspielen. Das Mentaltraining ist daher das theoretische Gegenstück zum praktischen Training. Es soll und kann auch nicht das praktische Training im Sport ersetzen oder verkürzen, sondern es soll die geistige Seite aktivieren, verstärken und perfektionieren. Wir verstehen darunter:

- Das Verbessern von Bewegungsabläufen durch intensive Vorstellung (visualisieren, eventuell unterstützt durch Hypnose oder Selbsthypnose) und verbessertes Einprägen von notwendigen Techniken und Bewegungsabläufen.
- Das Steigern der Konzentration im richtigen Augenblick, erreichbar durch Training des Gehirngleichspannungspotentials.
- Die Ruhe vor dem Wettkampf, richtiges regenerierendes Durchschlafen in der Nacht vor der sportlichen Aktion: durch Biofeedback oder Suggestion erreichbar.

- Richtige Startspannung, erreichbar durch Biofeedbacktraining oder durch geeignete Suggestion.
- Abbau von unnötigen, störenden Spannungen in der Situation, z.B. beim Tennis vor dem Aufschlag, erreichbar durch Biofeedbacktraining und Suggestion.
- Steigerung der Reaktionsgeschwindigkeit: ebenfalls durch Biofeedbacktraining und v.a.m. erreichbar.
- Anpassung des Bewußtseinszustandes an die Sportart, erreichbar durch die Harmonisierung des psychogenen Hirnfeldes.

Es ist kein Geheimnis, daß viele Olympiasieger, Weltmeister und Europameister (vor allem aus den USA und den ehemaligen Ostblockländern) schon seit Jahrzehnten mit großem Erfolg in irgendeiner Form mentales Training betreiben. Zu ihnen gehören und gehörten im 400-Meter-Hürdenlauf Edwin Moses sowie der legendäre, vielfache Weltmeister im Eiskunstlauf, Oleg Protopopow, der Boxer Mike Tyson und viele andere.

Alle Sportwissenschaftler sind sich heute einig, daß die psychologische Verfassung, d.h. die mentale Form des Sportlers, seinen Erfolg genauso mitbestimmt wie körperliche Fitneß, technisches Können, richtiges Training und richtige Ernährung. Liegt es da nicht auf der Hand, in das Trainingskonzept auch den mentalen Bereich mit einzubeziehen? Viel zu wenige Trainer und Lehrwarte befassen sich gezielt mit diesem Arbeitsfeld. Eine gute sportpsychologische Betreuung und ein sportbezogenes Streßprofil (siehe Biofeedback-Check-up, Seite 47) ist auch heute noch im westlichen Europa eher die Ausnahme denn die Regel. So müssen Sportler zwangsläufig die Eigeninitiative ergreifen.

Kopfrezept Nr. 16:
Tips für Leistungs- und Hobbysportler

Das Vorstellen von Bewegungsabläufen

Je präziser, je intensiver und plastischer Sie bestimmte Bewegungsabläufe als Bildfolge vor Ihrem inneren Auge ablaufen lassen, um so mehr begünstigen Sie den gewünschten Erfolg. Diese Vorstellungen sind natürlich wirksamer, wenn Sie sich in einen selbsthypnotischen Zustand versetzen (beachten Sie dabei den Abschnitt über Selbsthypnose, Seite 172). Eine Reihe von Spitzensportlern wie etwa Jack Nicklaus, einer der besten Golfspieler der Welt, oder Arnold Schwarzenegger, Bodybuilder, Mister Universum, Filmstar und Sportbeauftragter des früheren amerikanischen Präsidenten, wenden diese Methode an. Jack Nicklaus behauptet, daß er im Wettkampf nie einen Schlag absolviert, ohne zuvor eine präzise Vorstellung von jeder Phase seiner Bewegung und der Flugbahn des Balles zu haben.

Die Bewegungen sind mittels EMG meßbar. Man nennt sie ideomotorische Bewegungen. Um diese Art des Lernens noch zu verstärken, ist die Übung mit dem Pendel zu empfehlen (siehe Hypnosetest – Pendeltest – ideomotorische Bewegung, Seite 151 f.). Bei dieser Übung sollten Sie das Pendel wie beschrieben halten, das schnell und präzise jeden gewünschten Richtungswechsel vornehmen sollte. Links drehen, rechts drehen, dann links, rechts, waagrecht pendeln lassen, dann von vorne nach hinten pendeln. Ihre Vorstellung, Ihre ideomotorische Fähigkeit und natürlich Ihre rechte Gehirnhälfte werden dabei geschult.

Während einer richtig durchgeführten Vorstellungsübung können aber nicht nur Muskelaktivitäten gemessen werden, sondern auch andere bioelektrische Aktivitäten, wie Änderungen im Gehirn, Gleichspannungspotential im EEG. (Hirnregionen, die mit diesen gedachten Aktivitäten zu tun haben, werden verstärkt aktiviert.) Darüber hinaus können wir vegetative Begleitreaktionen, wie Änderungen von Blutdruck, Temperatur, Puls, Atemfrequenz, hautgalvanische Reaktion usw. feststellen. Besonders interessant ist die Tatsache, daß man so gut wie keine verstärkten bioelektrischen Aktivitäten messen kann, wenn die vorgestellten Handlungsmuster noch nicht praktisch erprobt wurden. Deshalb profitieren Sportler mit höherem Leistungsniveau (gut Trainierte) mehr von den Vorstellungsübungen als Sportler, die nur selten die bestimmten Übungen in der Praxis durchgehen. Es scheint, daß das geistig-körperliche Wechselspiel um so besser greift, je öfter die notwendigen neuromuskulären Bahnen durch reale Bewegungen trainiert wurden. Bei Experimenten mit Sportlern konnten eindeutige Verbesserungen festgestellt werden; z.B. erhöhte Laufgeschwindigkeit beim 110-Meter-Hürdenlauf, beim Weit- sowie Hochsprung stieg die Schnellkraft meßbar an, Zielwürfe trafen öfter ihr Ziel, Turnübungen gelangen durch bessere Bewegungsabläufe, konnten perfektioniert werden.

Die geistige Einstellung

Sie sollten zuerst immer entscheiden, was Sie erreichen wollen: Kurzziel und Endziel. Ein Ziel, das Sie sich nicht vorstellen können, werden Sie normalerweise auch nicht erreichen. Setzen Sie sich nur realistische Nahziele, die Ihre gegenwärtige Stärke wie auch Schwäche richtig berücksichtigen. Welche Bestleistung z.B. wollen Sie in dieser Saison erreichen?

Glauben Sie an Ihre Stärke und an die Möglichkeit, ständig besser zu werden? Jeder Mißerfolg sollte Ihnen nur als Ansporn dienen, körperlich und mental intensiver zu trainieren. Bedenken Sie immer: Der nächste Punkt, der nächste Wettkampf zählt. Wenn Sie einen Triumph erleben, merken Sie sich das Gefühl, nehmen Sie alles wahr, was mit Ihnen geschieht, körperlich sowie geistig. Versuchen Sie, dieses Gefühl beim nächsten Wettkampf wieder hervorzurufen. Geben Sie in jedem Augenblick 100% Ihrer derzeitigen Fähigkeiten. Auch beim Training üben Sie so intensiv wie möglich. Machen Sie sich keine belastenden Gedanken über Dinge, die Sie selbst nicht ändern können. Bedenken Sie immer, daß Sie weder Schiedsrichter, Publikum, Wetter noch die Sportanlagen ändern können. Lassen Sie sich von Reaktionen des Publikums und von Reaktionen Ihres Gegners nicht beeinflussen. Bleiben Sie immer bei Ihrer Linie. Vergessen Sie alles, auch alle Ihre persönlichen Ziele, also auch alle Konsequenzen eines möglichen Sieges während der sportlichen Aktion. Über Gewinnen und Verlieren zu grübeln kostet wertvolle Konzentration und Energie. Bleiben Sie immer im Hier und Jetzt, behalten Sie im Wettkampf immer nur Ihre Aktion im Auge.

Gedanken des Zweifels und negative Selbstsuggestionen zerstören oft langtrainierte Fähigkeiten. Vergessen Sie Gedanken wie: „Ich kann nicht mehr, es geht nicht, das wird nichts mehr, mein Aufschlag ist heute nichts" usw. Wenn solche Gedanken kommen, so lassen Sie sie unbearbeitet gehen. Statt dessen beginnen Sie selbst mit positiven Gedanken, Suggestionen, die Sie sich schon vor dem Wettkampf für solche Fälle zusammengestellt haben. „Ich kann das, ich bin stark, meine Beine fliegen vorwärts, Geräusche sind ganz gleichgültig, meine

Beine werden schneller, mein Sprungbein schnellt mich hoch und weit", oder beim Gewichtstemmen: „Die ganze Kraft geht in meine Arme und Beine", beim Tennis: „Nur der nächste Punkt ist wichtig, am Netz bin ich nicht zu passieren" usw.

Solche oder ähnliche Suggestionen sind natürlich auch für Ihre Selbsthypnose zu Hause und vor dem Wettkampf gut. Als vor einem Wettkampf besonders wirkungsvoll haben sich Suggestionskassetten mit Hintergrundmusik (die euphorische Gefühle hervorruft) erwiesen. Sie sollten nicht länger als 15 Minuten dauern und ca. 10–20 Minuten vor dem Wettkampfbeginn noch einmal gehört werden.

Im Frühjahr 1986 kontaktierten wir Dr. Sigmund Bergmann, den Leiter der Sendereihe „Sport am Montag". Nach intensivem Training erklärte er sich 1989 bereit, in seiner Sendung einen Versuch zu wagen. Er ging ruhig und gelassen über einen Gluttepppich, 13 Meter lang, Temperatur zwischen 800 und 1000 Grad; es dauerte die Ewigkeit von 10 Sekunden. Neben dem Feuer wachten Feuerwehrmänner, man kann ja nie wissen ...

Jeder Hausfrau ist klar: Wenn sie ein Stück Fleisch bei rund 300 Grad in die Pfanne legt, verkohlt es. Bergmann blieb unversehrt. Die Erklärung: der Geist dominiert über die Materie, Hypnose und Mentaltraining ermöglichen diese Kontrolle. In unse-

Dr. Sigi Bergmann (Mitte) mit Gerhard H. Eggetsberger (rechts) vor dem ORF-Sport-am-Montag-Feuerlauf (22.5.1989)

rem Institut war er auf diesen Auftritt vorbereitet worden. Millionen Zuschauer konnten dies mitverfolgen.

In- und ausländische Medien berichteten über unsere Arbeit. Aus all dem Interesse der Öffentlichkeit und aus den sportlichen Erfolgen konnten wir ersehen, wie wichtig und notwendig ein praktizierbares Mentaltraining für den Sport war und ist.

Abschnitt 3
Biologie und Kybernetik

> Das Schönste, das wir erleben können, ist das Geheimnisvolle.
> Es ist das Grundgefühl, das an der Wiege von wahrer Kunst und
> Wissenschaft steht.
>
> *Albert Einstein*

Die Lehren der Essener

Was wir Ihnen in diesem Buch vermitteln möchten, sind die neuesten Erkenntnisse der Wissenschaft. Daß in diesem Wissen eine Weisheit steckt, die nicht neu ist, wurde mir klar, als ich mich mehr als ein Jahr lang mit den uralten Essener-Schriften intensiv auseinandersetzte.

An einem Frühlingstag des Jahres 1947 wurde von einem Beduinenhirten in einem schwer zugänglichen Wüstengebirge, westlich des Toten Meeres, eine Felsenhöhle entdeckt, in welcher sich Schriften auf Tierhäuten (mehrere meterlange Rollen, in Tongefäßen abgelegt) fanden. Diese Rollen wurden als die *Schriftrollen der Essener von Qumran* weltbekannt. Sie geben unverfälschtes Zeugnis von einer Glaubensbruderschaft, die in Israel angesiedelt war und zu der, nach heutigem Wissen, Jesus und Johannes der Täufer gezählt werden können. Nach Meinung namhafter Historiker und Forscher gingen aus dieser Bruderschaft in direkter Linie die christlichen Kirchen hervor.

Die Texte sind allgemein für die Wissenschaft interessant, für uns aber sind sie von größtem Interesse, da sie zeigen, daß es in jeder Kultur Wissen um Heilungsmöglichkeiten und auch Mentaltrainingsmethoden gab, die bei uns erst wieder neu entdeckt werden.

Der Mensch kann mit Kräutern heilen ... Doch unter allen Heilmitteln ist jene heilende Kraft, die mit weisen Worten heilt ... das einzig Wahre ...
(Aus den Qumran-Rollen)

Essener Selbsthypnose-Meditation

Die Essener erlangten den ersten Schritt zur Entspannung durch die Lösung der Spannung oder Verkrampfung der Muskeln. Der zweite Schritt war die richtige Atmung ... Der dritte Schritt war das „Vermeiden" von Gedanken. Mit diesen drei Schritten brachten die Essener eine Art Halb-Bewußtsein hervor, von dem ein neuer Gedanke oder ein neues Gefühl leicht ins Unterbewußtsein fließen konnte. Dieser Gedanke sollte über genügend Kraft verfügen, um ins Unterbewußtsein einzudringen und von ihm als Wirklichkeit vollständig akzeptiert zu werden. Die Essener glaubten weiter, daß sich nur solche Gedanken (Suggestionen) einprägen ließen, welche durch die Kraft der Gefühle unterstützt werden. Der Gedanke ist das Steuerrad, das Gefühl das Zugtier, die Handlung entspricht den Rädern. Um zu einem vom Willen bestimmten Ort zu gelangen, müssen alle drei Teile zusammenarbeiten. Ist das Ziel entdeckt, der Wunsch als Suggestion geäußert und das richtige Gefühl geweckt, findet die Handlung statt. Hinter jeder Handlung steht ein Gefühl, das richtige Gefühl entwickelt notwendigerweise eine richtige Handlung. Richtige Gefühle sind Quellen von Energie (im wahrsten Sinne des Wortes), denken Sie nur an die Gleichspannungspotentialmessung. Bei starken Emotionen steigt das Energiepotential des Gehirns schlagartig an, negative Gefühle sind sogar gefährlich (denken Sie an das Entstehen von Angst).

Den Essenern war noch anderes bekannt:

- Musik ruft Gefühle hervor und kann diese auch verstärken (ebenfalls durch Biofeedbackmessungen sichtbar zu machen). Ist das Unbewußte im richtigen Gefühlszustand, so ist es in so einem Augenblick wesentlich aufnahmebereiter.

- Bei vollem Bewußtseinszustand bleibt das Unterbewußtsein meist unzugänglich.
- Letztlich war ihnen das Naturgesetz bekannt, daß zwei Dinge zur gleichen Zeit nicht den gleichen Platz einnehmen können und daher der Mensch nicht gleichzeitig zwei Dinge denken kann. Wenn also das Bewußtsein mit positiven, harmonischen Gedanken erfüllt ist, können negative und disharmonische Gedanken nicht mehr darin einziehen. Negative oder disharmonische Gedanken, an denen im Bewußtsein beim Einschlafen festgehalten wird, schwächen den Widerstand gegen viele destruktive Kräfte der Außenwelt. Positive Gedanken verstärken das mentale Immunsystem.

Dieser Abstecher in die Vergangenheit zeigt uns, daß die Essener schon damals über Wissen verfügten, welches die psychosomatische Medizin erst tausende Jahre nach ihnen wiederentdeckte.

Chronobiologie

Frage: Wann machen 2000 Kilokalorien (Kcal) dick?
Antwort: Das kommt darauf an, wann man sie zu sich nimmt.

Eine Untersuchung, die dieses Thema beleuchten sollte, wurde in der Universität von Minnesota an freiwilligen Versuchspersonen durchgeführt. Diese erhielten eine Woche lang nur eine Mahlzeit, ein Frühstück mit 2000 Kcal. Danach gab es die gleiche Mahlzeit (gleiche Zusammensetzung) mit 2000 Kcal eine Woche lang als Abendessen. Resultat: Erhielten die Teilnehmer nur das 2000-Kcal-Frühstück, verloren sie im Durchschnitt 1,2 kg Gewicht pro Woche. Doch bei der Abenddiät nahmen zwei Drittel der Teilnehmer zu. Das verbleibende Drittel nahm bei der Frühstücksdiät mehr Gewicht ab als bei der Abenddiät. Die Untersuchung weist klar darauf hin: Eine Kalorie am Morgen ist nicht dasselbe wie abends. Unsere innere Uhr bestimmt alle Prozesse mit.

Den endgültigen Beweis für die Existenz einer inneren Uhr erbrachten Studien an Chloroplasten – das sind kugelige Einschlüsse von Pflanzenzellen, die vor allem Chlorophyll enthalten. H.G. Schweiger und seine Mitarbeiter vom Max-Planck-Institut für Zellbiologie konnten 1977 in den Membranen der Zellen ein Polypeptid nachweisen, dessen Existenz die Rhythmik erst ermöglicht. In der Folge wurden viele Rhythmen entdeckt und schon erkannte belegbar. Die meisten unserer Rhythmen sind 24-Stunden-Rhythmen.

Der 24stündige Funktionsrhythmus im menschlichen Körper spiegelt sich nicht nur bei der Verdauung und Verwertung von Nahrung wider, sondern auch darin, daß verschiedene Medikamente, zu verschiedenen Tageszeiten eingenommen, verschiedene Wirkung zeigen. Verabreicht man z.B. eine Dosis des Anästhetikums Lidocain um 7 Uhr morgens, so ist der Effekt ca. 20 Minuten lang nachweisbar. Eine identische Dosis um 15 Uhr führt zu einer Anästhesie von über 52 Minuten. Abends um 23 Uhr hält der Effekt wieder nur 25 Minuten lang an. So hängt der Effekt eines Medikaments zu einem nicht unwesentlichen

Teil vom im 24-Stunden-Rhythmus verlaufenden biochemischen Prozeß im Menschen und im Tier ab. Diesen neuen Forschungszweig nennt man Chronobiologie.

Der Einsatz von chronobiologischen Erkenntnissen z.B. bei der Therapie von Herzerkrankungen ist erst in letzter Zeit in den Vordergrund getreten. Nun konnten weiterführende Untersuchungen in Krankenhäusern zeigen, daß bei einem 24stündigen EKG sowohl die Herzfrequenz als auch der Blutdruck in den Morgenstunden ein deutliches Maximum aufweisen. So ist es verständlich, daß etwa zwischen 6 und 11 Uhr vormittag auch eine Häufung der Herzinfarkte zu erkennen ist. In den frühen Morgenstunden kommen auch Herzrhythmusstörungen wie Extrasystolen oder Kammer-Tachykardien signifikant vor.

Zusammenfassend kann man sagen: Den chronobiologischen Erkenntnissen kann Rechnung getragen werden, wenn im Falle von Diäten zur Gewichtsreduktion Suggestionen so abgefaßt werden, daß sich die Essensaufnahme immer auf die Morgen- bis Mittagsstunden beschränkt. Medikamente sollten so eingenommen werden, daß sie den chronobiologischen Erkenntnissen entgegenkommen. Fragen Sie Ihren Arzt.

Diese Erkenntnisse und auch unsere Erfahrungen zeigen uns, daß die Zeit von 13 bis 15 Uhr die wertvollste für die erste Hypnoseeinleitung oder die erste Selbsthypnose ist. Natürlich ergeben sich auch Einflüsse auf andere Bereiche. Nicht zuletzt verändern Körperrhythmen bei Menschen auf bestimmte Zeit das psychogene Feld (z.B. in 90-Minuten-Zyklen).

Morgen- oder Abendmensch?

Hinsichtlich des Schlafrhythmus gibt es Unterschiede zwischen den Morgen- und Abendmenschen. Das Temperaturverhalten des einzelnen bestimmt hier seinen Typ. Die Körpertemperatur sinkt nachts auf ihr Minimum herab. Cirka fünf Stunden vor diesem Minimum liegt der ideale Einschlafpunkt, cirka zwei bis drei Stunden danach wacht man wieder auf. Durch Temperaturmessungen der Körpertemperatur über eine Woche kann der Typ festgestellt werden (4–5 Messungen pro 24 Stunden sind nötig für eine Verlaufskurve).

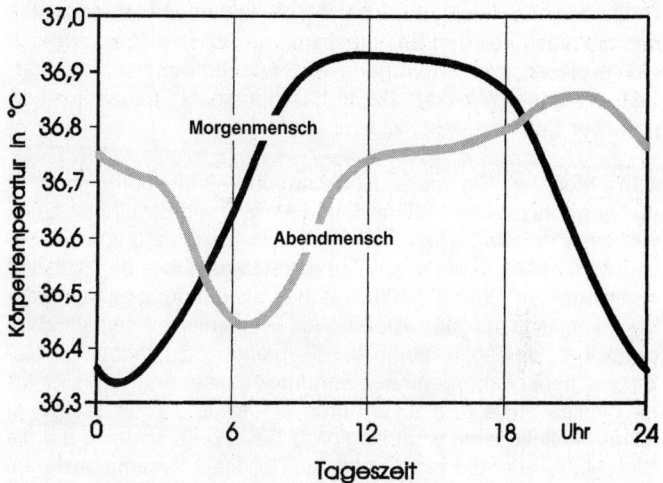

Schwankungen der Körpertemperatur

Morgen- und Abendmensch

**Kopfrezept Nr. 17:
Leben mit der „Körperuhr"**

Wie Sie mit Ihrem Körper „zeitgemäß" umgehen können, zeigt Ihnen die nachfolgende Aufstellung.

1 Uhr morgens: Der Mensch fällt in ein absolutes Leistungstief, die Leber arbeitet verstärkt (baut z.B. Alkohol verstärkt ab).

4 Uhr morgens: Zuckerkranke sollten ihr Insulin spritzen, denn um diese Zeit (und um 4 Uhr nachmittags) reagiert der Körper darauf am besten. Der Zeitpunkt ist zwar weniger praktisch, aber Untersuchungen des Pharmakonzerns Ciba-Geigy haben zweifelsfrei bewiesen: Insulin ist um so wirksamer, je früher am Morgen man es spritzt.

5 Uhr morgens: Die Produktion des männlichen Geschlechtshormons Testosteron erreicht ihren Höhepunkt. Es hat den

Höchststand erreicht. Ebenso der Nebennierenstoff Kortison, das um diese Zeit den sechsfachen tagesüblichen Wert erreicht. Durch diesen inneren Vorgang wird der Stoffwechsel angekurbelt, der innere „Wecker" aktiviert. Daher ist der Morgen aus körperlicher Sicht die beste Zeit für die Liebe.

6 Uhr morgens: Blutzucker (Glukose) und Aminosäuren strömen nun vermehrt in den Blutkreislauf. Energie- und Eiweißbausteine werden für die Tagesarbeit bereitgestellt. Bei Genuß von alkoholischen Getränken um diese Zeit (vormittags) steigt der Blutalkoholspiegel um mehr als 100 % stärker als bei der gleichen Menge Alkoholkonsum am Abend. Wer Probleme mit seinem Blutdruck hat, der sollte seine Medikamente jetzt nehmen. Beta-Blocker senken morgens den Blutdruck besser und schneller als die gleiche Dosis zu einer anderen Tageszeit. Und der morgendliche Nikotinkonsum wirkt sich ganz besonders schlecht auf die Blutgefäße aus, die sich zu dieser Zeit stark zusammenziehen können.

9 Uhr morgens: Die Zellen haben ihr tägliches Temperaturmaximum erreicht. Um diese Zeit treten bei Impfungen weniger Komplikationen wie Schwellungen, Fieber usw. auf. Strahlendosen bei medizinischer Bestrahlung (z.B. Krebstherapie) werden besser vertragen. Untersuchungen zeigen, daß Strahlen- und Chemotherapie (gegen Krebs) eine höhere Heilungschance hat, wenn dabei die chronobiologischen Rhythmen beachtet werden.

10 Uhr morgens: Die Körpertemperatur eines gesunden Menschen hat ihren Höhepunkt erreicht. Das Kurzzeitgedächtnis und die Rechenfähigkeit sind in Hochform. (Das Langzeitgedächtnis hat seine beste Zeit in den Nachmittagsstunden.) Um 10 Uhr Gelerntes bleibt Schulkindern kürzer im Gedächtnis als der gleiche Lernstoff um 15 Uhr gelernt. Die Rechengeschwindigkeit ist aber von 10–11 Uhr besonders hoch.

11 Uhr vormittags: Um die frühe Mittagszeit ist das Herz in einer besonders guten Form. Bei kardiologischen Untersuchungen muß um diese Zeit sehr aufmerksam gearbeitet werden, denn jetzt arbeitet das Herz in den meisten Fällen so gut, daß sogar Herzerkrankungen übersehen werden können.

12 Uhr mittags: Nun steigt die Säurebildung im Magen automatisch an. Es entsteht dann auch langsam das Bedürfnis nach Rasten und nach Schlaf, hervorgerufen durch die relative Blutleere im Kopf. Das Blut wird für die Verdauungsarbeit im Magen- und Darmbereich benötigt.

13 Uhr: Die Galle arbeitet verstärkt, nun wirken auch gallentreibende Mittel besser als zu jeder anderen Zeit des Tages.

14 Uhr: Das Schmerzempfinden von Haut und Zähnen ist auf seinem tiefsten Stand. Der Besuch beim Zahnarzt tut nun weniger weh. Die beruhigende Betäubungsspritze für die Zähne wirkt am längsten. (Die Lokalanästhesie zwischen sieben und neun Uhr wirkt nur ein Drittel so lange wie eine gleiche Dosis zwischen 13 und 14 Uhr, was an gleichen Personen getestet wurde.) Das Langzeitgedächtnis ist am aufnahmefähigsten.

16 Uhr: Nun erreicht der Körper sein zweites Leistungshoch, Blutdruck und Kreislauf kommen wieder von selbst in Schwung. Es ist die beste Zeit für sportliche Betätigung, Tagesbestzeiten sind um diese Zeit keine Seltenheit. Der Trainingseffekt ist um 16–18 Uhr am größten. Säurehemmende Medikamente wirken jetzt am besten. Von 16.30 Uhr bis 18 Uhr sollte vermehrt gelernt werden, das ist die Zeit für Hausaufgaben bei Schülern.

18 Uhr: Die beste Zeit des Nachmittags ist erreicht. Die Atmung ist besonders intensiv. Haare und Nägel wachsen besonders schnell.

19 Uhr: Blutdruck und Puls sinken nun wieder ab. Wenn vom Arzt nicht anders empfohlen, sollten Sie keine blutdrucksenkenden Mittel mehr einnehmen. Jetzt wirken dafür Medikamente gegen Magengeschwüre langanhaltend.

20 Uhr: Zu diesem Zeitpunkt wirken Penicillin, Antidepressiva und Mittel gegen Allergien oder Asthma am besten. Weit geringere Dosen sind nötig, was geringere Nebenwirkungen mit sich bringt. Auch hier nur mit Rücksprache des Arztes Änderungen durchführen!

21 Uhr: Die Nachtruhe setzt ein, und was jetzt gegessen wird, bleibt zum größten Teil unverarbeitet im Magen liegen. Speisereste können die Schleimhäute von Magen und Darm angreifen sowie das Immunsystem schädigen.

23 Uhr: Hier liegt der Beginn der „parasympathischen Phase". Der Vagus übernimmt nun im Körper die Leitung. Der Stoffwechsel wird herabgesetzt, ebenso Herzschlag, Blutdruck, Körpertemperatur, aber auch die geistige Konzentration nimmt ab.

24 Uhr (Mitternacht): Der Körper minimiert die Ausschüttung von Kortisol (Streßhormon). Dies könnte auch der Grund sein, warum doppelt so viele Frauen die geburtseinleitenden Senkwehen um Mitternacht und nicht zur Mittagszeit bekommen. Denn jetzt dominieren die natürlichen wehenauslösenden Hormone über die wehenhemmenden Streßhormone (was wieder zeigt, daß eine entspannte, ruhige Frau es bei der Geburt leichter hat als eine ängstliche).

Nun beginnt der Zeitablauf wieder von vorne. Ein neuer Tag – derselbe Rhythmus. Ein Rhythmus, der aber nichts mit dem Biorhythmus der Geburtszeit mit seinen guten und schlechten Tagen zu tun hat. Die Chronobiologie (*chronos* ist das griechische Wort für Zeit) hat mit diesen Berechnungen nichts zu tun; sie bezieht sich auf wissenschaftlich erforschte und abgesicherte körperinnere Rhythmen, die wir zu unserem Vorteil nützen können.

Sexualität und Biofeedback

Sigmund Freud bezeichnete weibliche Sexualität noch hilflos als „dunklen Kontinent". 75 % aller Scheidungen und Trennungen sind darauf zurückzuführen, daß die Partner in physischer Hinsicht nicht harmonieren ...

Der amerikanische Sexualwissenschaftler und Biofeedback-Spezialist John D. Pery entwickelte 1976 eine EMG-Methode, die sowohl visuelle als auch akustische Aussagen über die Muskeltätigkeit des Pubococcygeus (PC)[1] erbringt. Die Stärke des PC-Muskels der Frau steht in direktem Zusammenhang mit dem Erreichen und der Qualität des Orgasmus beim Geschlechtsverkehr. Aber auch bei rein gynäkologischen Problemen wie Senkungen wird in den USA das Biofeedbacktraining des PC-Muskels eingesetzt. Wenn Männer den PC-Muskel stärken und kräftigen, verbessert sich auch bei ihnen die Qualität des Orgasmus[2].

Doch nicht nur der PC-Muskel ist ausschlaggebend für die sexuelle Erfüllung, sondern der Muskeltonus des ganzen Körpers hat in vieler Hinsicht großen Einfluß auf das Sexualverhalten und auf die Sexualleistung des Menschen. Personen, die immer verspannt und verkrampft sind, werden in ihren Empfindungen eingeengt und verkrampft sein, sie also nur begrenzt zum Ausdruck bringen können. Das EMG-unterstützte Biofeedbacktraining kann aber zur Lösung der Probleme beitragen.

---

[1] Der PC-Muskel setzt sich aus einer Muskelgruppe zusammen, die die Sexualorgane umgibt.
[2] Vgl. Pery, J.D.: *Der G-Punkt*. München: Heyne Verlag, 1983, S. 93–135.

Das innere Feedback

Mit dem Ton der Lebensenergie zu Wohlbefinden und Selbsthypnose

Bei der Entspannung Ihres Körpers können Sie im Idealfall innerhalb des Kopfes ein Geräusch (im Bereich von 7–9 kHz) wahrnehmen. Es ist ein feiner, hoher Pfeifton, der vergleichbar ist mit dem Zirpen von Grillen oder dem Sirren von Elektromotoren im hohen Drehzahlbereich. Dieser „Kopfton" ist leise und anfangs oft kaum wahrnehmbar. Viele Menschen setzen diese Wahrnehmung mit dem sogenannten Tinnitus-Geräusch (Ohrensausen) gleich, obwohl es sich bei diesem Pfeifen nicht um diese quälende Krankheit handelt. Feststellbar ist der Ton im Mittelpunkt des Kopfes in der Höhe der Ohren oder aber etwas nach rechts oder links verschoben. Im Zuge unserer Forschungsarbeit zu den PCE-Übungen (siehe auch: „Power für den ganzen Tag, sieben Übungen zur Steigerung der Lebensenergie", *Heyne*) konnten wir erkennen, daß dieser Ton nur dann vorhanden ist, wenn unser Gehirn energetisch hoch aufgeladen ist. An die Bewußtseinsoberfläche tritt er aber nur durch Entspannung der Körpermuskeln oder auch durch rhythmische Anspannung des Beckenbodenmuskels (Pubococcygeusmuskel, kurz PC-Muskel genannt). Der Muskel kann trainiert werden und ist bei wiederholtem richtigen Anspannen in der Lage, unser Gehirn energetisch aufzuladen. Bei Menschen, die Erfahrung mit Meditation oder PCE-Training haben, kommen noch weitere Tonvariationen dazu. Die Inder nennen diesen Ton „nadabrahma", den göttlichen Ton, oder das Zischen der Schlangenkraft Kundalini.

Wenn Sie Ihren inneren Ton noch nie bewußt gehört haben, so müssen Sie ihn einfach nur „suchen". Er ist immer da, nur ist er manchmal vom Getöse des Alltags überlagert. Den inneren Ton hören Sie anfangs am besten nach dem Aufwachen oder kurz nach dem Zubettgehen, indem Sie in sich hineinhorchen und entspannt daliegen. Ganz wesentlich dabei ist es, den Schulter-Hals-Muskel-Bereich und vor allen Dingen den Stirnmuskel- sowie den Kiefermuskelbereich weitestgehend zu entspannen. Bei Ihrer Suche nach dem inneren Ton sollten Sie Ruhe und Zeit haben. Haben Sie ihn erst einmal wahrgenommen, ist es ganz leicht, ihn immer wieder zu aktivieren, und das in jeder Lebenssituation.

Es hat sich herausgestellt, daß es in den meisten Streßsituationen genügt, sich einfach den inneren Ton zu vergegenwärtigen, und alle Belastungen fallen sofort ab. Ebenso konnten wir feststellen, daß in Fällen von Aufregungen, Angst, aber auch inneren Aggressionen die Wahrnehmung des Tones eine Lösung der Situation bringt.

Kopfrezept Nr. 18:
Der innere Klang

Nützen Sie Ihren inneren Klang zum natürlichen Feedback. Bevor Sie mit der Selbsthypnose oder einer Meditation beginnen, versuchen Sie, den Lebensenergieton in Ihrem Kopf wahrzunehmen. Hören Sie den Ton, so ist das ein sicheres Zeichen für Sie, daß Sie weitestgehend „entstreßt" sind und daß Ihr Kopf frei ist. So sind Sie bereit, mehr Energie aufzunehmen und in Selbsthypnose zu sinken.

In der Praxis sieht das so aus: Sie hören in sich hinein, bis Sie den inneren Ton wahrnehmen, und halten den Ton fest, indem Sie sich darauf, ohne sich zu verkrampfen, konzentrieren. Wird der Ton lauter, so machen Sie es richtig, wird er hingegen leiser oder verschwindet er gar, so ist das ein untrügliches Zeichen, daß Sie Verspannungen aufbauen. Diese Verspannungen sind vor allem muskulärer Natur und sitzen am ehesten in Schulter, Nacken, Hals, aber auch im Stirnbereich. Kontrollieren Sie diese Muskeln, und lösen Sie die Blockaden auf. Als hilfreich hat sich dabei erwiesen, die schon angespannten Muskeln für etwa zehn Sekunden bewußt und verstärkt anzuspannen, dann lockernde Bewegungen durchzuführen und den Kopf auf und ab sowie nach links und rechts zu bewegen. Haben Sie sich so von Ihren Spannungen befreit, horchen Sie wieder in sich hinein, und halten Sie den Ton nun fest. Er sollte sich nun verstärken und immer deutlicher hervortreten.

Üben Sie das Aktivieren einige Wochen lang, dann können Sie den Ton auch bei Lärm und Streß, wann immer Sie wollen, hören. Sie verfügen mit ihm über ein natürliches Feedbacksystem, das Ihnen immer und in jeder Situation zur Verfügung steht. So haben Sie auch immer die Möglichkeit zu kontrollieren, in welchem Zustand Sie sich gerade befinden, und können, wenn Sie den Ton einmal nicht hören, davon ausgehen, daß Sie unter Spannung stehen. Kontrollieren Sie öfter am Tag, ob Sie Ihren inneren Ton finden können, so erlangen Sie in kurzer Zeit die neue Fähigkeit, die innere Ruhe und Gelassenheit sofort und willentlich herzustellen. Dies kann nun auch für Sie die Basis sein, von der aus Sie in eine Selbsthypnose oder Meditation gleiten können. In diesem Fall hören Sie auf Ihren inneren Ton, lassen ihn lauter werden, und beginnen Sie wieder mit Ihren Selbstsuggestionen, wie auf Seite 175 im Kopfrezept Nr. 13 beschrieben. Dabei achten Sie aber darauf, daß auch während der Zeit, in der Sie sich Ihre Suggestionen und Vertiefungsformeln einflüstern, der Ton ständig hörbar bleibt und sogar intensiver wird. Dies ist eine gute Basis für das Gelingen Ihrer Selbsthypnose oder Meditation.

Ein anderer Weg, die Selbsthypnose einzuleiten, ist, sich eine Suggestionskassette mit einem ähnlichen Text wie dem nachfolgenden herzustellen und diesen dann bei gleichzeitigem Hören des inneren Tons abzuspielen.

Textbeispiel für eine Kassette

„Ich lege mich nun ganz entspannt und locker hin. Die Beine nebeneinander, die Arme neben dem Körper, und konzentriere mich auf den inneren Ton. Nun atme ich ganz gleichmäßig und ruhig ein und aus. Mit jedem meiner Atemzüge entspannt sich der ganze Körper immer mehr und mehr. Ich konzentriere mich nun auf meine rechte Hand. Meine rechte Hand wird ganz entspannt und schwer. Mein rechter Arm wird ganz entspannt und schwer. Nun konzentriere ich mich auf meinen rechten Fuß. Mein rechter Fuß wird ganz entspannt und schwer. Mein rechtes Bein wird ganz entspannt und schwer. Nun konzentriere ich mich auf meine linke Hand. Meine linke Hand ist ganz schwer und entspannt. Der linke Arm wird ganz schwer, ganz locker und ganz entspannt. Immer mehr spüre ich, wie ich mit jedem Atemzug ruhiger und entspannter werde. Immer weiter konzentriere ich mich auf den inneren Ton, und ruhiger wird der Atem. Mein entspannter Körper erscheint mir immer schwerer und schwerer. Nun konzentriere ich mich auf meinen linken Fuß und auf mein linkes

Bein. Der linke Fuß und das linke Bein sind ganz schwer und ganz entspannt. Nun konzentriere ich mich auf meinen Kopf und auf mein Gesicht. Es entspannen sich die Stirn, die Nase, die Wangen, der Mund, der Kiefer, der Hals, die Kopfhaut entspannt sich, gleichmäßig ist der Atem. Angenehme Schwere, angenehme Entspannung im Kopf. Ich spüre die Müdigkeit in den Augen. Die Konzentration auf den Ton hält an. Wenn ich in einen Zustand der Hypnose hinabsinke, dann schließen sich ganz von selbst meine Augen, und ich sinke tiefer und tiefer, und alles um mich herum entfernt sich aus meiner bewußten Wahrnehmung. Nun entspannt sich der Rücken. Alle Muskeln im Nacken- und Schulterbereich werden ganz locker und entspannt. Der ganze Rücken wird ganz entspannt und locker. Der Brustkorb hebt und senkt sich locker und entspannt. Der ganze Oberkörper wird immer entspannter und lockerer. Nun entspannt sich mein Unterkörper. Es entspannt sich der Bauchraum, es entspannt sich der gesamte Hüft- und Beckenbereich, und es entspannt sich das Gesäß. Alle Muskeln im Unterkörper sind locker und ganz entspannt. Strömende Wärme durchflutet meinen Körper. Schwere und Müdigkeit spüre ich in meinem Körper. Sie breiten sich aus und erfüllen mich ganz. Gleichmäßig der Atem. Müdigkeit und Ruhe. Nichts, was stört, bleibt bestehen. Ich spüre die Entspannung in meinem Körper, angenehme Ruhe und Schwere, die immer intensiver spürbar werden. Loslassen kann ich alles, geschehen lassen, abwarten, was geschieht, wenn ich loslasse, ohne Druck, ohne Anspannung. Ohne Erfolgszwang liege ich da und lasse geschehen, was von selbst geschieht, nur ruhig und gleichmäßig atmend, und immer fixiere ich weiter den inneren Ton. Gleichmäßiger Atem, gleichmäßiger Herzschlag, alle Blutgefäße öffnen sich, das Blut strömt durch meinen Körper warm und kräftig. Allmählich öffnet sich mir das Tor des Unbewußten. Allmählich spüre ich, wie eine Veränderung in mir stattfindet, die mich in einen tiefen Zustand der Hypnose hineinträgt. Immer weiter fixiere ich den inneren Ton, und wenn der Zustand der Hypnose erreicht ist, so fallen mir die Augen zu und bleiben geschlossen. Wenn dies eingetreten ist, bin ich in einem Zustand der Hypnose, in dem alle meine positiven Suggestionen sich in meinem Körper sofort und genau umsetzen werden ..." (Persönliche eigene Suggestionen einfügen, ein Beispiel dafür wäre: „In diesem Zustand der Hypnose regeneriert sich mein ganzer Körper, es regenerieren sich alle Organe, der ganze Körper wird gut durchblutet, ich sammle neue Kraft und Energien für meinen

Körper, und wenn ich dann aufwache, bin ich frisch, voll Tatendrang, ich fühle mich wohl, regeneriert und erholt.") Nach den Suggestionen: „Alle meine Suggestionen, alle meinen positiven Suggestionen, prägen sich ganz tief und fest in mein Unbewußtes ein. Ganz langsam kehre ich nun wieder zurück in meinen Alltag, zurück in meine gewohnte Tagesverfassung, zurück in mein Leben und nehme die Entspannung, nehme die Erholung, nehme die Regeneration aus diesem tiefen Zustand mit in meinen Alltag. Ganz langsam beginne ich nun wieder, tiefer und bewußter zu atmen. Ich spüre die Kraft aus dieser Hypnose, ich spüre, wie sich mein ganzer Körper erholt und regeneriert hat, allmählich habe ich wieder Freude daran, aufzuwachen, zurückzukommen, aktiv zu werden und bereit zu sein für alles, was kommt. Ich spanne nun alle meine Muskeln in meinem Körper an, balle meine Hände zu Fäusten und spüre die Kraft in mir, die Freude, wieder aufzuwachen. Der Atem wird noch tiefer, immer tiefer, und nun öffne ich meine Augen. Ich fühle mich erholt und frisch, wohl und regeneriert, voll Tatendrang, voll Energie, voll neuem Optimismus und Freude, es geht mir gut, ich bin wieder ganz wach und frisch im Hier und Jetzt."

Diesen Text sollten Sie nicht mit Musik unterlegen, da Musik das Hören des inneren Tons stören kann. Achten Sie darauf, daß Sie beim Abhören des Bandes ungestört sind. Stellen Sie sich einen Wecker, falls Sie einschlafen sollten, und suchen Sie sich einen bequemen Ort für diese Übung aus. Achten Sie weiters darauf, daß Sie beengende oder störende Kleidungsstücke lockern oder ablegen.

Die subliminale Methode

Die ersten Untersuchungen zur subliminalen Kommunikation gehen auf das Jahr 1863 zurück. In dieser Untersuchung konnte Suslowa eine Schwellendiskriminierung hinsichtlich elektrischer subliminaler Stimulation nachweisen. 1957 erschien in den USA Vance Packards Werk „Die heimlichen Verführer"[1], das in den 60er Jahren auf der Pflichtlektürenliste fast aller amerikanischen Hochschulen stand.

In den 50er Jahren berichtete ein Kinobesitzer aus New Jersey, er habe während der Vorführung des Films „Picnic" stroboskopartige Subliminals (*stroboskop* = griechisch für „Wirbel") auf die Leinwand projiziert. Nach seinen Angaben brachte das Einblenden der Aufforderung „Trink Coca-Cola" über das Gesicht der Filmschauspielerin Kim Novak während sechs Wochen einen Anstieg seines Coca-Cola-Umsatzes um sagenhafte 58%. Im Jahr 1980 installierte die McDonagh-Klinik in Gladstone, Missouri, einen Subliminalprozessor, der gesprochene Worte so mit Musik zusammenmischte, daß sie nicht mehr bewußt wahrnehmbar waren. Aus einem Bericht ging hervor, daß die Subliminalanwendung zu einer deutlichen Reduzierung von Angstzuständen bei den Patienten führte.

In unserem Institut wurde nach langer Prüfung die Subliminalmethode als wertvolle Bereicherung des Mentaltrainings eingesetzt. Seit 1987 wurden weltweit schätzungsweise über 250 Millionen Subliminal-Tonkassetten verkauft. Viele erreichten nicht ihr Ziel, nämlich unterschwellig Suggestionen an den Hörer weiterzuleiten und ihn zu Reaktionen zu veranlassen. Lange Tests zeigten uns, daß die Suggestionen sehr oft zu leise, verstümmelt oder gar verschwunden waren. Messungen mit Biofeedbackgeräten, EEG, Potentialmessungen, EMG, Hauttemperatur, EKG und HGR (hautgalvanischer Reiz) zeigten uns aber, daß es sehr wohl möglich ist, subliminale Suggestionen so zu

---

[1] Packard, V.: *Die heimlichen Verführer.* Düsseldorf: Econ 1958.

verpacken, daß sie vom Benützer der Kassette „gehört" werden, aber auf einer unbewußten Ebene.

Lloyd Silverman, eine der herausragendsten Persönlichkeiten auf dem Gebiet der subliminalen Kommunikationsforschung, berichtete über seine symbiotischen Phantasien. Suggestionen wie: *„Mami* und ich sind eins" oder „Es ist o.k., besser als *Papa* zu sein" besitzen ein nachweisbares Erfolgspotential, das fast an ein Wunder grenzt. In vielen Bereichen, von der Lernfähigkeit bis hin zu sportlicher Höchstleistung, konnten durch den Einsatz dieser subliminalen „Metaprogrammierungs-Formel" deutliche Verbesserungen erzielt werden. Doch warum ist dies möglich? Aus psychologischer Sicht weiß man, daß vereinigende Phantasien (symbiotische Phantasien) unter Verwendung von Archetypen das adaptive Verhalten verbessern. Silvermans *Mami-Nachricht* wurde aber erst in psychologischen Fachzeitschriften (USA) diskutiert, nachdem sie bei Gewichtsreduzierung erfolgreich eingesetzt wurde. Danach wandten Silverman und seine Mitarbeiterin Rose Bryant-Tukkett das *Mami-Subliminal* bei einer Gruppe gefühlsgestörter Kinder in einer New Yorker Schule an. Mit dem Ergebnis, daß die Kinder, die mit der Subliminal-Formel behandelt wurden, weit bessere Lernresultate erzielten als die Kontrollgruppe. Ähnliche Ergebnisse zeigten Forschungsuntersuchungen an Jurastudenten. Tests einer Studie in Israel brachten die gleichen positiven Ergebnisse, was darauf hinweist, daß die Wirkung der Archetypen *Mami-Formel* kulturübergreifend ist.

Biofeedbackmessungen zeigten uns in weiterer Folge, daß das Schlüsselwort in der *Mami-Nachricht* neben dem Wort „Mami" aber vor allem „eins" (Einheit mit der guten Mutterfigur der Kindheit) ist. Die Kraft dieser Subliminals scheint also wesentlich auf der Metapher der Einheit zu basieren. Als weitere Subliminals mit gutem Ergebnis gelten: „Ich bin gut", „Ich bin ruhig", „Ich bin entspannt", „Ich erschaffe meine Zukunft selbst", „Ich bin zuversichtlich", „Ich kann alles erreichen", „Es ist o.k., besser als Papa zu sein". Aber als stärkste Formel hat sich die *Mami-Formel* erwiesen.

Unsere Idee war es, Suggestionen so mit Musik und Tönen zu mischen, die richtige Lautstärke für den einzelnen so einzustellen, daß wir zwar keine bewußten Reaktionen, aber eine vorprogrammierte unbewußte Reaktion messen konnten. Reizwörter werden also so lange eingespielt, bis wir richtige Reaktionen auf unseren Meßgeräten erhalten. Dann wissen wir, daß die Einstellung für den jeweiligen Benützer der Kassette richtig ist. Jede einzelne Person muß persönlich ausgemessen werden. Erst dann beginnt die Produktion der subliminalen Kassette, die, je nach Suggestion, auch beim Autofahren als „reine" Musik gehört werden kann. Durch dieses Verfahren wurde die Subliminaltechnik ein wertvolles Hilfsmittel im Bereich unseres Mentaltrainings. Subliminalkassetten und Subliminal-Computerprogramme werden von uns, unter bestimmten Bedingungen, auch zur Einprägung eines hypnotischen Schlüsselwortes und zur Vorbereitung der Selbsthypnose verwendet.

Psycho-Neuro-Immunologie
oder Wie es der Psyche gelingt, uns krank
oder gesund zu machen

Die Psycho-Neuro-Immunologie erforscht den Zusammenhang zwischen Gedanken, Gefühlen, dem Verhalten des Menschen und seinem Immunsystem. Ihre Ergebnisse bestätigen im molekularen Bereich den alten Grundsatz: „Wir sind das, was wir denken, der Geist ist der Baumeister." Ein Grundsatz, der uns schon das ganze Buch lang begleitet und der bis zum Ende dieses Buches eigentlich der wichtigste Gedanke sein sollte. Es gibt die Heilung aus dem Gehirn, die immer mit der Veränderung des psychogenen Hirnfeldes einhergeht.

**Kopfrezept Nr. 19:
Sind Sie depressiv?**

Sie können es für sich oder nahe Freunde herausfinden, wenn Sie die folgende Liste benutzen, die von der John-Hopkins-Universität in den USA entwickelt wurde. Sie soll als Hilfe zur Feststellung depressiver Stimmungen dienen.

Auf der linken Seite stehen die 11 wichtigsten Symptome der Depression. Schätzen Sie sich selbst (oder einen anderen) ein, wie stark das Symptom sich zeigt. Entscheiden Sie sich immer für eine der vier Bezeichnungen „gar nicht" (0 Punkte), „manchmal" (1 Punkt), „ziemlich oft" (2 Punkte) oder „sehr oft" (3 Punkte).

Die John-Hopkins-Depressions-Skala

Bewertung:	gar nicht:	0 Punkte
	manchmal:	1 Punkt
	ziemlich oft:	2 Punkte
	sehr oft:	3 Punkte

	Punkte
Verlust des sexuellen Interesses	–
Selbstmordgedanken	–
Schlechter Appetit	–
Neigung, leicht zu weinen	–
Das Gefühl, in der Falle oder gefangen zu sein	–
Schuldgefühle	–
Gefühl der Einsamkeit	–
Trauer	–
Sich Sorgen machen oder grübeln	–
Interesselosigkeit	–
Hoffnungslosigkeit	–

Gesamt: _____

Auswertung
Zählen Sie Ihre Punkte zusammen, und dividieren Sie die Summe durch 11. Das Ergebnis soll Ihnen einen Hinweis auf den Grad der depressiven Neigung geben. Das durchschnittliche Ergebnis bei sogenannten normalen Personen beträgt 0,4. Wenn der erreichte Wert über 0,7 liegt, sollte etwas unternommen werden. Allerdings kann es sein, daß dieses Ergebnis nur an einem bestimmten Tag aufgrund momentaner Depression oder schlechter Laune entsteht. Das ist noch kein Grund zur Beunruhigung. Zieht sich dieser Zustand allerdings über mehrere Wochen hin, sollte professionelle Hilfe in Anspruch genommen werden.

Die Psycho-Neuro-Immunologie ist wie das Biofeedback und die Biokybernetik ein Fachgebiet, das bisher streng getrennte Fachrichtungen zusammenführt. Was haben Gedanken, Gefühle und unser Verhalten mit dem Immunsystem, dem Wächter über Krankheit und Gesundheit, zu tun? Noch vor wenigen Jahren hatte diese Frage nur negative Reaktionen der meisten Mediziner herausgefordert.

Eine Wende in dieser starren Betrachtungsweise kam interessanterweise aus dem Weltall. Bei einer Apollo-Mission hatte eine Explosion an Bord der Kapsel die Rückkehr der Astronauten zur Erde gefährdet. Extremer Streß wirkte auf die Besatzung ein. Bei einer Untersuchung nach der Landung der Astronauten konnten die NASA-Ärzte eine signifikante Verminderung der

Immunzellen feststellen. Zwei der drei Raumfahrer entwickelten aufgrund des geschwächten Immunsystems eine Grippe, die Widerstandskraft war stark abgesunken. Sollte die lebensbedrohliche Situation, sollte der Streß den Abwehrzellen zugesetzt haben? Sollte das Immunsystem nicht absolut autonom sein, war Einflußnahme möglich? Diese Fragen stellten sich die NASA-Forscher. Ende der 70er Jahre kam schließlich der endgültige Beweis. Der Psychologe Robert Ader von der Universität Rochester, New York, konnte in Tierversuchen den Nachweis erbringen, daß fortdauernde psychische Belastung und Streß für das Immunsystem abträglich waren. Er bewies: Das Immunsystem ist konditionierbar, es wird vom Gehirn beeinflußt. Der Mythos von der Autonomie des Immunsystems war endgültig dahin. Dies war die Geburtsstunde der Psycho-Neuro-Immunologie.

Wie beeinflußt unser nichtmaterielles Bewußtsein die biologisch-materiellen Prozesse? Die herkömmliche Medizin konnte hier keine Antwort geben. Die neue Forschungsrichtung brachte die ersten Antworten: Was immer im Gehirn vor sich geht, wird auch im Immunsystem wahrgenommen. Ob wir gestreßt, überfordert, verzweifelt oder depressiv sind, ob wir uns wohl

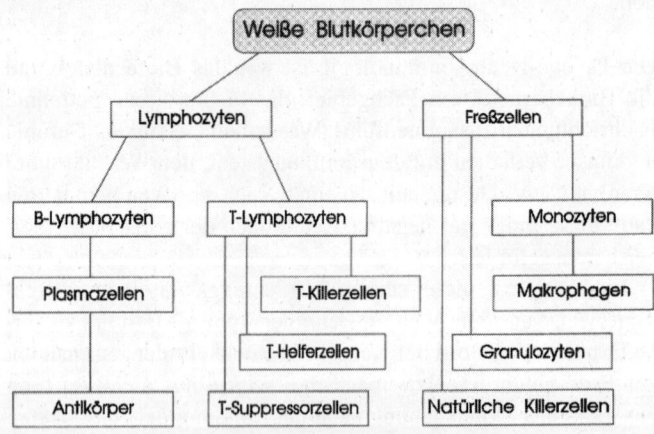

Vereinfachtes Schema des Immunsystems

fühlen und das Leben genießen – die Immunzellen reagieren. Die Informationsvermittlung erfolgt dabei über winzige Botenstoffe, über Neurotransmitter und Peptide.

Erst 1969 wurde das erste Hirnhormon aus dem Hypothalamus isoliert, einem beim Menschen erbsengroßen Bereich des Zwischenhirns. Danach zeigten Forschungsergebnisse Punkt für Punkt, daß der Hypothalamus fast sämtliche Hormondrüsen direkt oder indirekt kontrolliert. Mit dieser Erkenntnis wurde auch eine Verbindung zwischen Hirn und Abwehr plausibel. Denn Hormone können dem Immunsystem Befehle des Gehirns vermitteln. Tatsächlich wirken fast alle bis jetzt geprüften Hormone auf Immunzellen: So hemmt Adrenalin (verantwortlich für sympathische Reaktion) die B-Zellen (sind die Hauptakteure bei der Immunantwort, sie produzieren Antikörper) bei der Produktion von Antikörpern. Acetylcholin (verantwortlich für parasympathische Reaktion) dagegen bringt diese „Rüstungsfabriken" des Immunsystems erst richtig auf Touren. Auch Insulin- und Wachstumshormone scheinen die Mobilisierung der B- und T-Zellen (für die Zerstörung virusinfizierter Zellen und für die Aktivierung der Abwehrzellen zuständig) bei einem Angriff von Bakterien oder Viren zu stimulieren.

Etliche Sexualhormone indes unterdrücken die Immunantwort: Ein höherer Progesteron-Spiegel etwa dämpft während der Schwangerschaft das Immunsystem der Mutter, wodurch der Embryo – immunologisch ein „fremdes" Gewebe – weniger leicht abgestoßen wird. Und bei Streß schüttet die Nebennierenrinde Hormone aus. Diese Glukokortikoide – etwa das Kortisol – hemmen die Immunreaktion. Die großen Freßzellen schlaffen ab, und die T-Helfer-Zellen, die „Funker" des Systems, schütten geringere Mengen bestimmter Lymphokine aus – Botenstoffe, die B-Zellen zur Reizung stimulieren.

Hormone sind, wie schon gesagt, freilich nicht die einzigen Substanzen, durch die das Immunsystem erfährt, was im Gehirn passiert. Die Membranen von Immunzellen enthalten auch Rezeptoren – Ankerplätze – für die sogenannten Neuropeptide. Diese Botenstoffklasse wurde erst in den 70er Jahren im Nervensystem entdeckt. Darüber hinaus vermuten Wissenschaftler seit kurzem, daß vegetative Nerven, die vom Gehirn zu den

Lymphorganen ziehen, in die Reifung und Teilung von B- und T-Zellen eingreifen.

Das Prinzip ist also denkbar einfach: Unser Immunsystem ist glücklich, wenn wir glücklich sind, und ist deprimiert und traurig, wenn wir deprimiert und traurig sind. Unser Denken, unser Fühlen wirkt sich direkt auf unseren Gesundheitszustand aus. Doch die Informationen fließen nicht nur in die eine Richtung Gehirn-Immunsystem, sondern wie wir heute wissen, gibt es auch die Gegenwirkung Richtung Immunsystem-Gehirn. Denn Gehirn und Immunsystem sprechen die gleiche molekulare Sprache. Sie informieren sich ständig gegenseitig. Nicht nur das Gehirn, sondern auch die Immunzellen, die Organe, wie der Darm, der Magen und die Niere, setzen Botenstoffe frei, die unser Fühlen und unser Denken beeinflussen. Im ganzen Körper entstehen Informationsstoffe, die man bisher nur im Gehirn vermutete.

Die Ganzheitlichkeit nimmt konkrete Formen an, über Neurotransmitter und Peptide ist alles, wirklich alles, mit allem verbunden. Der Körper beeinflußt also das Denken, das Denken beeinflußt den Körper. Fasziniert von solchen Zusammenhängen stürzten sich viele Mediziner und Biologen auf das neue Forschungsgebiet, z.B. die Amerikanerin Candace Pert, einst Mitentdeckerin der Wirkung von körpereigenen Opiaten. Sie beschäftigt sich jetzt mit der Wirkung von Neuropeptiden auf Immunzellen und ist überzeugt, daß Emotionen die Aktivität des Immunsystems wesentlich stärker regulieren, als Wissenschaftler sich bislang träumen ließen. Candace Pert spricht in diesem Zusammenhang von „Body-mind" (Körper-Geist).

Gesundheit beginnt im Kopf

Ein Tierversuch macht deutlich, wie verheerend Angst und Furcht sich auf das Immunsystem auswirken. Er ist 1985 gemacht worden: Drei Stunden lang wurden Versuchstiere mit einer völlig harmlosen Kampferwolke bestäubt. Kampfer riecht auffällig; er wird nicht gerade als angenehm empfunden, doch er löst im Körper keinerlei Reaktion aus. Das bestätigte sich bei den Tieren im Test: Es gab keinerlei Veränderungen in den Abwehrmechanismen, keine Erhöhung der weißen Blutkörperchen oder sonst etwas Auffälliges. Nun wiederholte man den Vorgang, setzte dem Kampfer aber ein Medikament bei, von dem man weiß, daß es die Bildung der sogenannten „Killerzellen" anregt. Die Versuchstiere reagierten wie erwartet. Ihr Abwehrsystem registrierte: Großalarm. Die Zahl der weißen Blutkörperchen schnellte in die Höhe. Diesen Versuch wiederholte man in regelmäßigen Abständen achtmal. Die Tiere wurden dabei also stets mit einer Kampferwolke plus Medikament bestäubt. Und immer reagierten sie völlig normal mit einer sofortigen „Aufrüstung" der Abwehrkräfte. Nun erfolgte in der Versuchsanordnung der letzte und entscheidende Schritt: Bei den erneuten Bestäubungen ließ man das Medikament wieder weg und setzte die Tiere ausschließlich dem vollkommen harmlosen Kampfer aus. Nun hätte also ihr Organismus registrieren müssen: kein Medikament, also auch keine Gefahr. Doch weit gefehlt. Die Tiere schnupperten das Kampfergas – und ihr Organismus erinnerte sich ganz offensichtlich sofort daran: Die letzten Male bedeutete dieser Geruch Gefahr. Also handelte der Organismus von jetzt an völlig falsch und produzierte grundlos Killerzellen; immer wieder, sobald der typische Kampfergeruch wahrgenommen wurde.

In der Tat eine ganz wichtige Beobachtung, denn aus ihr geht eindeutig hervor – und viele ähnliche Versuche haben das inzwischen bestätigt: Das Immunsystem funktioniert doch nicht so autonom, wie früher angenommen wurde, sondern es reagiert auf Signale, die es empfängt – es läßt sich konditionieren. Signale über die Sinnesorgane – aber auch Signale von Gemütsregungen, Signale auch von jedem noch so kurzen Gedankenblitz.

Krebs und Immunsystem

Wie ausschlaggebend die Rolle des Immunsystems ist, unterstreicht der amerikanische Arzt Ronald Glaser mit folgendem Beispiel: Einem Patienten wurde eine Niere transplantiert, die (was den Ärzten entgangen war) eine kleine Krebsgeschwulst enthalten haben muß. Nach der Operation wurde das Immunsystem des Patienten, wie bei einer Transplantation üblich, durch immunsuppressive Medikamente geschwächt, um so eine akute Abstoßungsreaktion zu verhindern. Nach wenigen Tagen zeigte sich röntgenologisch eine deutliche Vergrößerung der transplantierten Niere, wobei anfangs eine Abstoßungsreaktion vermutet wurde. Aber die Niere arbeitete einwandfrei, und so ließen die Ärzte die Angelegenheit erst einmal auf sich beruhen. Wenige Tage später wurden bei einer Röntgenaufnahme Tumore in beiden Lungenflügeln entdeckt. Da die präoperativen Bilder völlig unauffällig gewesen waren, mußten sich diese Tumore in den wenigen Tagen seit der Operation entwickelt haben. Bei einer Notoperation fand man den oberen Pol der transplantierten Niere massiv vergrößert; eine Biopsie zeigte sie voller maligner Zellen. Krebs! Die Ärzte schlossen daraus, daß es sich bei den Lungentumoren um Metastasen handeln mußte, die sich bei dem unterdrückten Immunsystem rasend schnell gebildet hatten. Um das Leben des Patienten zu retten, wurden die immunsuppressiven Medikamente abgesetzt. Innerhalb von Tagen kam es zur wundersamen Heilung: Die Lungenmetastasen verschwanden. Aber jetzt attackierte das Immunsystem auch die transplantierte Niere. Sie begann zu schrumpfen und gab – Opfer der Abstoßungsreaktion – ihre Arbeit schließlich auf, so daß sie wieder operativ entfernt werden mußte. Der Patient kam zurück an die Dialyse, war und blieb jedoch krebsfrei.

Daß das mentale Heilen, das Stärken des Immunsystems ein schon altes Wissen enthält, erfuhr ich 1979 während eines längeren Aufenthaltes in Südwestafrika (Namibia), wo ich die Gelegenheit hatte, Heilungsriten zu beobachten. Heilen ist für die Buschmänner mehr als bloßes Kurieren, mehr als nur die Verabreichung von Medizin. Ihr Heilen will Gesundheit, Wachstum und Harmonie (meßbar durch die Harmonie des psychogenen Feldes) wiederherstellen, und zwar auf körperlicher, psychischer, gesellschaftlicher und spiritueller Ebene. Das bedeutet Arbeit am Individuum, an der Gruppe, an den Menschen der Umgebung. Diese Heilung – zentral verbunden mit dem Heiltanz – steht jedem offen und findet in aller Öffentlichkeit statt. Es ist ein ständig wiederkehrendes, öffentliches Ereignis, in das alle einbezogen werden: Heilung am Ganzen, Aussöhnung mit dem Ganzen. Diese Heiltradition, bei der die Heiler in einen erweiterten Bewußtseinszustand gleiten, geht wahrscheinlich auf eine steinzeitliche Tradition des Heilens zurück. Felsmalereien, die in Südafrika gefunden wurden, stellen unter anderem einen Heiltanz dar. Heute beginnen die alten Kulturen in den Hintergrund zu treten. Ob die nächsten Generationen die Heilungsriten noch in dieser (ursprünglichen) Weise durchführen, wage ich zu bezweifeln. Die Kulturen beginnen sich auch in Südafrika zu vermischen.

Vorbeugen – besser als heilen

Statistische Erhebungen zeigten: Wer aufgrund seiner „Familien(kranken)geschichte" (also seiner Gene) ein erhöhtes Risiko hat, etwa an Krebs oder Polyarthritis zu erkranken, ist mit einer gestärkten Psyche und mit Streßresistenz seinem biologischen Erbe nicht so ausgeliefert wie psychisch labile Personen. Als vorbeugende Maßnahme ist die Stärkung der Psyche also unbedingt zu empfehlen!

Kopfrezept Nr. 20:
Stärkung des Immunsystems

Nun liegt es nahe, dieses Wissen um die Psycho-Neuro-Immunologie für uns richtig einzusetzen. Welche Gedanken, Einstellungen und Gefühle stärken das Immunsystem, was hält uns gesund und was macht uns krank? Eine Untersuchung an der Stanford-Universität, die diese Frage klären sollte, brachte folgendes zutage:

Die wichtigsten Faktoren bei der Stärkung des Immunsystems sind

- Freude
- gute soziale Kontakte
- Humor (Lachen Sie öfter! Sehen Sie sich lustige Filme oder Theaterstücke an, denn beim Lachen werden Endorphine produziert.)

- Entspannungstraining, um streßresistent zu werden
- die Fähigkeit zu visualisieren
- Liebe und Zuneigung
- optimistische Einstellung, Ausgleich des psychogenen Hirnfeldes
- die Fähigkeit, Gefühle auszudrücken
- Schwierigkeiten nicht als Belastung, sondern als Herausforderung zu sehen
- im Krankheitsfall sollte Ihre Einstellung voll Hoffnung und voll positiver Erwartung sein.

Es hat sich gezeigt, daß Kranke, die sich nicht nur als „Opfer" sehen, sondern ihre Krankheit als Herausforderung annehmen und ihre Gefühle – sei es Wut, Angst, Verzweiflung, sei es Optimismus – nicht verbergen, mit ihrer Krankheit besser fertig werden. Wer dagegen als Kranker kontrolliert, angepaßt und selbstlos reagiert, wer seine Gefühle in sich hineinfrißt, ist vielleicht in den Augen der Ärzte ein besserer Patient, doch seiner Genesung steht dieses Verhalten mehr im Weg, als es nützt. Wer überzeugt ist, auf seinen Körper und seine Gesundheit Einfluß nehmen zu können, legt den Grundstein dafür, daß diese Überzeugung Wirklichkeit wird. Biofeedbacktraining hilft dabei, denn man sieht seinen Einfluß auf den Körper.

Der Harvard-Psychologe David McClelland führte in einem Versuch Studenten zwei Filme vor; einen, bei dem die Studenten ergriffen waren, und einen zweiten voller brutaler Szenen. Die Untersuchung des Immunsystems ergab, daß Immunglobulin A (IgA), ein für die Infektabwehr in den Atemwegen verantwortlicher Antikörper, sich bei dem ersten Film erhöhte. Der Film mit den brutalen Szenen führte hingegen zu einer Verminderung der IgA-Antikörper. Ein drastisches Beispiel für die feine Reaktion unseres Geist-Körper-Systems.

Doch die krankmachenden und schwächenden Szenen sehen zumeist anders aus: Wer die Hoffnung aufgegeben hat und im Leben keinen Sinn mehr sieht, wer pessimistisch-depressiv ist, wer sich leicht gestreßt und überfordert fühlt, setzt dem eigenen Immunsystem drastisch zu. Aber auch quälende Einsamkeit und Isolation bekommen dem Immunsystem schlecht. So ist gemeinhin bekannt, daß besonders Witwer im ersten Jahr nach dem Tod ihrer Frau häufig selbst krank werden. Genauere Untersuchungen zeigen: Die Immunzellen von solchen Witwern sind deutlich geschwächt. Was die Forschung der Psycho-Neuro-Immunologie eines Tages für die Heilung kranker Menschen bedeuten wird, zeichnet sich erst schemenhaft ab.

Wie immer Sie denken, Ihre Gedanken formen Ihre Persönlichkeit und stimulieren ständig Ihr Immunsystem. Die leichteste Art, sich selbst zu schaden, ist negatives Denken. Wenn wir aber positiv denken, helfen wir uns selbst.

Kopfrezept Nr. 21:
Denktyp-Test

Dieser Test zeigt Ihnen, was für ein Denktyp Sie sind. Beantworten Sie jede Frage mit Ja oder Nein.

1 Ist der Kontakt zu Ihren Mitmenschen herzlich, freundlich, lieben Sie Gemeinsamkeiten? **Ja** **Nein**

2 Sind Sie oft begeistert? **Ja** **Nein**

3 Sind Sie gerne jemandem behilflich? **Ja** **Nein**

4 Bitten Sie öfter Ihre Mitmenschen um Rat? **Ja** **Nein**

5 Sagen Sie öfter ja als nein? **Ja** **Nein**

6 Interessieren Sie sich mehr für das, was um Sie herum geschieht, als für Ihre eigenen Sorgen und Gefühle?
Ja **Nein**

7 Würden Sie bei Problemen, Sorgen, bei Enttäuschungen eher sagen:
„Es macht nichts, das Leben geht weiter." („Ja") oder:
„Ich muß weiter hart an mir arbeiten." („Nein")
Ja **Nein**

8 Suchen Sie bei einem Mißerfolg die Schuld bei sich („Ja") oder bei den Umständen und bei anderen („Nein")?
Ja **Nein**

9 Vergeben Sie schnell („Ja") oder sind Sie nachtragend („Nein")?
Ja   Nein

10 Würden Sie lieber wegen Ihres gesunden Menschenverstandes bewundert werden als wegen Ihrer aufrechten Gesinnung?
Ja   Nein

11 Würden Sie leicht auf einen guten Kompromiß eingehen?
Ja   Nein

12 Planen Sie lieber langfristig, auch wenn es unbequemer ist?
Ja   Nein

13 Können Sie auch mit Leuten zusammenarbeiten, die Sie nicht mögen?
Ja   Nein

14 Können Sie zwischen konstruktiver und destruktiver Kritik unterscheiden?
Ja   Nein

15 Merken Sie, wenn andere Sie heimlich manipulieren wollen?
Ja   Nein

16 Merken Sie, wenn andere Ihnen schmeicheln, und freut Sie das?
Ja   Nein

17 Gehen Sie Probleme ruhig und systematisch an und nehmen Sie sich dabei ausreichend Zeit?
Ja   Nein

18 Sind Entscheidungen auf die Dauer besser als der Weg des geringsten Widerstandes?
Ja   Nein

19 Wäre es besser, Ideen und Gedanken, die aus Ärger entstehen, weniger zu beachten und lieber neue zu fassen?
Ja   Nein

20 Würden Sie sagen, daß irgend etwas mit Ihnen nicht stimmt, wenn plötzlich alle Leute Ihrer Meinung sind?
Ja   Nein

Auswertung
Für jedes Ja zählen Sie 5 Punkte. 70 Punkte und darüber ist gut, 50–60 ist befriedigend, unter 50 ist kritisch.

Positiv zu sein bedeutet auch, realistisch zu sein. Es bedeutet, den Menschen so zu sehen und vor allem so zu akzeptieren, wie er ist.

Kopfrezept Nr. 22:
Natürliches Hirndoping

Es gibt Pflanzen, die als bewährte natürliche Mittel zur Verbesserung der Leistungsfähigkeit und zur Harmonisierung und Gesunderhaltung des Gehirns wesentlich beitragen können. Hier einige Beispiele:

Name	Botanik	Vorkommen	Wirkstoffe
Damiana	Turnera diffusa	Amerika	ätherisches Öl
Ginseng	Panax ginseng	Südostasien	Ginsensoside, Hormone, Enzyme
Taigawurzel	Eleuterococcus	Ostasien	Eleutheroside (Glycoside)
Tang Shen	Codonapsis Lanceolata	China	Saponine, Alkaloide
Peyote	Lophophora	Mexiko	Phenethylamine
Muira-Puama	Liriosma ovata	Amerika	Harze, Bitterstoffe
Vanille	Vanilla planifolia	Mexiko	ätherisches Öl
Kakao	Theobroma cacao	Mexiko	Phenethylamine, Theobromin, Coffein
Kava-Kava	Piper methysticum	Ozeanien	Pyrone
Ginkgo	Ginkgo biloba	Ostasien	Phenole

Heilung – aus ganzheitlicher Sicht

Der Medizin wird vorgeworfen, daß sie es sich zu leicht macht, wenn sie bei ihrer Heilungsweise nur das Stoffliche sieht. Aber auch der Alternativmedizin kann man vorwerfen, daß sie einen zu engen Blickwinkel hat: Auch sie reduziert zumeist das Ganze auf einen Teil. Oft berücksichtigt sie nur psychologische oder spirituelle Kräfte und vernachlässigt das Materielle.

Krankheit ist jedoch ein multifaktorielles Geschehen, bei dem auch Vererbung, Umwelt, körperliche Bewegung und natürlich die Ernährung ein wichtiges Wort mitzureden haben. Die Psyche kann in den Grenzen, die ihr durch die Art und

Schwere einer Krankheit gezogen sind, eine schnelle Heilung, einen günstigen Krankheitsverlauf, eine längere Überlebenszeit, eine bessere Lebensqualität und in manchen Fällen auch eine Spontanheilung bewirken. Dabei gelten natürlich für Kopfschmerzen andere Gesetze wie für Krebs, Aids oder Herzinfarkt. Die besten Aussichten auf Heilung haben die, die ein Problem ganzheitlich angehen, vom Körper *und* von der Psyche her. Eine gezielte medizinische Diagnose und Arbeit sollte Hand in Hand mit einer Stärkung der Psyche einhergehen (siehe auch Buchabschnitt: Das psychogene Feld, Seite 21 f.). Aus unserer Sicht der Dinge wäre dies ein „ganzheitliches" Vorgehen, was unserem derzeitigen Wissen vom Menschen entspräche.

Teil B
Biokybernetik
im Management

Abschnitt 1
Wirklichkeit – Wahrnehmen – Erkennen

> Wer andere erkennt, ist gelehrt.
> Wer sich selbst erkennt, ist weise.
> Wer andere besiegt, hat Muskelkräfte.
> Wer sich selbst besiegt, ist stark.
>
> *Laotse*

Die Wahrnehmung der Wirklichkeit

Die Wirklichkeit wahrnehmen und erkennen ist eines der schwierigsten Probleme. Sehr schnell haben wir über einen Vorfall den Eindruck „Genau so war es". Ganz überrascht sind wir, wenn eine andere Person, ob Kollege, Partner oder sonst jemand, eine andere Ansicht vertritt. Betrachten wir die Angelegenheit näher, müssen wir feststellen, daß wir nur einen Teilausschnitt der uns umgebenden Wirklichkeit erkennen können. Auf einem sehr schmalen Bereich haben wir bisher unsere Ansichten aufgebaut. Können wir diese Basis verbreitern, so sinkt die Wahrscheinlichkeit, enttäuscht zu werden, und die Sicherheit, aber auch die Selbstsicherheit steigt.

Dazu ist es notwendig, unsere persönliche Art der Wahrnehmung, unsere persönliche Konstruktion der Wirklichkeit zu hinterfragen. Außerdem müssen wir uns aber auch über äußere Abhängigkeiten bewußt werden, über Themen, die uns oft unbewußt, aber bestimmend beeinflussen. Kennen wir die Wirkfaktoren, die uns beeinflussen, und wissen wir damit zielführend umzugehen, sprechen wir von *persönlichem Management*. Durch den Zuwachs an Selbstsicherheit steigt unsere persönliche Entscheidungsfähigkeit, und wir können wirkungsvoll, aber auch ausgeglichen in unserem Lebenskreis auftreten.

Die Wirkfaktoren gliedern sich in zwei große Themenbereiche: die inneren und die äußeren Rahmenbedingungen.

Äußere Rahmenbedingungen

Weltbilder unterscheiden sich je nach dem Kulturkreis, in dem wir aufgewachsen sind. Sie sind Grundannahmen, die unser Denken und Fühlen bis ins tägliche Leben hinein bestimmen, aber eigentlich nie hinterfragt werden. Ein Beispiel: Ein Fisch lebt im Wasser. Es ist fraglich, ob er erkennt, daß es Wasser gibt bzw. was Wasser eigentlich ist. Es ist für ihn allgegenwärtig, und nur Wasser umgibt ihn ständig.

Die Problematik nicht hinterfragter Grundannahmen wird besonders deutlich, wenn zwei verschiedene „Selbstverständlichkeiten" ohne gegenseitige Bezugnahme aufeinandertreffen. Ein japanisches Sprichwort versinnbildlicht diesen Vorgang in seiner letzten Konsequenz: ‚Laß dir aus dem Wasser helfen oder du wirst ertrinken', sprach der freundliche Affe und setzte den Fisch sicher auf einen Baum.

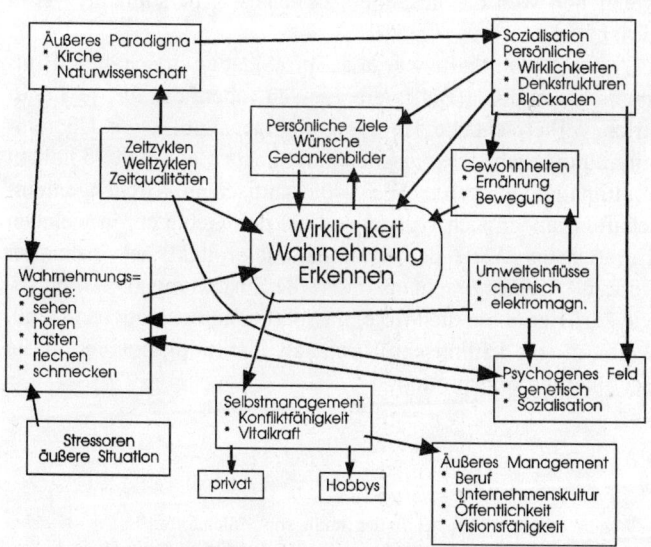

Äußere Einflußfaktoren auf die Wahrnehmung

Wir Menschen haben eine Chance, solche Vorannahmen und Rahmenbedingungen zu hinterfragen, da wir Unterschiede und Alternativen erkennen und erleben können. Ein Wandel solcher Grundannahmen (Paradigmenwandel) geht nur sehr langsam vonstatten, so daß wir ihn kaum wahrnehmen. Derzeit leben wir gerade in solch einer Zeitspanne, die vom Wandel und damit von Unsicherheit betroffen ist. Die Zeiträume, in denen solche Prozesse vonstatten gehen, dauern meist Generationen.

Dazwischen gibt es aber auch rasche Nachzieheffekte. Wir erleben gerade einen in unseren östlichen Nachbarstaaten.

In der Folge beziehe ich mich auf unseren sogenannten westlichen Kulturkreis, wobei ich bewußt erst mit dem Start unserer Zeitrechnung beginne.

Kirche und Naturwissenschaft: Prägende Denkstrukturen

Folgende Untersuchung zeigt, wie stark die Kirche in unserer westlichen Welt das gesamte staatliche wie persönliche Wertesystem prägte:

Auf einer Weltkarte wurde das pro Staat erwirtschaftete Bruttonationalprodukt (BNP) eingetragen, ebenfalls die je Landstrich vorherrschende Konfession. Eine signifikante Übereinstimmung ergab sich zwischen christlicher Religion und hohem Bruttonationalprodukt. Die protestantischen Kirchengemeinschaften fanden sich vorwiegend bei den Gebieten, in welchen die höchsten Werte des Bruttonationalprodukts erwirtschaftet wurden.[1] Meines Erachtens liefert die Einstellung zur Arbeit sowie zur Hierarchie die Werte, die hierbei ausschlaggebend sind. Werte, die die katholische Kirche als Institution prägend in die Bevölkerung transportiert.

---

[1] Weitere Details finden sich in der Studie von Millendorfer, J.: *Die Metaebene der dritten wissenschaftlich-technischen Revolution.* Graz: Studia-Selbstverlag, 1981.

Jahrhunderte hindurch galten ein zentraler Schöpfergott sowie aus der Heiligen Schrift abgeleitete Regeln als die allein mögliche Erklärung und das allein gültige Denkmodell, das Paradigma, dem sich alles andere unterzuordnen hatte. Ein Wendepunkt trat mit Galilei in Erscheinung. Die neue Grundaussage bestand darin, daß es neben dem Schöpfergott naturwissenschaftliche, in Experimenten nachweisbare Grundgesetze gibt. Bis heute hat sich die naturwissenschaftliche Betrachtungsweise als „Königsdisziplin" entwickelt. Königsdisziplin deswegen, da alle anderen Disziplinen, von Philosophie bis zu den Sozialwissenschaften, sich an den Grundsätzen der Naturwissenschaft – Meßbarkeit, Eindeutigkeit, Widerspruchsfreiheit, Begründbarkeit, Beweisbarkeit durch das Experiment – orientieren müssen, um ernst genommen zu werden.

Das naturwissenschaftliche Denken war der Ausgangspunkt für unsere industrielle Revolution, in der die Beherrschung der materiellen Realität weit fortgeschritten ist. Damit einhergehend vollzogen sich aber auch gleichzeitig grundlegende Veränderungen in der gesellschaftlichen Struktur, im sozialen Zusammenleben sowie im ökonomischen Handeln.

Binnen weniger Jahrzehnte nach dem Einsetzen der industriellen Revolution (18./19. Jhdt.) hatte sich auch das tägliche Leben der Menschen stärker verändert als vorher im Verlauf von mehreren Jahrtausenden. Leider steht das Thema der mechanischen Machbarkeit im Vordergrund gegenüber den Fragen nach Sinn und Folgeerscheinungen einer Handlung. Fragen, die offen bleiben: Welche Quer- oder Nebenwirkungen folgen aus dieser oder jener Handlung? Wollen wir damit leben?

Das neue Weltbild

Problemfelder, welche durch das monokausale Einteilen und Vorgehen der Naturwissenschaften entstanden sind, erleben wir überall. In diesem Jahrhundert haben die Physiker selbst sämtliche wesentliche Postulate des Newton-Descartesschen Weltmodells ernsthaft in Frage gestellt und schließlich erschüttert. Die Welt der modernen Physik hat mehr Ähnlichkeit mit einem unendlich komplexen System von Denkprozessen als mit einer Übermaschine.[1] Die grobe Materie ist im Prozeß der subatomischen Forschung verschwunden und wurde durch transzendente Ordnung, abstrakte mathematische Gleichungen, Formen und Muster ersetzt. Lineare Kausalität und strenger mathematischer Determinismus sind nicht länger zwingende Prinzipien des Naturgeschehens, und der Beobachter wurde zu einem bedeutsamen Element bei der Bestimmung des Wesens des Beobachtenden. Theoretische Physiker kommen immer mehr zu dem Schluß, daß das Bewußtsein eng in die Struktur des Universums eingewoben ist und innerhalb jeder umfassenden Theorie der Materie seinen Platz finden muß. Die philosophischen Verknüpfungen mit der Relativitäts- und Quantentheorie führen zu einem Modell des Universums, das überraschende Übereinstimmung mit Beobachtungen aus moderner Bewußtseinsforschung zeigt und mit ihnen gewiß vereinbar ist.

Ein interessantes Beispiel ist das Vorgehen von Niels Bohr[2] gegenüber dem Welle-Teilchen-Paradoxon in bezug auf die Natur von Licht und von Materie. Nach vielen erfolglosen Versuchen zur Lösung des dabei auftretenden logischen Dilemmas überwand er das Problem, indem er den Widerspruch kodifizierte, statt ihn aufzulösen. Nach Bohrs sogenanntem Prinzip der Komplementarität müssen wir zum Zweck der umfassenden Beschreibung der Eigenschaften des Lichts und der Elementarteilchen die Wellen- und Teilchenaspekte als zwei komplementäre Beschreibungen der Realität sehen, die jeweils nur partielle Gültigkeit aufweisen und einen begrenzten Anwendungsbereich haben. Das Komplementaritätsprinzip wurde spezifisch für die subatomare Welt formuliert, und man kann es nicht automatisch auf andere Problembereiche übertragen. Es schafft jedoch einen interessanten Präzedenzfall für andere wissenschaftliche Disziplinen. Es zeigt, daß die exakteste dieser Disziplinen nüchterne Realität aufgeben und lernen mußte, mit dem Paradoxon zu leben.

---

[1] Vgl. dazu: Jeans, J.: *Der Weltraum und seine Rätsel*. Stuttgart: DVA, 1931. Ders.: *Physik und Philosophie*. Zürich: Rascher, 1944.

[2] Bohr, N.: *Atomphysik und menschliche Erkenntnis*. Wiesbaden: Vieweg, 1985.

Innere Rahmenbedingungen

Von den äußeren Rahmenbedingungen ist vieles vorgegeben oder zumindest nur in langen Zeiträumen veränderbar. Genauer betrachtet sind diese äußeren Rahmenbedingungen uns zwar unbewußt, aber direkt beeinflussende Faktoren. Die inneren Rahmenbedingungen unterliegen im weitesten Bereich unserer persönlichen Gestaltungskraft, doch wir ergreifen diese Möglichkeiten kaum.

Informationsaufnahme

Das Gehirn nimmt die Umwelt über die verschiedenen Sinneskanäle auf und speichert alle empfangenen Wahrnehmungen (Informationen) neutral ab. Werden nun solche Informationen abgerufen, d.h. ins Bewußtsein geholt, so geschieht dies durch einen Interpreter, eine Art Filter. Dieser Filter ist geprägt durch unsere Erfahrungen, den Sozialisationsprozeß, das momentane psychogene Hirnfeld sowie die persönliche Art (Vagotoniker und Sympathikotoniker) und steuert die persönlichen Wertungen und Einschätzungen der abgerufenen Informationen bei.

Auf der persönlichen Ebene stehen uns zumindest unsere fünf Sinne zur Verfügung. Obwohl man schon sagen müßte, stünden, da viele dieser Fähigkeiten kaum ausgenützt werden. Zuweilen scheint es, als würden wir unser Leben in der Ecke eines Hauses verbringen und nur selten andere Zimmer oder gar Stockwerke benützen, ins Dachgeschoß oder in den Keller aber eigentlich nie gehen.[1] Viele Personen leben aber in der Überzeugung, daß sie ihre Umwelt ganz klar erkennen. Tatsache ist, daß wir nur Teilbereiche kennen. Was wir rational als Umwelt zu erkennen meinen, macht maximal 30 Prozent der Wirklichkeit aus.

---

[1] Nach einem Beispiel von Houston, J.: *Der mögliche Mensch.* Basel: Sphinx Verlag, 1984, S. 27.

Wahrnehmungsgrenzen unserer Sinne

Auch über unsere Sinne erkennen wir nur einen Teil der Umwelt. Von kleinen individuellen Abweichungen abgesehen, stehen uns in etwa folgende Bereiche zur Verfügung:

- Sehen: Ein Beispiel: Die Sonne sendet ein breites Bündel elektromagnetischer Strahlen aus. Unser Auge ist allerdings nur für einen kleinen Teil dieses Spektrums empfänglich. Wir sehen nur einen minimalen Farbbereich. Es ist der Bereich von 0,4–0,7 µm.
- Hören: können wir nur in einem Bereich von ca. 20 Hz bis 16.000 Hz, Hunde, Fledermäuse bis 175 kHz.
- Tasten, Riechen, Schmecken: Auch bei diesen Sinneskanälen gibt es große Unterschiede in der Wahrnehmungsfähigkeit. Bei Aromastoffen, u.a. bei Parfüm, gibt es eigene Berufssparten, deren Vertreter hunderte Düfte zielsicher unterscheiden. Auch Weinspezialisten erkennen den Wein nach Geruch und Geschmack.

Der springende Punkt ist das bewußte Wahrnehmen. Ganze Bereiche sind es, die wir einfach unbeachtet lassen, einfach aus unserer Erfahrungsfähigkeit ausschließen. Was wir als die sogenannte materielle Umwelt ansehen, ist bestenfalls ein Teilausschnitt, den wir vordergründig erkennen können, und doch sind wir oft überzeugt: „So ist es, ich hab's ja gesehen!"

Verhaltensmuster durch Sozialisation

Während des Heranwachsens vom Kind zum selbständigen erwachsenen Menschen werden uns von unseren Eltern, aber auch von unserer Umwelt Handlungsarten, Erklärungsformen und Wertungen angelernt. Hieraus zimmern wir unser persönliches, oft weitgehend unbewußtes Paradigma bzw. sichtbarer: unser Verhaltensmuster. Handlungsstrategien bilden sich heraus, die je nach Person sehr unterschiedlich sein können. Jeder, der Kinder hat, erlebt selbst, wie unterschiedlich die einzelnen auf gleiche äußere Informationen und Anforderungen reagieren.

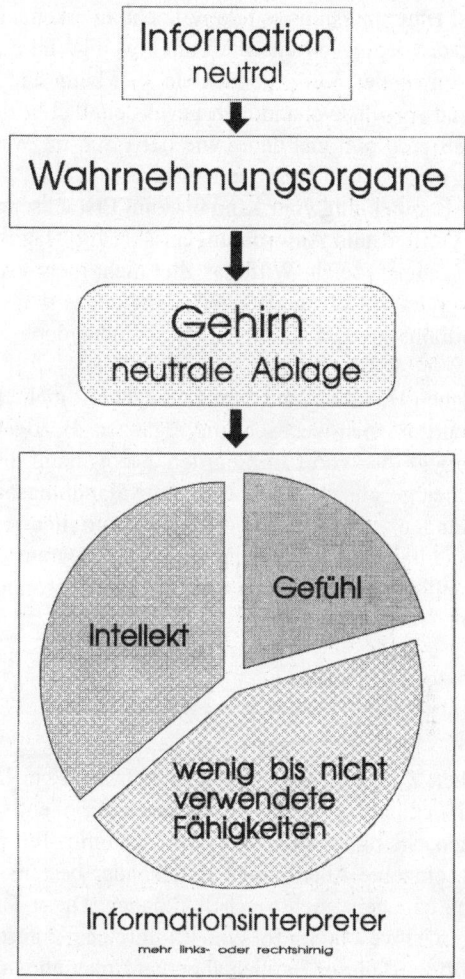

Bewußte Wahrnehmung und ihre Voraussetzungen

Oft sind Handlungsmuster relativ leicht zu erkennen, und es zeigt sich, daß jeder von uns nur einige wenige immer wieder bevorzugt anwendet. Wir erkennen sie eher beim anderen. Die eigenen sind so selbstverständlich geworden, daß wir sie nicht mehr registrieren und uns dabei wie der Fisch im Wasser verhalten, der nur ein, und zwar „sein" Element kennt.

Bei der Entwicklung vom Kind bis zum Erwachsenen verändern sich Umfeld und Anforderungen, aber die Handlungsmuster bleiben meist gleich. Wird das Ziel nicht mehr erreicht, ist die Reaktion darauf oft die Wiederholung der vorher erfolgreichen Handlung in dem Glauben, dies müßte doch zum Ziel führen![1]

Bei solchen Handlungsmustern sind auch oft mehrere Personen beteiligt, die sich wechselseitig ergänzen. Bezogen auf die Familie spricht man von Familienriten, bezogen auf die Gesellschaft sind es gesellschaftlich bevorzugte Handlungsarten bzw. Blickrichtungen auf andere in Form von Vorurteilen: z.B. Deutsche sind ... Italiener oder Franzosen sind ... Daraus entstehen prägende Bilder, die sich auch über lange Zeitabstände kaum verändern.

Verhaltensmuster im Unternehmen

Die gleichen Zusammenhänge zeigen sich auch bei Unternehmen. Hier nennt man sie Unternehmenstraditionen, Organisationsmythen. Sie bilden die Unternehmenskultur. Teil davon ist, wenn z.B. einzelne Abteilungen miteinander bestens arbeiten, andere sich dagegen „nicht riechen" können. Diese Themen zu hinterfragen ist wesentlich für eine erfolgreiche Unternehmensführung; oft wird dieser Bereich aber aus Unkenntnis und Fehleinschätzung unberücksichtigt gelassen, was sich bitter rächt.

---

[1] Solche Prozesse und Zusammenhänge hat Paul Watzlawick im Detail sehr gut in verschiedenen Büchern zusammengestellt, z.B.: *Anleitung zum Unglücklichsein*. München–Zürich: Piper. Ebenso: *Wie wirklich ist die Wirklichkeit?* München: Piper, 1977.

- Einzeleingriffe (Interventionen) sind nicht zielführend, da es mehrere Bezugspunkte gibt und eine mehrdimensionale, systemische Betrachtungs- und Handlungsweise notwendig ist.
- Das Rezept „Bisher war diese Handlung erfolgreich, daher ist sie es auch weiterhin" kann blockierend wirken. Durch Veränderungen im Umfeld sind solche Rezepte nicht zielführend, da diese Handlungsmuster ja das Problem hervorgebracht haben.
- Das Festhalten an einzelnen Handlungsmustern führt zu Vorurteilen, zu eingeschränkter Wahrnehmungsfähigkeit und in der Folge zu Blockaden.

Durch solche Abläufe bilden sich für den einzelnen persönliche Wirklichkeiten heraus, die zum Teil mit der tatsächlichen immer weniger zu tun haben. Der Sinn von fixierten Handlungsabläufen ist, nicht alles immer wieder „neu erfinden" zu müssen. Es ist letzten Endes eine Suche nach Sicherheit, die ja legitim ist. Die Falle dabei ist die Erstarrung. Verstärkt wird dieser Prozeß dadurch, daß wir zumeist die Eigenart haben, in Situationen, die uns verunsichern – bei Veränderungen, Streß, unter Druck –, auf Bewährtes, Bekanntes zurückzugreifen – dies aber hat uns doch in die unangenehme Situation gebracht, die möglicherweise den Streß ausgelöst hat.

Die persönlichen Zusammenhänge zu erkennen und zu verändern ist ein Schlüsselfaktor für erforderliches Handeln. Persönliche Klarheit darüber zu erlangen ist unerläßlich für nachhaltig erfolgreiches Management.

Informationsverarbeitung

Durch unseren Körper erfahren wir die Außenwelt, wirken auf sie ein und lernen sie kennen. Ein wahres Wunder, dieser hochspezialisierte und flexible Organismus, der dazu bestimmt ist, Informationen zu verarbeiten. Der Körper empfängt und wertet in jeder Sekunde Milliarden von Informationseinheiten aus. In unserem elektrochemischen Haushalt kommt es zu vielen Anpassungen, subtilen Veränderungen der Nerven, Muskeln, das meiste davon unter unserer Wahrnehmungsschwelle. Viele Informationsverknüpfungen zusammengefaßt werden uns als Gefühle, Stimmungslagen, Ideen ... zum Teil bewußt.

Anhand vieler Untersuchungen und Erfahrungen aus der jahrelangen Praxis von Yogis, verschiedener Psychotherapien, aus Biofeedback-Laboratorien, Trainings im Spitzensport oder Management wird deutlich, daß wir unsere Möglichkeiten, unser Bewußtsein tatsächlich durch unseren Körper erweitern können. Diese Bewußtseinserweiterung führt zu einer gesteigerten Wahrnehmungsvielfalt, zu einer besseren Gesundheit und einer höheren Vitalkraft.

Die mentale Betrachtungsweise

Gemäß der materiellen Betrachtungsweise ist das Gehirn ein Stoff der materiellen Welt, jedoch auch ein Stoff, durch den Beobachtungen konstruiert werden. Die Sinneswahrnehmungen sind hervortretende Eigenschaften der Wechselwirkung von Gehirn und Körper mit der physischen Umwelt.

Oberflächlich betrachtet ist eine solche Erklärung haltbar; dringt man aber tiefer in die oben angesprochenen Gebiete ein, dann gelangt man zu einer anderen, ebenso klaren Erklärung. Beobachtungen und Sinneswahrnehmungen sind demnach mentale Phänomene ebenso wie die Beziehungen zwischen Beobachtungen. Deshalb sind die wirklich fundamentalen Eigenschaften des Universums eher mentaler und nicht materieller Natur.[1]

---

[1] Vgl. zu dieser Thematik:
Pietschmann, H.: *Die Wahrheit liegt nicht in der Mitte*. Stuttgart-Wien: Edition Weitbrecht, 1990.
Cukav, G.: *Die tanzenden Wuli-Meister*. Reinbek b. Hamburg: Rowohlt, 1981.
Pribram, K. H.: „Worum geht es beim holographischen Paradigma?" In: *Das holographische Weltbild*. Hg. v. Ken Wilber, Scherz-Verlag, 1988. S. 27–37.

In der Kernphysik trifft man immer wieder auf solche Darstellungen, wenn z.b. den Quarks, Bosonen und anderen Teilchen, aus denen sich die Atome zusammensetzen, Eigenschaften wie Charme, Farbe, Geschmack zugeschrieben werden. Ebenso haben Philosophen wie z.b. Leibniz ähnliche Betrachtungen vorgeschlagen, als sie ihre mathematischen Erkenntnisse über die grundlegenden Ordnungen des Universums bis zu ihrer letzten logischen Konsequenz vorantrieben.

Umwelteinflüsse auf die Wahrnehmung

Durch langsame genetische Entwicklung, durch viele Anpassungsprozesse sind wir bis zu unserem heutigen Entwicklungsstand gekommen. Für die biologischen Entwicklungsschritte benötigten wir Jahrhunderte, ja Jahrtausende. Unsere Umwelt haben wir jedoch innerhalb der letzten 50–100 Jahre komplett verändert. Das Ergebnis faßt Carl Friedrich von Weizsäcker in einem Satz zusammen: „Wir sind nicht gebaut für die Umwelt, in der wir leben."

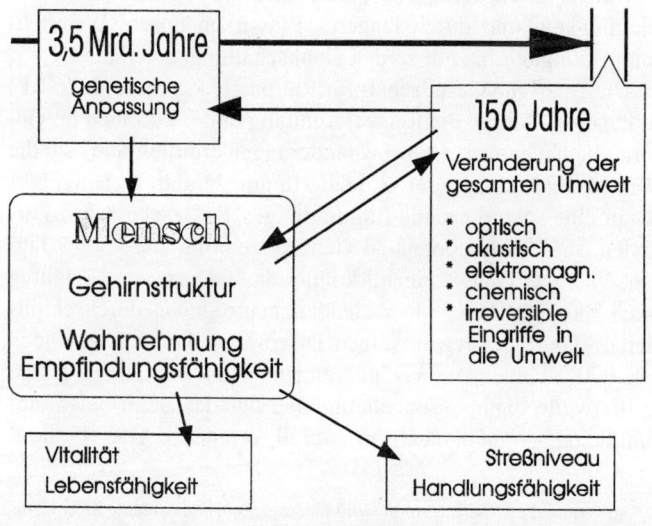

Anpassungsprozesse

In welcher Relation sich die Entwicklungsgeschwindigkeit potenziert hat, läßt sich gut an einem Beispiel darstellen. Vor ca. einer halben Million Jahre wurde das erste Feuer verwendet. Nehmen wir für diese zeitliche Distanz einen Abstand von 500 m an. Die technische industrielle Revolution ist seit ca. 150–200 Jahren im Gang. Dies entspricht, auf die gleiche Dimension bezogen, einer Länge von 2 cm. Seit ca. 50 Jahren greifen wir irreversibel in unsere Umwelt ein. Dieser Zeitraum entspricht etwa 5 mm. Dieselbe Überlegung auf einem Zeitmaßstab bezogen: Vor ca. 14 Stunden entstand das erste Leben auf der Erde, vor mehr als einer halben Stunde entwickelten sich die Säugetiere. Der Mensch entstand vergleichsweise vor ca. 19 Sekunden und die industrielle Revolution, die letzten 200 Jahre, dauert nun 1/4000stel Sekunden.

Die Rück- und Nebenwirkungen unserer Systemeingriffe, die uns jetzt erreichen, sehen wir ja in allen Bereichen.[1]

Wir können uns den neuen chemischen Substanzen (allein seit dem Zweiten Weltkrieg sind ca. 30.000 neu in Umlauf gebracht worden) nicht entziehen, auch nicht der Reizüberflutung, die zuerst unser Streßniveau und somit unsere persönliche Aktionsmöglichkeit, und durch längeres Einwirken unsere Wahrnehmungsfähigkeit bis hin zu den Denkschaltungen verändert.

Die Deutsche Gesellschaft für Rationelle Psychologie (GRP) mißt seit 19 Jahren die Reizverarbeitung und Emotionen im Gehirn. Sie hat enorme Gehirnveränderungen ermittelt, die sich die Wissenschaftler mit der Reizüberflutung erklären. Um überhaupt eine entsprechende Empfindung, z.B. Geschmack, zu erzielen, sind heute doppelt so viele Reize nötig wie vor 15 Jahren. Was das Gehör angeht, konnte das Gehirn vor 15 Jahren noch 300.000 Klänge unterscheiden, heute sind es durchschnittlich 180.000, bei regelmäßigen Disco-Besuchern oft nur noch 100.000 Klänge. Die Veränderungen in unserer Umwelt sind mittlerweile sogar so schnellebig, daß sich das Gehirn nicht nur funktional, sondern auch strukturell verändert. Die rhythmi-

---

[1] Vgl. Vester, F.: *Unsere Umwelt, ein vernetztes System*. Stuttgart: Klett-Cotta, 1978.

schen Muster haben sich geändert. Die Inhalte werden anders abgespeichert als früher.[1] Als ungefähre Schnittstelle für die Veränderung des Gehirns wird 1949 angenommen. Das Ergebnis ist geringere Empfindungsfähigkeit; mehr Quantität bei beträchtlich weniger Qualität. Sicherlich eine beängstigende Entwicklung, wenn man nichts dagegen unternimmt.

Auch der Reizüberflutung durch elektromagnetische Wellen (vgl. auch Seite 53) können wir uns nicht entziehen. Obwohl wir sie nicht bewußt wahrnehmen können, beeinflussen sie unsere Gesundheit, unser Wohlbefinden und unsere Konzentrationsfähigkeit ganz elementar.

---

[1] Holler, J.: *Das neue Gehirn*. Südergellersen: Verlag Bruno Martin, 1989.

Systemisches Denken im Management

Ausgehend von einer neuen naturwissenschaftlichen Betrachtungsweise müssen wir erkennen, daß wir immer nur kleine Bereiche überblicken können. Es bestehen Zusammenhänge, die wir oft nicht oder überhaupt nicht berücksichtigen.

In jeder Zelle eines Organismus laufen ca. 30.000 biochemische Reaktionen pro Sekunde ab. Außerdem bestehen Rückwirkungen in unterschiedlichem Ausmaß sowie zeitverzögerte Reaktionen und überraschende Nebenwirkungen und, und, und ...

Mit einem mechanistischen Ansatz kommen wir nicht weiter. Organismen sind lebende Systeme mit einer eigenen Art von Spielregeln, die aber in allem vom Grundsatz her gleich sind. Seit 3,5 Milliarden Jahren hat sich das System darauf eingespielt. Es funktioniert und wirtschaftet äußerst effizient und garantiert das Überleben. Nachdem wir nur innerhalb dieses ökologischen Systems leben können, müssen wir dessen Regeln auch für unser wirtschaftliches Unterfangen annehmen, wollen wir überleben. Übrigens, die Natur setzt z.B. in chemischen Prozessen x-mal mehr um als die Menschheit je mit ihrer Technik, und dies noch ohne schädliche Nebenwirkungen (umgesetzt werden jährlich ca. 200 Milliarden t Kohlenstoff, 100 t Sauerstoff, viele Milliarden t Leicht- und Schwermetalle – Eisen, Vanadium, Kobalt, Magnesium ...).

Diese Umsetzung erreicht einen Wirkungsgrad von bis zu 98%. (Unsere Technik, z.B. der Benzinmotor, hat einen Wirkungsgrad zwischen 7 und 15%.) In unserem falschen Ursache-Wirkung-Denken stolpern wir von einer vermeintlichen Reparatur zur nächsten, so gesehen ohne Chance, aus diesem Kreislauf auszusteigen.

Haben wir einmal erkannt, daß wir in *komplexen Systemen*, in einer vernetzten Welt leben, führt uns das zur Notwendigkeit eines anderen Denkens – dem *systemischen Denken*. Verständnis für Abhängigkeiten, Wechselwirkungen, Zeitverzögerungen, für Schwellenwerte, die Fähigkeit zu kreisförmigem, mehrdimensionalem Denken und ein Gefühl für die Balance zwischen zuviel und zuwenig – all dies sind Merkmale des systemischen Denkens.[1]

Komplex bedeutet, daß verschiedene Möglichkeiten vorhanden sind und zusammenwirken, daß unterschiedliche Ergebnisse möglich sind. Das einheitliche Grundproblem in allen Formen von Management – dem historischen oder dem heutigen, dem privaten oder dem beruflichen – besteht darin, komplexe Situationen oder Systeme und unseren Anteil daran unter Kontrolle zu bringen.

Das systemische Erkennen und die daraufffolgende Einflußnahme oder das Beherrschbarmachen von komplexen Systemen sind der gemeinsame Nenner von Management.

So betrachtet finden wir Gemeinsamkeiten in der sonst unübersehbaren Flut von Managementsystemen, -ansätzen und -techniken. Managementtechniken sind Hilfsmittel, um komplexe Abläufe in überschaubare Modelle zu bringen, um Entscheidungsgrundlagen und Handlungshilfen zu erhalten. Managementsysteme sind Vereinfachungen der Wirklichkeit, eben Modelle und keine Abbilder. Dies klingt zwar trivial, aber in der Vernachlässigung dieser Unterscheidung sind viele Irrtümer begründet.

Es gibt viele Erfahrungen über die Gestaltung und Steuerung von Organisationen und von Systemen. Die wissenschaftliche Erforschung dieser Problematik wird seit den 40er Jahren durchgeführt und heißt Kybernetik. Die Bezeichnung ist aus *kybernetike*, dem griechischen Wort für Steuermannskunst, abgeleitet. Dabei geht es zum einen darum, wie das „Schiff" (das Unternehmen) gebaut sein muß, um in allen Situationen, in die es geraten kann, steuerbar zu sein. Zum anderen geht es um die Wirkzusammenhänge von Situationen auf dem Weg zum Ziel. Management ist somit angewandte Kybernetik.

---

[1] Vgl. dazu: Vester, F.: *Neuland des Denkens*. Stuttgart: DVA, 1980.
Gometz P./Probst G.: „Vernetztes Denken im Management". *Die Orientierung* 89/1987.

Kopfrezept Nr. 23:
Typische Fehler im Unternehmen[1]

1 **Mangelnde Zielklarheit.** Klare Ziele fehlen oder sind so global gefaßt, daß sie keine Unterstützung bieten.
2 **Zu geringe Situationsanalyse.** Jeder sieht nur seinen eigenen Teilbereich.
3 **Zuwenig sorgfältige Informationsgewinnung.**
4 **Zu seltene Situationsanalyse.** Oft erfolgt sie nur einmal und wird später immer wieder verwendet. Die inzwischen aufgetretenen Veränderungen werden nicht berücksichtigt.
5 **Annahme linearer Entwicklungen.** Kaum eine Entwicklung erfolgt linear. Ein Ausnahmephänomen war die Wiederaufbauzeit in den 50er und den 60er Jahren.
6 **Inflexibilität.** An einer einmal getroffenen Entscheidung wird festgehalten, koste es, was es wolle. Bei Abweichungen vom geplanten Wert ist die Reaktion: Wiederholung derselben Handlung!
7 **Reaktives Verhalten.** Erst wenn ein Vorfall eingetreten ist, wird reagiert.
8 **Keine Nebenwirkungsanalysen.** Aber gerade aufgrund der Nebenwirkungen ist Management ja notwendig. Gute Schachspieler denken mindestens zwei bis drei Züge voraus, Führungskräfte haben oft nur den nächsten Zug im Sinn.
9 **Tendenz zur Übersteuerung.** Lange Zeit wird nicht reagiert, dann plötzlich wird mit viel Energieaufwand geändert. Dies bringt Systeme zum Oszillieren.
10 **Gewaltsame Lösungen.** In unklaren Situationen wird der Ruf nach dem starken Mann laut.
11 **Mangelhafte Erfolgskontrolle.** Es gibt kaum Untersuchungen, was wirklich für den Erfolg ausschlaggebend war; ebenso wie die weichen Faktoren (Unternehmenskultur) unberücksichtigt bleiben.

Die Komplexität und Widersprüchlichkeit der Probleme bedarf der denkerischen Bewältigung von Netzwerken. Unsere Generation hat das dazu notwendige Erkennen in Systemzusammenhängen nicht gelernt. Drei Faktoren wären dazu notwendig:

---

[1] Nach Gometz, P./Probst, G.: „Vernetztes Denken im Management". *Die Orientierung* 89/1987.

- Sich fachlich sachlich auseinanderzusetzen mit den Bestimmungsgründen und Wirkfaktoren vernetzter komplexer Systeme.
- Persönliche innere Offenheit Veränderungen gegenüber. Umgehen können mit Widersprüchen (vgl. Konfliktkultur, Seite 295).
- Gehirnmäßige Aktivierung der unterschiedlichen Strukturen von rechts nach links, harmonischer Ausgleich (vgl. Seite 34 f.).

Abschnitt 2
Selbstmanagement und Unternehmensführung

> Folgten wir nur der Tradition, lebten wir noch immer in Höhlen, folgten wir nur dem Fortschritt, wäre das bald wieder der Fall.
>
> *Leszek Kolakowski*

Management: Dimensionen – Wertungen

Management ist ein schillernder Begriff, und viele Assoziationen sind damit verbunden:

- Macht, Einfluß
- Leistung, Fortschritt
- Geld, Prestige, Einkommen
- Korruption, Willkür, Mißbrauch
- Ausbeutung, Zerstörung
- Ausgleichendes, wirkungsvolles Handeln
- Rein materiell ausgerichtet sein
- Zielgerichtet, ordnend sein

Das breite Spektrum der Assoziationen zeigt: Management berührt verschiedene Dimensionen menschlichen Handelns. Viele meinen, es sei eine Erfindung oder Entwicklung unseres Jahrhunderts. Management gibt es aber, seitdem Menschen zusammen ein Ziel erreichen wollen: angefangen bei der gemeinsamen Jagd über die Gestaltung eines gemeinsamen Festes bis zum Bauen einer Wohnstadt oder auch als Großprojekt beim Bau einer Pyramide. Bewußt oder unbewußt werden dabei einzelne Grundprinzipien (Wirkfaktoren) angewendet. In unserer heutigen Zeit haben wir diese Grundprinzipien näher erforscht und herausgeschält. Hunderte Aufsätze und Abhandlungen werden jährlich über Management geschrieben. Immer mehr Men-

Management: Dimensionen – Wertungen

schen werden darin ausgebildet. So gesehen ist Management ein Kind unserer Zeit. Dabei schleicht sich auch gleichzeitig die Problemlage unserer Zeit ein: Eingrenzung, Eindimensionalität, Materialität ... Dimensionen, die unser westlich geprägtes Menschen- und Weltbild beinhaltet (vgl. Seite 225). Management zeigt wirksame Zusammenhänge auf und beschreibt den Entwicklungsprozeß von der Aufgabenstellung bis zum Ziel.

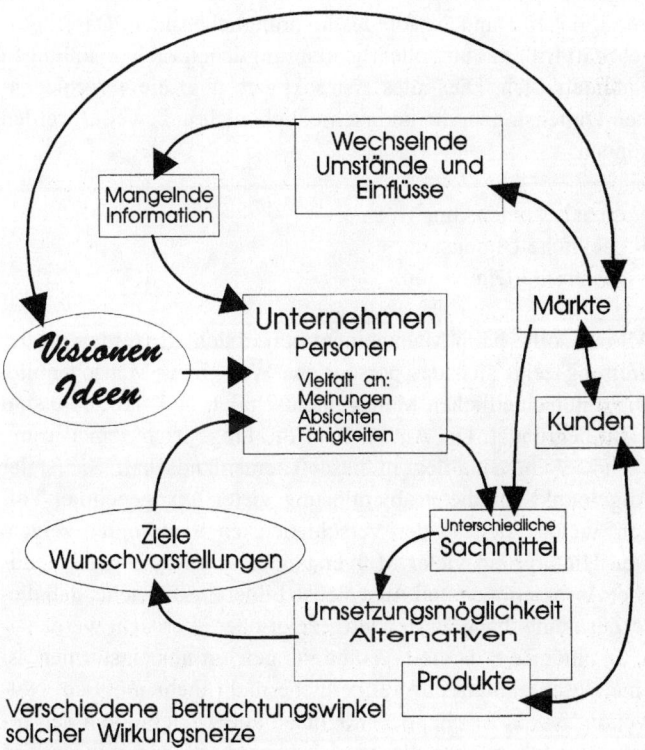

Verschiedene Betrachtungswinkel solcher Wirkungsnetze

* materielle Dimension
* zeitliche Dimension
* soziale Dimension
* emotionale Dimension
* sachliche Dimension

Unternehmensvisionen – Zielbeziehungen

Grundsätzlich betrachtet findet Management überall dort statt, wo, ausgehend von einer zündenden Idee, mehrere Personen durch Anwendung verschiedener Mittel unter wechselnden Einflüssen und Umständen eine Wunschvorstellung, ein Ziel erreichen.

Die gegebenen Faktoren können sich verändern: durch zeitlichen Abstand von der Gründung, durch persönlichen Abstand aufgrund von Generationenwechsel, durch sachlichen Abstand aufgrund veränderter Umweltbedingungen. Wir entfernen uns im täglichen Handeln von der ursprünglichen Idee. Das Tagesgeschäft frißt uns auf, oder die ursprünglichen Zielvorstellungen verändern sich. Dies alles erstreckt sich über die verschiedensten Dimensionen, die unterschiedlich wichtig bewertet werden können:

- soziale Dimension,
- sachliche Dimension,
- materielle Dimension.

All das sollte beim Management berücksichtigt werden. In der Wertung zeigt sich das persönliche Welt- bzw. Menschenbild. Die unterschiedlichen Managementschulen und -konzepte sind darin begründet. Die Antwort auf die Frage nach dem Warum, nach Ziel und Sinn liegt in dieser Themenlandschaft. Sie ist der Angelpunkt für die Problemlösung vieler unangenehmer Folgen, welche sich an den verschiedensten Symptomen zeigen. Den Hintergrund vieler Mißverständnisse sowie unterschiedlicher Assoziationen und Auswüchse bildet die Tatsache, daß diese Zusammenhänge selten aufgezeigt oder überdacht werden.

In einer Zeit, da viele Veränderungen auf uns einstürmen, ist eine Beschränkung auf Teilbereiche nicht mehr möglich. Notwendig ist ein Ansatz, der möglichst alle Themen, von den organisatorischen über die betriebswirtschaftlichen bis zu den psychologischen, integrieren kann. Es ist die systemische, kybernetische Betrachtungsweise. Da bei allen solchen Ansätzen auch intuitive Prozesse enthalten sind, ist die Frage nach den Werten, Normen, Wahrnehmungsfähigkeiten, nach persönlichen inneren Strukturen notwendig, um darüber Klarheit zu erhalten und sie zu lösen. Diese Faktoren bilden die Grundlage von Handlungs- und Entscheidungsabläufen und werden von den vordergründigen materiellen Abläufen oft überstrahlt und dadurch als „unwesentlich" übersehen und abgetan. Aus dem Blickwinkel einer anderen Person betrachtet, werden andere Werte und Normen und innere Strukturen als „unsachlich" und nicht zum Thema gehörend abgetan. Wie oft hört man im täglichen Gespräch solche Argumente. Sie sind eine Quelle vieler Mißverständnisse. Management hat meines Erachtens viel mit Kenntnis der Wirkfaktoren und „Klarheit" nach innen und außen zu tun, will es auch langfristig überlebensfähig und so gesehen erfolgreich sein. Die Themen sind Selbsterkenntnis, Erkennen der eigenen Fähigkeiten, Möglichkeiten und Potentiale, Erkennen von Notwendigkeiten, abgeleitet aus äußeren Rahmenbedingungen, Denken in weichen Faktoren von Potentialen, das Erkennen verschiedener Blickrichtungen oder, anders ausgedrückt, globales Denken und Querdenken. Dies geht über das sogenannte „rationale" Erfassen hinaus. Intuition und Visionsfähigkeit sind die Ansprüche, die auch bereits in Managementprofilen für zukünftige Manager formuliert sind. Die Fähigkeiten und Veränderungen, die dazu notwendig sind, sind einerseits persönlich nur subjektiv erfaßbar, aber von fast jeder Person entwickelbar.

Um diese subjektiven Anlagen bewußter erfahrbar zu machen, ist Biofeedback eine sehr wirksame Methode, und die Kenntnis und Erfaßbarkeit des psychogenen Feldes bildet eines der wirksamsten Werkzeuge, Biofeedback liefert dazu Daten und Klarheit über die eigene Persönlichkeit. Auch kleine Veränderungen werden erkennbar und daher lern- und beeinflußbar. Biofeedback gibt dabei auf zielsichere und effiziente Weise eine Leitlinie vor. Es ist die Rückmeldung von Einzelparametern und daher hilfreich für eine Gesamtsicht in einer komplexen und vielfältigen Situation, die ein Systemverständnis und einen breitgefächerten Methodenmix erfordert. So entsteht auf biokybernetischer Grundlage eine der effizientesten und erfolgreichsten Vorgehensweisen im persönlichen Management sowie bei der Klärung wichtiger Zusammenhänge. Das wesentlichste Potential der Zukunft liegt im mentalen Bereich.

Verändertes Umfeld – Veränderte Anforderungen

Zwei extreme Positionen können angesichts der Veränderungen im Umfeld vertreten werden: die Veränderer und die Bewahrer. Beide Formen sollen im Unternehmen vorhanden sein und sich gegenseitig neutralisieren. Jede Form für sich allein birgt große Gefahren. Auf der Seite der Bewahrer ist es die Gefahr der Erstarrung, auf der Seite der Veränderer besteht die Gefahr, vor lauter Veränderungen nichts Bestehendes mehr zu haben und vor lauter Hektik sozusagen das Kind mit dem Bade auszuschütten. Auch beim Tanzen sind ein Standbein und ein Spielbein notwendig, wobei abwechselnd im Takt der Musik Gewicht verlagert werden muß (Musik ist in diesem Beispiel gleichbedeutend mit äußeren Informationen). Außerdem gibt es Sprungfiguren oder ganz ruhige Figuren. Erst das Abstimmen, die harmonische Reaktion auf Außeninformationen, die entsprechend getimte Reaktion zwischen Verändern und Bewahren, bringt erfolgreiches Handeln.

Neue Rollenanforderungen

Viel ist gesprochen worden über J. Naisbitts „Megatrends"[1], einen Trendreport, der 1982 herausgegeben wurde. Die darin angewandte Methode der Trenderfassung basiert auf der Grundannahme, daß die Gesamtmenge der Berichte in Zeitungen, Journalen usw. relativ konstant ist. Kommen neue Themen auf, müssen alte weichen. Aufgrund dieser dynamischen Betrachtung läßt sich aufzeigen, wo sich Themen verflüchtigen, wo sie konkreter werden und sich verfestigen oder wo sie zur allgemeinen Wirklichkeit werden.

Solche Megatrends tauchen nicht einfach auf. Es sind Strömungen, die Veränderungen begleiten. J. Naisbitt hat in Fort-

---

[1] Naisbitt, J.: *Megatrends*. Bayreuth: Hestia, 1982.

führung der damals herauskristallisierten Trends die bis zur Jahrtausendwende wirksamen Trends prognostiziert und in einem neuen Buch zusammengefaßt.[1] Nachdem die ersten zehn Megatrends zu einem hohen Prozentsatz zutreffend waren, kann man davon ausgehen, daß die neu erarbeiteten zehn Trends ebenso die heutige Entwicklungsrichtung aufzeigen.

Die zehn Megatrends der Zukunft

1 Die Blüte der Weltwirtschaft in den 90er Jahren. Die Welt entwickelt sich zu einem gemeinsamen Wirtschaftsraum.
2 Die Renaissance der schönen Künste. In der Wohlfahrts- und Informationsgesellschaft entsteht das Bedürfnis, dem Sinn des Lebens nachzuspüren.
3 Der Vormarsch des marktwirtschaftlichen Sozialismus. Wettbewerb im menschlichen Maßstab und das Miteinander-Umgehen werden tragfähiger. Daß Volkswirtschaften durch einzelne Regierungen bestimmt werden, geht aufgrund der Vernetzung und des Informationsaustausches zurück.
4 Internationaler Lebensstil und die Rückbesinnung auf nationale Traditionen. Essen, Mode, Spaß ebenso wie das Kennenlernen-Wollen von anderen Gewohnheiten erleben auf allen Ebenen eine Intensivierung, andererseits wird das Bestreben, eine Identität zu bewahren, ein tragendes Motiv.
5 Das Ende des Wohlfahrtsstaates. Die Unterdrückung der Selbständigkeit kann zunehmend nicht mehr finanziert werden.
6 Die Zukunft gehört dem pazifischen Raum. Zwei Faktoren wirken dabei zusammen. Erstens die Größe: Der Raum ist doppelt so groß wie Amerika und Europa zusammen und wird jetzt schon von der Hälfte der Weltbevölkerung bewohnt, im Jahr 2000 von ca. zwei Drittel. Zweitens ist eine gewinnorientierte Wirtschaft sowie die dazu notwendige Infrastruktur derzeit weitgehendst schon vorhanden. Daher wird der Aufstieg des pazifischen Raumes nicht aufzuhalten sein.

---

[1] Naisbitt, J./Aburdene, P.: *Megatrends 2000 – zehn Perspektiven ins nächste Jahrtausend*. Düsseldorf: Econ, 1990.

7 Frauen erobern die Führungsetagen. Der Anteil der Frauen im Wirtschaftsleben steigt ständig, ebenso steigt ihr Anteil in den höheren Verantwortungsebenen. Die neuen Anforderungen in Führungsfunktionen scheinen Frauen oft besser zu bewältigen.
8 Das Zeitalter der Biologie. Problemlösungserfahrungen aus der Natur werden erkannt werden.
9 Das Wiederaufleben der Religion. Eine Rückbesinnung auf unsere Wurzeln mit gleichzeitiger Überwindung des dogmatischen institutionellen Ansatzes wird stattfinden.
10 Der Triumph des Individuums. Die Menschen werden bereit, Verantwortung zu tragen, ohne sich hinter Kollektiven zu verstecken.

Diesen oben angeführten Megatrends werden wir uns nicht entziehen können. Untersuchungen sind zu diesem Thema gemacht worden. Was macht in einem solchen Umfeld eine Firma bzw. einen Manager zum Spitzenreiter? Was ist bei Nachzüglern anders, was fehlt ihnen zum Erfolg? Einige Ergebnisse kurz zusammengefaßt.

Ausgehend von Untersuchungen von McKinsey haben Peters und Waterman[1] acht Kriterien für Erfolg herausgearbeitet. Überraschend dabei war, daß sie die sogenannten „harten Faktoren" (Strategie, Strukturen, System) als entscheidend annahmen, in den erfolgreichen Firmen aber als ausschlaggebende Erfolgsfaktoren „weiche Faktoren" fanden. Weiche Faktoren beziehen sich auf den Menschen im Unternehmen, seine Aufgaben, seine Rollen, die Bedingungen, unter denen er arbeitet. *Unternehmenskultur, Leitung, Stil, Skills* und *Unternehmensleitbilder* sind adäquate Schlagworte. Dabei zeigt sich, daß diese Faktoren nicht sauber voneinander zu trennen sind. Es besteht aufgrund der vielfachen Wechselbeziehungen eine hohe Redundanz in den acht wesentlichen Faktoren.

---

[1] Nach Peters, T. J./Waterman, Robert H.: *Auf der Suche nach Spitzenleistungen*. Landsberg am Lech: verlag moderne industrie, 1986.

Faktoren zum Erfolg[1]

1. Drang zur Tat. Nicht zu Tode analysieren. Ständiges Experimentieren auch auf die Gefahr, Fehler zu machen.
2. Nähe zum Kunden. Service, permanenter Kontakt zum Kunden.
3. Eigenständigkeiten und Unternehmertum. Entscheidungsfreiheit und Wettbewerb.
4. Produktivität durch Menschen. Vertrauen zu den Fähigkeiten der Mitarbeiter.
5. Sichtbar gelebtes Wertesystem. Unternehmenskultur.
6. Bindung an das angestammte Geschäft. Eigenes Know-how fruchtbar einsetzen.
7. Einfache Formen. Kleine Stäbe. Flexible Aufgaben. Die Perfektion der Organisationsstruktur wird vermieden, dafür aber Wert auf breite, informelle Information gelegt.
8. Straffe und lockere Führung. Ausgewogene zentrale und dezentrale Strukturen sowie Freiraum für Initiativen.

Neu ist an den Merkmalen kaum etwas, nur, wie so oft, viele reden darüber. Gute Unternehmen tun es konsequent.

Drei weitere Leistungsfaktoren bestehen in:

- Kundenorientiertheit,
- Mitarbeiterorientiertheit,
- permanentes Bemühen um Neuerungen.

Diese Faktoren werden im Geist eines neuen *Management by wandering around* umgesetzt. Viel Beachtung finden dabei die Themen der Symbole und der Anteilnahme mit den Mitarbeitern. Ein kaum stärker prägender Faktor für das gesamte Unternehmensklima sind die sichtbaren Handlungen des Topmanagements. Die Visionsfähigkeit wird als wichtige Führungseigenschaft bewertet.

---

[1] Nach Peters, T. J./Waterman, Robert H.: *Auf der Suche nach Spitzenleistungen.* Landsberg am Lech: verlag moderne industrie, 1986.

Anforderungsprofile 2000

Anforderungsprofil im Management

Als Anforderungsprofil für das Management stellte Thomas J. Peters[1] zwölf Punkte zusammen.

1 Temperament und Zeit. Die Schnellen werden die Langsamen fressen. Neun von zehn Entscheidungen sind allein deshalb falsch, weil sie nicht rechtzeitig getroffen werden.
2 Flexibilität ist ebenso wichtig wie Geschwindigkeit.
3 Qualität und Design.
4 Informationstechnik.
5 Allianzen. Schranken zwischen Aufgabenbereichen und äußeren Geschäftsbereichen werden fallen.
6 Schnelle Innovationsdaten, ununterbrochene Verbesserungen.
7 Weiterbildung wird normaler Bestandteil im Berufsleben. Möglichst mehrere Ausbildungsrichtungen sind gefragt.
8 Serviceschöpfung.
9 Kleines im Großen. Großunternehmen müssen radikal abspecken. Große Netze aus Unternehmen der verschiedensten Größe sind eine Form, die höchstwahrscheinlich überleben und gedeihen wird.
10 Weitergabe von Aufträgen.
11 Neue Managementqualität. Das Zeitalter des einsamen Helden an der Unternehmensspitze ist vorbei. Richtig erfolgreich wird ein Unternehmer (Manager) nur dann sein, wenn er sich als einen Teil eines Netzwerkes sieht und so arbeiten kann.
12 Globalisierung. Globales Denken und Verständnis ist von jedem, der erfolgreich sein und bleiben will, gefordert.

---

[1] Peters, T. J.: *Business as usual*. New York: Masquerade Books, 1991.

Führungskräfteprofil 2000

Die internationale Beratungsfirma Corn/Ferry-International führte mit der Columbia University eine Studie über das Anforderungsprofil des Topmanagers 2000[1] durch und befragte in 20 Ländern 1500 Manager. Ca. 10% des weltweiten Wirtschaftsaufkommens werden von diesen Führungskräften vertreten.

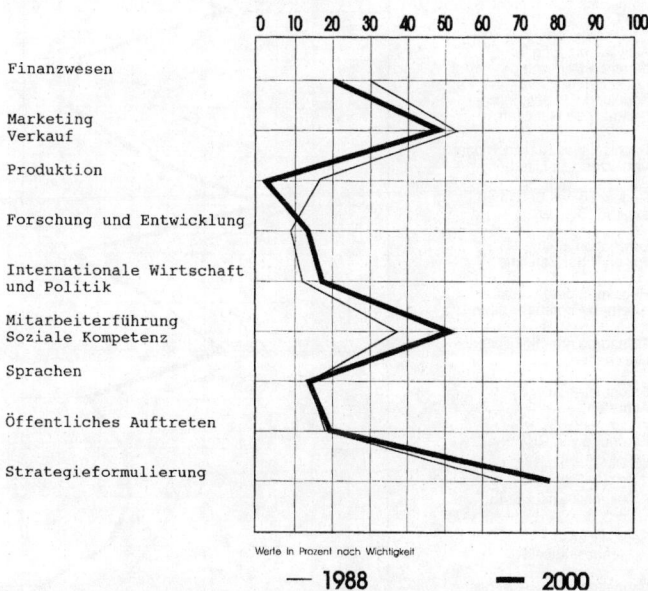

Corn/Ferry-Studie, Ergebnisse für europäische Manager: Notwendige Ausbildungs- und Erfahrungsbereiche

---

[1] Corn/Ferry-International: *21st Century Report*. Columbia University Graduate School of Business: Eigenvervielfältigung.

252 Das neue Kopftraining

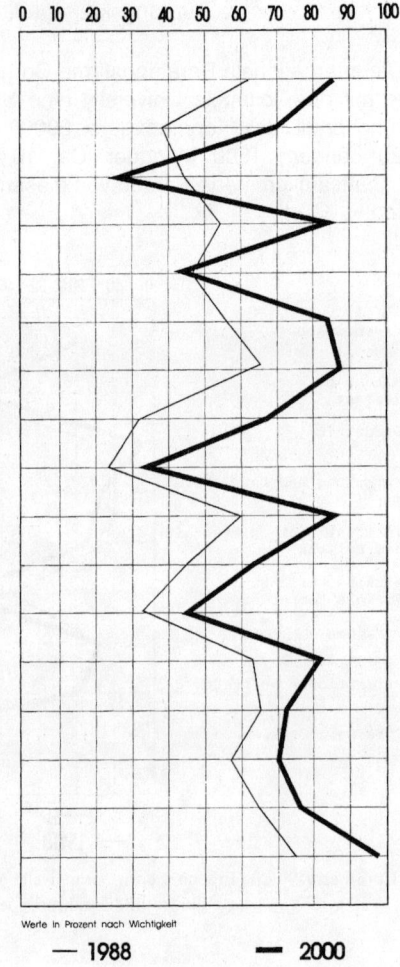

Corn/Ferry-Studie: Managementstilelemente

Verändertes Umfeld – Veränderte Anforderungen 253

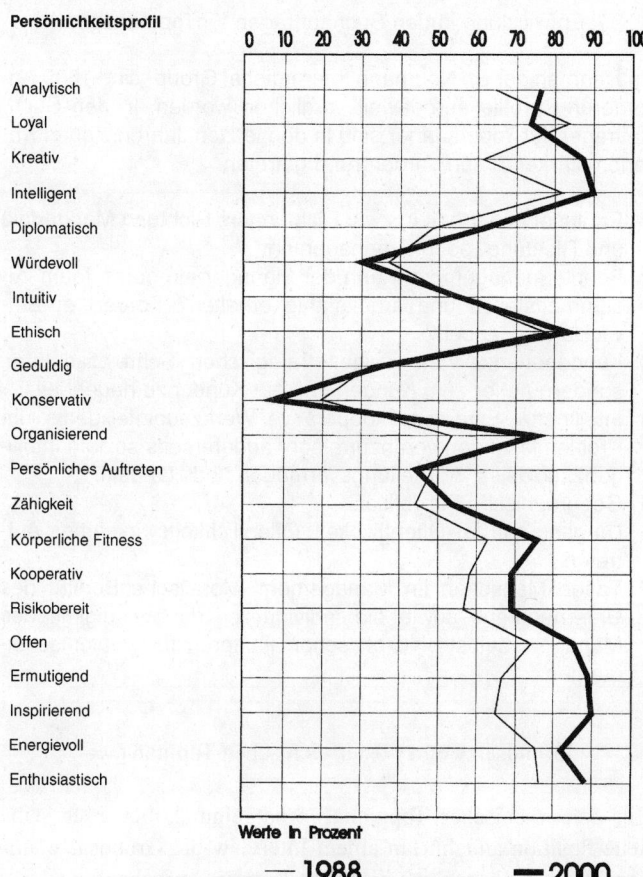

Corn/Ferry-Studie: Persönlichkeitsprofil

Entwicklung in den Suchaufträgen für Topmanager

Im Rahmen der Dr. Neumann International Group[1] sind 1000 Anforderungsprofile europaweit verglichen worden. In den Suchaufträgen für Topmanager sind in den letzten Jahren sieben Kriterien stärker in den Vordergrund getreten.

1 Erfolgsorientiertheit in zwei Richtungen: Richtung Markterfolg und Richtung „people management".
2 People management. Kann der Manager ein gutes Team zusammenstellen und arbeitsfähig erhalten? Fördert er Entwicklungschancen?
3 Kundenorientiertheit. Keine strategischen Schreibtischtäter, sondern näher zum Kunden und zur Kundenzufriedenheit.
4 Intelligenz. Einerseits kooperative Werkzeugintelligenz, um Problemlösungen voranzutreiben, andererseits soziale Intelligenz, soziales Beurteilungsvermögen und Handeln.
5 Geographische Flexibilität.
6 Umgang mit der Öffentlichkeit. Öffentlichkeitswirksames Auftreten.
7 Tätige Menschen im Management. Moralische Bonität des Unternehmens sowie die individuelle Glaubwürdigkeit des Managers selbst sind oft schon Faktoren für Kaufentscheidungen.

Grundsätze eines österreichischen Topmanagers

Ein österreichischer Topmanager hat einmal, bevor er seine neue Position annahm, in einem Interview die Grundsätze aufgezählt[2], auf die er seine bisherige Karriere aufgebaut hat.

1 Immer bereit sein, jede neue Herausforderung anzunehmen.
2 Immer bemüht sein, übernommene Aufgaben bestmöglich zu erfüllen.

---

[1] Neumann International: Führungskräfte-Profil. Nach einem Gespräch mit Dr. Franz Kurke, Senior Partner & Group Vicepresident, sowie nach einem Artikel in *Die Presse*, 2. 11. 1990.
[2] Waldstein, G.: „Ist Gerhard Randa wirklich so gut?" *Gewinn* 12/1990. S. 26–29.

3 Nie als Einzelgänger agieren, sondern immer im Team.
4 Immer versuchen, den Konsens herzustellen.
5 Loyal zu gefaßten Beschlüssen stehen, auch wenn man zunächst anderer Meinung war.
6 Immer direkten Kontakt zum Kunden suchen, um zu sehen, was er braucht, aber auch um zu erfahren, wie man selbst gesehen wird.
7 Immer als Pragmatiker und nie als Dogmatiker handeln.
8 Nicht blenden lassen. Es gibt sehr viele Analysierriesen und Umsetzungszwerge.
9 Nicht hineintheatern lassen. Man muß immer versuchen, sich ein eigenes Bild zu machen.
10 Aktion ist wichtiger als Perfektion. 70 % wissen und danach handeln ist besser, als untätig darauf zu warten, bis man 95 % weiß.
11 Immer neugierig sein. In seiner Entwicklung ist man nie fertig.

Veränderungen und psychogenes Feld

Wie unterschiedlich auch die Ausgangspunkte dieser Untersuchungen waren, es zeigen sich viele Übereinstimmungen und Entwicklungsrichtungen. Es gibt kein wahres und richtiges Managementprofil. Zu unterschiedlich sind die Anforderungen und die Probleme, mit denen sich ein Manager jeweils auseinanderzusetzen hat. Die Aufgabe besteht nun darin, das auf seine eigene persönliche Zukunft bezogene Profil sozusagen in *Scenario-Technik* herauszuarbeiten, um eine Leitlinie für die persönliche Entwicklung zu erarbeiten. Alles, was nicht in dieses Bild paßt, ist, auf einen persönlich bezogen, Theorie. Der Rest ist praktisch anwendbar. Wesentlich ist, eigene weiße Felder bewußtzumachen, um hier gezielt Entwicklungsschritte setzen zu können. Grundlegende Bereiche, die entwickelt werden müssen:

- Systemische Faktoren verstehen und umsetzen können.
- Herausbildung der sozialen Kompetenz.
- Entwickeln der Visionsfähigkeit.

Dies sind Bereiche, die bisher oft vernachlässigt wurden und werden, da sie naturgemäß schwer erfaßbar und ausbildbar sind.

Durch den Ansatz des gesamtheitlichen Mentaltrainings, mit Hilfe des Instruments des Biokybernetischen Trainings, zeigt sich ein gut gangbarer Weg.

Systemische Faktoren zu erkennen erfordert eine Veränderung der bisherigen Gewohnheiten. Dafür ist eine Verwendung beider Gehirnhälften notwendig.

Die soziale Kompetenz erfordert eine vorwiegend rechtshirnige Erfassung von Informationen, ein Erfassen von Zwischentönen. Diese müssen aber auch zum Ausdruck gebracht werden, was Teile des linkshirnigen Feldes anspricht.

Visionsfähigkeit erfordert eine weitere Entspannungsfähigkeit, auch in Drucksituationen, wobei die Qualität der Visionen mit einem ausgewogenen psychogenen Feld sowie einer rechts- und linkshirnigen Ausbalanciertheit steigt.

Dies sind die wesentlichen Zielfelder. Das Biokybernetische Training ist die effiziente Methode, zu diesen Zielen zu gelangen. Der einfache Grund dafür ist:

- daß Sie da messen können, wo andere nur auf Vermutungen angewiesen sind, d.h., Sie können z.B. Ihr persönliches Ist- und Zielprofil klar herausarbeiten (weshalb vorne Zielprofile dargestellt sind).
- Sie können auch bereits kleinste Veränderungen feststellen, daher besteht die Möglichkeit persönlicher Veränderungen. Sie können:
  - lernfähiger werden,
  - die für Sie effizienteste Methode auswählen,
  - diese Methode entsprechend der Lernfortschritte adaptieren,
  - Lernfreude und spielerischen Umgang mit verschiedenen Methoden gewinnen,
  - erkennen, daß Sie selbst sehr viel verändern und persönliche Sicherheit beim Auswählen und Einsetzen der Methode erreichen können. Dies ist eine Voraussetzung für persönliche Selbstsicherheit.

Die nächste Stufe zur Harmonisierung des rechten und linken Gehirnpotentials ist das PCE-Training (siehe Seite 284), durch das Sie mehr Lebensenergie zur Verfügung haben.

Rolleneinteilung im Unternehmen

Führen ist die Funktion, das gesamte Unternehmen auf ein gemeinsames Ziel hin, mit Abstimmung auf die Umwelt, zu dirigieren. Der Vergleich mit einer Komposition bietet sich an, wobei die Partitur immer von mehreren Personen bzw. Interessensgruppen mitbestimmt wird. Kompositionszeiten, Probezeiten, Umsetzungszeiten, Tempo, Interpunktion bzw. wer an welchem Teil teilnehmen soll und kann, sind die Themen.

Führen bedeutet, den Organismus Unternehmen lebensfähig zu erhalten, aber auch Visionen und Ziele hervorzubringen. Da viele Themen ja nicht selbststeuernd sind, müssen diese im Unternehmen von Funktionsträgern betrieben werden (Betriebswirtschaft – *Betreibswirtschaft*). Daß ein Orchester von Funktionsträgern gemeinsam harmonische Töne hervorbringt bzw. keine zu privaten Spiele und Schrebergärten entstehen, ist Aufgabenstellung einer Führungskraft. Daraus ergibt sich, daß es unterschiedliche Funktionsgruppen gibt.

Management ist der Prozeß, mit dem Abläufe zum vereinbarten Ziel hin betrieben werden. Um diese Prozeßabläufe sichtbar zu machen, ist ein umfangreiches Instrumentarium der Betriebswirtschaft entwickelt worden, ähnlich der Notenschrift für den Dirigenten bzw. das Orchester. (Vgl. Panoramabild auf Seite 271). Der *Manager* ist der Dirigent, er steuert in Abhängigkeit vom gesamten Unternehmensziel die jeweiligen Abteilungsziele.

Mitarbeiter sind Geführte. Ähnlich den einzelnen Orchesterspielern setzen sie die vereinbarten Ideen um bzw. bringen sie in dieser wirtschaftlichen Realität zur Wirkung.

Die überlappenden Teile sind der gemeinsame Anteil (Schnittmenge) z.B. für Mitbestimmung. Der Vorteil dieser Darstellung ist, daß sie dynamisch betrachtet werden kann.

Wenn Du ein Schiff bauen willst, so trommle nicht Männer zusammen, um Holz zu beschaffen, Werkzeuge vorzubereiten, Aufgaben zu vergeben und die Arbeit zu erleichtern, sondern lehre die Männer die Sehnsucht nach dem endlosen, weiten Meer.

(Antoine de Saint-Exupéry)

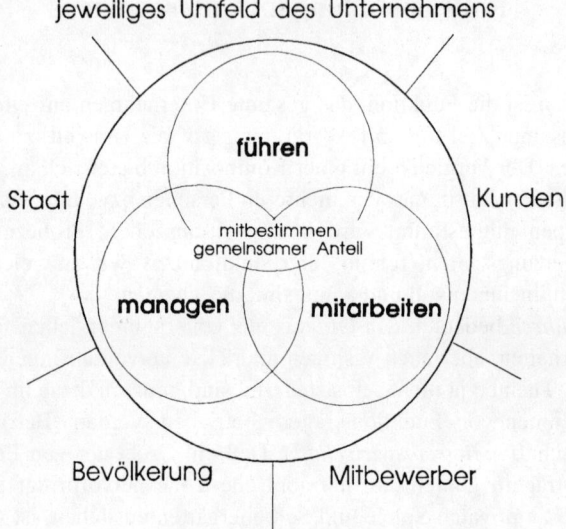

Funktion der Unternehmensführung

Führungsstile

Den besseren bzw. schlechteren Führungsstil gibt es nicht. Die Frage ist, ob er adäquat für die Situation anwendbar ist. Frei nach einem Ausspruch von Paul Watzlawick: „Ich habe eine Lösung, aber sie paßt nicht zum Problem."

Autoritärer Führungsstil

Das Bild spricht eigentlich schon für sich. Die Informationsweitergabe erfolgt eher in kurzen Anweisungen (Befehlsform). Diese Informationsweitergabe ist genormt und besonders da geeignet, wo vorgedachte Prozesse präzise und rasch ablaufen sollen. Bei Veränderungen, in deren Folge Rückinformationen (Marktinformation, Kundennähe) notwendig sind, ist diese Organisation ungeeignet. Es gibt kaum Schnittmengen.

Rolleneinteilung im Unternehmen

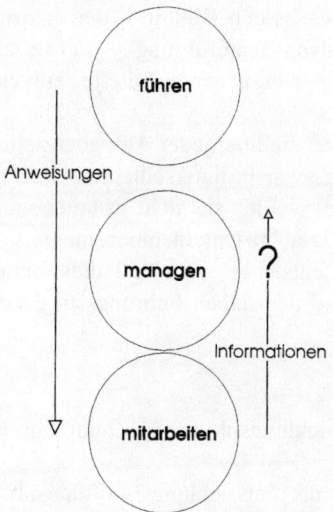

Führungsstil: hierarchisch-autoritär

Kooperative Teamführung

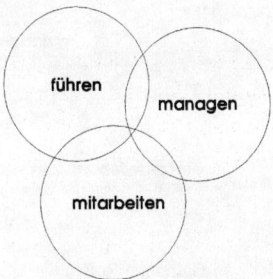

Führungsstil: kooperativ

Dieser Stil ist geprägt durch Vernetzung und wechselseitigen Informationsaustausch. Geeignet ist er vor allem bei rasch wechselndem, komplexem Umfeld und wenn gute Abstimmung aufeinander gefordert ist.

Zwischen diesen beiden Bildern – der autoritären Führung und der kooperativen Teamführung – gibt es alle möglichen Zwischenformen. Sie brauchen nur die jeweiligen Teile zu verschieben.

Genau betrachtet sind bei jeder Aufgabenstellung alle Funktionen notwendig, zwar in unterschiedlicher Ausprägung, aber doch vertreten. Oft werden sie nicht wahrgenommen. Auch hat jeder Funktionsträger im Unternehmen mehrere Rollen auszufüllen. Konflikte entstehen, wenn all diese unterschiedlichen Rollen mit ein und demselben Führungsstil durchgeführt werden.

Entwicklungsphasen und Führungsstil

Je nach der Phase der Entwicklung ist oftmals, bezogen auf das Gesamtunternehmen oder auf ein Projekt, eine unterschiedliche Führungsstruktur nötig.

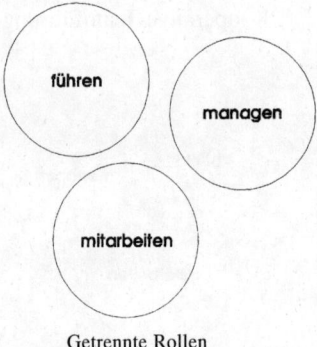

Getrennte Rollen

1. Pionierphase, Ideenfindung: Möglichst viele Kompetente sollen kooperativ mitwirken. Bei der Konzipierung eines Projekts erscheint eine offene, demokratische Führung als zielführend.

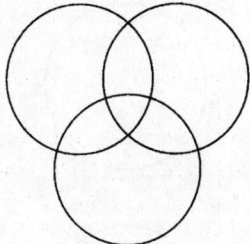

Funktionsmix in der Pionierphase

2. Konsolidierungsphase, Entscheidungsfindung: Es ist eine Führungsstilfrage (Machtfrage), wer an der Entscheidung teilhaben kann, soll oder darf. In der Entscheidungsphase hängt es von der Teamkultur ab, ob eine einsame oder eine Teamentscheidung vorgezogen wird.

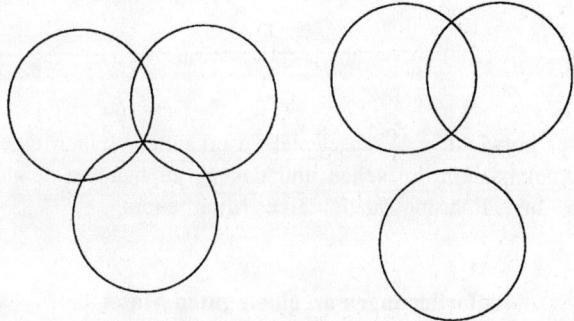

Funktionsmix in der Konsolidierungsphase

3. Umsetzungsphase: Hier gilt es, die getroffenen Entscheidungen rasch und konsequent umzusetzen. In der Umsetzungsphase kann ein strukturierter bis autoritärer Führungsstil effektiver sein.

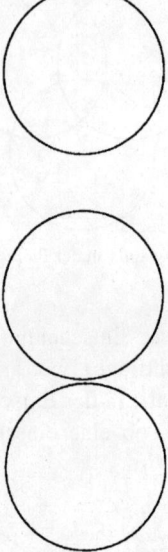

Funktionsmix in der Umsetzungsphase

Dieses notwendige Wechselspiel zu erkennen, seinen eigenen Rollenplatz darin zu sehen und danach zu handeln zeigt die Team- bzw. Führungsqualität eines Mitarbeiters.

Anforderungen an einen guten Manager

Je besser ein Manager ist, desto leichter und schneller kann er zwischen den unterschiedlichen Anforderungen der Funktionen wechseln bzw. auch unter Streß oder Zeitnot möglichst entspannt bleiben und den Überblick bewahren, Prioritäten richtig setzen und situationsadäquat reagieren. Unterschiedliche Rollenanforderungen sind u.a.:

- Eigene Abteilung führen
- Mitarbeit in einem Team
- Eigenes Tagesgeschäft

- Kundenkontakt pflegen
- Repräsentieren nach außen/innen
- Alternativen erkennen
- Visionen entwickeln
- Mitarbeiter fördern
- Mitarbeiter auswählen

Dieses Umschaltenkönnen zwischen den widersprüchlichen Anforderungen ist der entscheidende Faktor für eine Bewährung in Krisenzeiten. Es erfordert eine reife, ausgeglichene Persönlichkeit.

Prioritäten setzen

Prioritäten setzen ist eine zentrale Aufgabenstellung der Führungsfunktion. Ein ständiges Dilemma ist, daß man zum Zeitpunkt der Entscheidung lange nicht alle Informationen hat, oft auch für die Bewertung der einzelnen Informationen kaum Anhaltspunkte besitzt.

Ohne eigenes Beziehungssystem gleitet eine Menge an Informationen einfach ab. Schlagwort dazu: „Overnewsed but underinformed." Wesentlich ist, seine eigenen Bestimmungsgründe und Wertsysteme, anders gesagt, seine Wahrnehmungsfilter weitgehend zu kennen und dafür zu sorgen, daß andere die persönlichen blinden Flecken in der Wahrnehmung ausfüllen können. Dies wird zwar oft Widersprüche hervorrufen, bietet aber eine sichere Entscheidungsbasis. Wesentlich für Mitarbeiter sind klar ausgesprochene Prioritäten. Sie bieten Sicherheit und Orientierungspunkte, beides Voraussetzung für ein gutes Arbeitsklima und folglich gute Arbeitsleistungen. Für die Entscheidungssituation, die oft streßreich erlebt wird, mögen folgende Überlegungen entlastend sein.

- 80/20-Regel: Ungefähr 80 % der notwendigen Informationsbeschaffung benötigen 20 % Aufwand. Die restlichen 20 % an Informationen benötigen 80 % des Aufwandes an Zeit und Geld.

- Der Perfektionstick: Nicht jede Entscheidung kann richtig sein. Dies steigert höchstens die Infarktanfälligkeit und nimmt die Zeit, Wesentliches zu gliedern. Erfolgreich sind Sie bereits bei 51 % richtigen Entscheidungen.
- Eine nette, aber treffende Anekdote ist: Ein Unternehmer wird gefragt, worauf er seinen Erfolg zurückführt. Die Antwort: „Richtige Entscheidungen." Auf die weitere Frage, da die Antwort etwas mager erscheint, „Wie kamen Sie zu den richtigen Entscheidungen?", Antwort: „Erfahrungen." Weiter: „Wie kamen Sie zu diesen Erfahrungen?" Antwort: „Falsche Entscheidungen." Der Unterschied zwischen Wissen und Können liegt im Zeit- und Lehrgeld und kann nicht abgekürzt werden. Jeder macht Fehler, Erfolgreiche aber machen jeden Fehler nur einmal und lernen daraus. Es geht darum, offen, möglichst ohne Filterung auch rückblickend, Entwicklungsprozesse zu verfolgen. Dafür sind streßfreie Zeiten und offene Beziehungskanäle zu Kollegen notwendig – Symbole und Kennzeichen einer funktionierenden Unternehmenskultur.

Tip: Beobachten Sie sich selbst, wie oft Sie ein und denselben Fehler machen, z.B. im nächsten Monat.

Wahrnehmung unter Streß

Wie in einem vorhergehenden Kapitel (Seite 229) schon ausgeführt, nimmt jeder Mensch Situationen verschieden auf – je nach seiner Wertestruktur. Wir strukturieren diesen Informations-Input entsprechend unseren Erfahrungen, Vorstellungen und auch momentanen Ideen, Gedanken und Gefühlen. Auch nehmen wir Dinge, die wir erwarten, eher zur Kenntnis als solche, die nicht in unser Bild (vom Mitarbeiter, der Aufgabenstellung oder Lösungsvariante) passen. Gerät eine Person unter Druck, engt sich ihre Wahrnehmungsmöglichkeit immer weiter ein. Wahrgenommen wird nur mehr das in seiner jeweiligen Struktur als wesentlich Erkannte. Dabei kann ein ganz beachtlicher Unterschied zum tatsächlichen Geschehen entstehen. Eine solche Situation kann dann eigentlich nur durch zwei Varianten verändert werden:

- Das eigene Streßverhalten bewußt erkennen und wenn nötig verändern.
- Über Machtmittel die eigene Betrachtungsweise durchsetzen.

Ergebnis der zweiten Variante: Viele, oft die wesentlichen Informationen zur echten Problemlösung gehen verloren. Das Arbeitsklima kühlt ab, die Arbeitsfähigkeit (Effizienz und Effektivität) sinkt. Die Beteiligten fühlen sich un- bzw. mißverstanden, können darüber aber nicht sprechen. Dies ist oft ein Hintergrund für Kündigungen, echte oder innere Kündigungen. Eine oft daraus entstehende Wagenburg-Mentalität bringt nichts, sondern schlägt auf die persönliche Arbeitsfähigkeit zurück.

Der Sandwich-Manager

Es zeigt sich, daß durch Veränderungen im Umfeld auf das sogenannte Mittelmanagement immer stärkerer Druck ausgeübt wird. Ein Manager in einer solchen Position ist mit unterschiedlichen Rollenanforderungen konfrontiert: Er muß widersprüchliche Interessen unter einen Hut bringen, andererseits ist er dem Druck vom Tagesgeschäft und den eigenen Mitarbeitern ausgesetzt. Außerdem spielt eine Rolle, daß kaum ein eigentlicher Einfluß auf die eigene Tätigkeit und auf den eigenen Tagesablauf vorhanden ist. Ergebnis solcher Situationen sind steigende Streßsymptome bis zu physischen Krankheitsbildern und damit einhergehend sinkende Vitalkraft der Person. Dabei nützt die Person durch sinkende selektive Wahrnehmung nicht alle ihrer Möglichkeiten zur Lösung der offenen Fragen aus. Ein Teufelskreis, der oft nurmehr durch Mentaltraining gelöst werden kann.

Sandwich-Manager

Eigentümer-Unternehmer

Nachdem es immer weniger Eigentümer-Unternehmer gibt, wird die Führungsfunktion oft eng verknüpft mit der Managementfunktion bzw. die beiden gehen ineinander über. Das hat Vor- und Nachteile. Einerseits sind das Heraustreten aus dem Tagesgeschäft sowie Visionsfähigkeit gefordert, andererseits bestehen Abteilungs- oder Gesamtunternehmensinteressen, die sich widersprechen können. Eine besonders ausgeprägte Konfliktkultur und Selbstreflexionsfähigkeit sind hier vonnöten.

Unternehmenskultur

Im übertragenen Sinn entspricht die Unternehmenskultur im Unternehmen dem psychogenen Feld einer Person. Die Unternehmenskultur stellt dar, wie miteinander umgegangen wird, sie besteht in den Verhaltensnormen oder Wertschätzungen der Abteilungen untereinander. Oft werden bestehende Werte unbewußt tradiert. Ein Fall aus der Praxis: Die ständigen Reibereien und Konflikte zweier Abteilungen konnte niemand so richtig erklären. Im Hintergrund stand jedoch, daß die schon lange pensionierten Leiter jener Abteilungen persönlich verfeindet waren, was sich auf die Abteilung übertrug und mit einem sonderbaren Eigenleben fortsetzte. Viele solcher Themen lösen sich auf, sobald sie beleuchtet werden. Die Unternehmenskultur zeigt sich an drei Schnittfeldern:

- Wie wird miteinander umgegangen: Spielregeln und, wenn man so will, Werte, unternehmerische Grundsätze; auch das Unternehmensleitbild, welches vielleicht niedergeschrieben ist, aber auch jenes, welches wirklich gelebt wird, ist hinzuzurechnen.
- Die äußere Gestaltung, angefangen von den Arbeitsplätzen über das Briefpapier bis zu den Werkhallen. Dieser Aspekt betrifft Themen, die im Corporate Design zusammengefaßt werden.
- Die Beziehung zur Umwelt des Unternehmens, vom Kunden über ökologische Fragen bis zur Medienpräsenz.

Je harmonischer alle diese Teile zusammenpassen, desto wirkungsvoller ist das Instrument Unternehmensschulung einsetzbar. Persönliches Menschenbild, persönliche Umgangsformen, kurz: die persönliche Lebenskultur, sind Ausdrucksmittel dafür. Führungskräfte sind die bestimmenden Symbolfiguren, ihr persönliches Handeln ist prägend für die Unternehmenskultur-Elemente.

Bisher haben wir lediglich gelernt, voranzutreiben und Durchbrüche zu schaffen. Die wesentlichsten neuen Anforderungen sind: Entwicklungen zu lenken, zu überwachen, zu moderieren, verträglich zu machen, mit verschiedenen Teilen – d.h. mit anderen im Team, nicht nebeneinander – gemeinsam zu arbeiten. Dies erfordert eine Offenheit, die uns oft schon abhanden gekommen ist, die wir jedoch wieder erlernen müssen, wollen wir die Überlebensfähigkeit sichern.

Mentaltrainingspanorama

Wirklichkeit ist das, was wirkt. Führungskräfte haben die Aufgabe, möglichst gemeinsam Visionen und daraus Ziele zu entwickeln und diese Ziele mit anderen zu erreichen. Dazu müssen sie schon als Vorbild vorangehen. *Wer andere bewegen will, darf selbst nicht sitzen bleiben.*

Manage deinen Nächsten wie dich selbst. Oft ist es so, daß wir über z.B. Unternehmungsführung mehr Bescheid wissen als über Bestimmungsgründe für unser eigenes Leben. Es ist dies auch ein besonders schwieriges Thema, weil wir uns dabei mit unserer „Schattenseite" auseinandersetzen müssen. Erstes Ziel ist es, möglichst realistisch mit sich selbst umzugehen. Für die Unternehmensführung ist die Kenntnis der Vorsteuergrößen, der Zusammenhänge, der Wirkfaktoren bei der Steuerung des Unternehmens zur Zukunftssicherung und somit zur Erreichung eines nachhaltigen Erfolges unumgänglich. Genauso ist es beim inneren Management. Die Kenntnis der persönlichen Zusammenhänge sowie das bewußte Einsetzen persönlicher Vorsteuergrößen bringt neben Selbsterkenntnis auch die Kenntnis eigener, bisher ungenutzter Fähigkeiten. Sie bringt außerdem innere Stärke, damit die Möglichkeit zur Offenheit und in der Folge Umsetzungsfähigkeit in Harmonie mit dem Umfeld und dadurch steigende Vitalkraft. Dies ist ein positiver Kreislauf, den ich immer wieder feststellen konnte. Die Zeitabstimmung und die Zwischenschritte können sehr verschieden sein; ist nur der Wille da und die persönliche Entscheidung dazu einmal getroffen und sind erst die Erfahrungen gesammelt, geht dieser Prozeß schrittweise voran.

Das Panoramabild

Ein Überblick über die Vielfalt der Möglichkeiten und der damit verbundenen unterschiedlichen Denkrichtungen erscheint immer wichtiger. Ein Panoramabild der Methoden, zuerst für die eigene Klarheit, sodann für den Informationsaustausch, erweist sich als hilfreich. Als sehr brauchbar erscheinen mir dabei die Grundgedanken des Panoramabildes, welches Dr. Deyhle für die Unternehmenssteuerung (Unternehmenscontrolling) erarbeitet hat. Auf Bekanntes aufbauend und im Sinne des Querdenkens für inneres Management weiterentwickelt, bietet es einen guten Überblick sowie die Orientierung, zu welchem Thema gerade gesprochen wird. Zuerst das Panoramabild nach Deyhle.[1]

Unternehmens-Planungspanorama

Die drei Themenbereiche des Unternehmens-Planungspanoramas haben jeweils unterschiedliche Gesetzmäßigkeiten, hängen aber mehrfach wechselseitig zusammen. Alle wesentlichen betriebswirtschaftlichen Instrumente sind enthalten. Wichtig ist, daß man jeweils weiß, aus welchem Themenbereich heraus argumentiert bzw. gesprochen wird. So werden Mißverständnisse gleich von vornherein ausgeschlossen. Jeder der drei Bereiche hat andere Zeithorizonte, andere Bezugsgrößen und gilt als Vorsteuergröße des anderen.

Gesamtheitliches Mentaltrainingspanorama

Jede Person hat viele persönliche Energien zur Verfügung. Oft ist es leider so, daß viele davon sich gegenseitig neutralisieren oder ganz aufheben. Hintergründe dafür liegen im Sozialisationsprozeß oder in Blockaden, aus welchen Quellen diese auch immer kommen. Die genauen Ursachen zu eruieren erachte ich oft für nicht notwendig, weil es im systemischen Denken kein eindimensionales Ursache-Wirkung-Denken gibt. Wesentlich ist, daß wir den gegenwärtigen Status erkennen. Eine solche klare Selbstbetrachtung ist notwendiger Ausgangspunkt für jeden weiteren bewußten Entwicklungsprozeß. Das Panoramabild

---

[1] Nach Deyhle, A.: *Controller Handbuch*. 3. Aufl. Bd. II. Gauting: Management Service Verlag, 1974, S. 29.

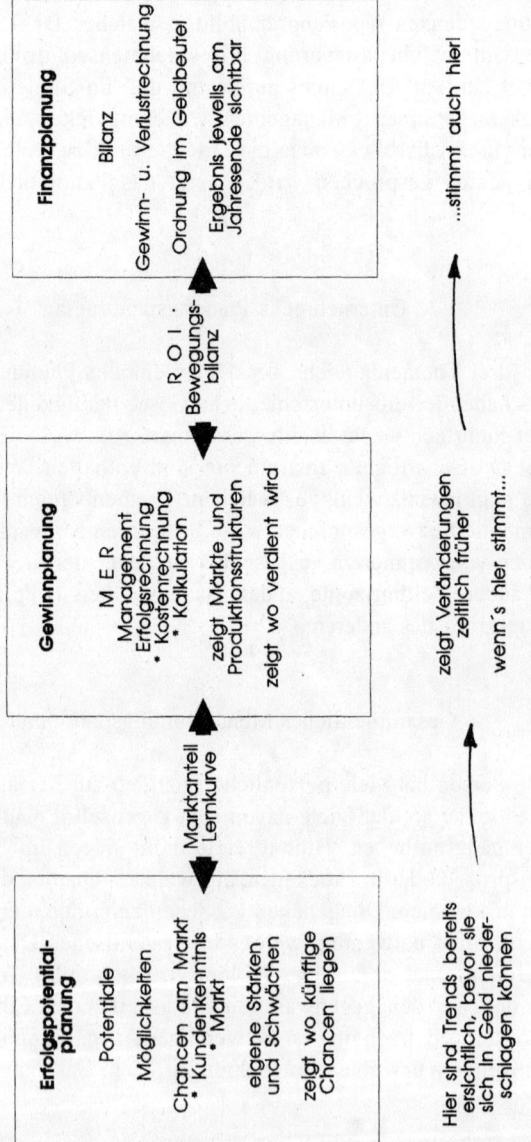

Mentaltrainingspanorama 271

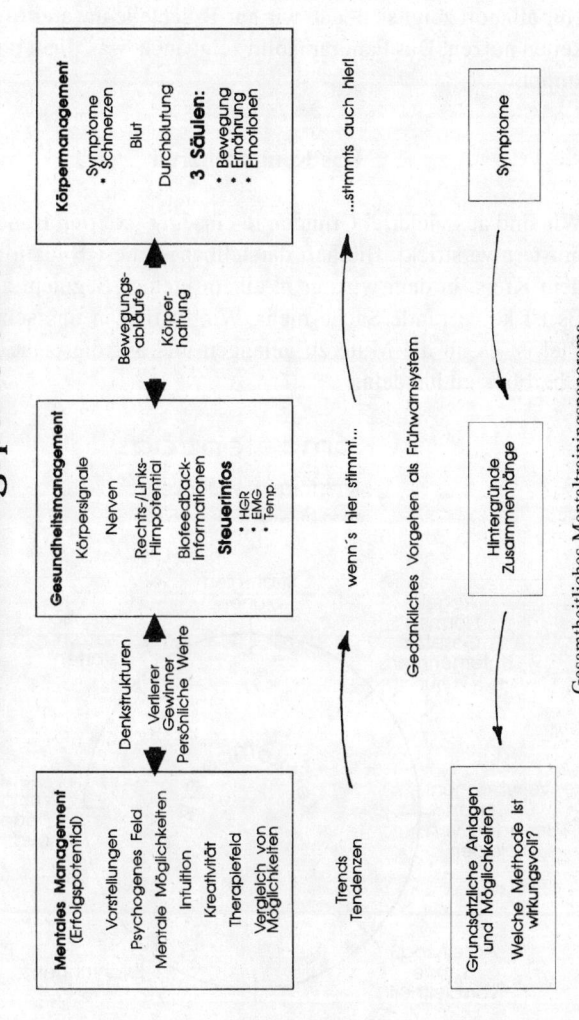

zeigt, zu welchen Themenfeldern und Abhängigkeiten konkret gearbeitet wird. Es weist aber auch auf, wo unbeachtete weiße Flächen sind oder Fixierungen auf einzelne Themen stattfinden. Nur allzuoft zeigt sich, daß wir nur Bruchteile unserer Möglichkeiten nutzen. Das Panoramabild zeigt auch, was fließt oder was stoppt.

Das Kompetenzrad

Wir sind aus vielerlei Gründen in einseitig fixierten Handlungsmustern verstrickt. Bildhaft darstellbar ist diese Situation in einem Kreis, in dem wir nur in einem kleinen Segment agieren. Es ist keine runde Sache mehr. Wir schränken uns selbst ein. Ziel ist es, in die Mitte zu gelangen und aus dieser heraus im Überblick zu handeln.

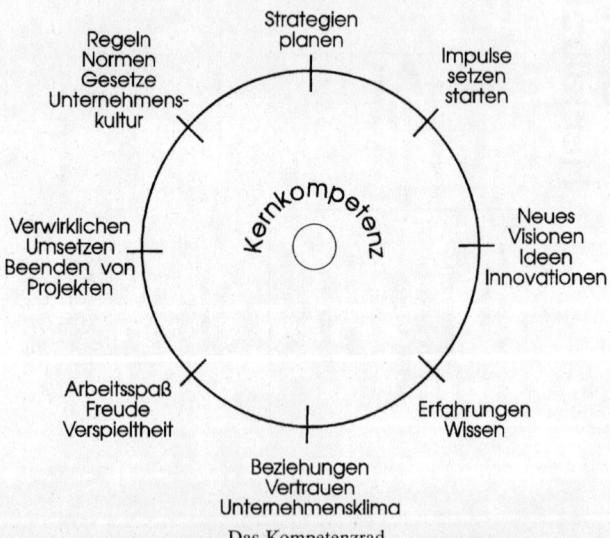

Das Kompetenzrad

Wir können auch andere besser verstehen, wenn wir alles von der Mitte aus betrachten und uns frei zu den einzelnen Themen bewegen können.

Das Kompetenzrad stellt eine Denkhilfe dar, die Sie sowohl in den Reflexionen über die eigene Situation als auch über die Situation in einem Team anwenden können (vgl. Seite 288 f.). Die graphische Darstellung kann fehlende Kompetenzen deutlich machen, aber auch die Proportionen der einzelnen Segmente. Über- und unterrepräsentierte Fähigkeiten werden auf diese Weise bewußt und somit beeinflußbar.

Körpermanagement

Dieser Themenbereich beinhaltet die grobstoffliche Materie, die Struktur unserer Persönlichkeit. Oft erhalten wir Signale von unserem Körper, die wir zum Teil gar nicht wahrnehmen oder verstehen. Dafür gilt es sensibel zu werden. Denn ein Signal hat ja einen speziellen Sinn, einen Informationsgehalt. Übertragen auf das Management bedeutet ein angemessener Umgang mit einem Signal, das Berichtswesen zu kennen und zu berücksichtigen und in der Folge auch danach zu handeln. Nur was geschieht allzuoft? Die Signale, z.B. Kopfschmerzen, Verspannungen ... sind unangenehm und sollten aufhören. Vergleichbar sind wir dabei einem Piloten, der eine Signallampe, die aufleuchtet, einfach ignoriert und weiterfliegt. Wird damit ein zu hoher Öldruck oder eine zu hohe Temperatur ignoriert, kann sich in der Folge ein unruhiges Motorgeräusch ergeben. Wird auch dieses nicht beachtet, führt das zum Motorschaden und dieser wiederum zum Absturz des Flugzeugs. Der Wirkungszusammenhang bleibt ja unverändert bestehen, das Problem zeigt sich auf anderer Ebene, zumeist stärker, wieder.

Auf ein Unternehmen bezogen: Wird das Berichtswesen, werden die betriebswirtschaftlichen Signale längere Zeit nicht beachtet, kann das einen Konkurs zur Folge haben. Wiederum zurück auf uns bezogen: Es passiert nur allzuoft, daß wir die Signale als „Wehwehchen" abtun; die Rechnung kommt zumeist Jahre später, daher sehen wir oft die Zusammenhänge nicht. Außerdem degradieren wir manchmal einen Arzt dazu, nur eine Symptombehandlung durchzuführen. Mit einer Symptombehandlung werden jedoch die grundlegenden Wirkzusammenhänge nicht berücksichtigt, ebensowenig die Nebenwirkungen. 1989 wurden in Deutschland 1.100 t reine Schmerzmittel (ohne Trägersubstanz!) verkauft, 900 t davon rezeptfrei. 15 % der Bevölkerung konsumieren ein Drittel der Medikamente, wobei einen hohen und ständig steigenden Anteil die 30- bis 40jährigen, im Management Tätigen bilden. Es sind die „Sandwich-Manager". Sie erleben den Druck von allen Seiten und suchen so Erleichterung bei der vermeintlich einzig wirksamen Methode.

Nur ist dies der Beginn einer sich verengenden Spirale. Im Endpunkt stehen Beschwerden, Krankheiten und unter Umständen die „Management-Erfolgsmedaille", der Herzinfarkt!

Zielführend ist es, den systemischen Gesamtzusammenhang nicht aus den Augen zu verlieren und aus diesem Kontext heraus bewußt zu handeln. Wesentlich dabei sind die drei Säulen, auf denen unsere Körperlichkeit ruht: Ernährung, Bewegung, Emotionen.

Ernährung

Es gelten die gleichen Grundsätze wie im Unternehmen: Das Geld, das im Einkauf verloren wird, kann nirgends mehr wieder verdient werden. Die Ernährung ist eine der Schlüsselstellen von Wirkfaktoren. Das Ergebnis kann nie besser werden als das, was wir unserem Körper zuführen. Dabei ist sowohl der zeitliche Aspekt (vgl. Chronobiologie, Seite 195) als auch die Art der Ernährung von Bedeutung.

Mit welcher Hektik essen wir? Was essen wir? Wir wissen aus verschiedenen Untersuchungen, daß die Umstellung der Ernährung direkt auf die Herzinfarktrate einwirkt. Wesentlich wäre eine den körperlichen und geistigen Anforderungen entsprechende Ernährung[1] sowie möglichst unveränderte Vitalstoffe.

---

[1] Vgl. Böhmig, U.: *Heilmittel Ernährung*. Wien: Orac-Verlag, 1985.

Die Ernährung hat über die körperliche Verfassung im erweiterten Sinn auch Einfluß auf die Wahrnehmungsfähigkeit. Wenn wir z.B. zuviel Salz essen – im Durchschnitt 15mal soviel als nötig –, verkrampfen sich durch das Natriumchlorid die Endkapillaren im Gehirn. Durch zusätzlichen Streß kann die Verkrampfung bis zur Versteifung gehen und bei Dauerstreß bis zur Funktionseinstellung der Kapillaren. Dies bedeutet Minderversorgung des Gehirns mit Sauerstoff und Blut, die Folgen liegen auf der Hand.

Bewegung

Oft sitzen wir während des gesamten Berufsalltags am Schreibtisch und danach zu Hause vor dem Fernseher. Empfindungen wie Ärger und Ungerechtigkeit werden nicht ausgelebt. Das in Streßsituationen produzierte Adrenalin kann nicht abgebaut werden, da unser Körper darauf programmiert ist, auf Adrenalinausstoß mit physischer Aktion – Angriff oder Flucht – zu reagieren. In der Folge steigt das Streßniveau. Grundsätzliche Anregungen: zumindest einmal täglich aufgrund von körperlicher Bewegung ins Schwitzen kommen. Je nachdem, welcher Typ man ist, sind verschiedene Sportarten wichtig. Spezielle Biofeedbackmessungen können zeigen, welche Sportarten für einen in diesem Zusammenhang vorteilhaft wären. Körperliche Betätigung – und zwar täglich – ist wichtig, um Streß abzubauen, um den Sauerstoffaustausch in den Zellen anzuregen, um beweglich zu bleiben.

Emotionen

Emotionen oder die Reaktion auf verschiedene Stressoren offen zu zeigen ist im westlichen Kulturkreis weitgehend gesellschaftlich geächtet. In unserer vordergründig rationalen Welt werden Emotionen als unsachlich und lästig abgetan. Die Folge davon ist emotionale Vereinsamung und Abgestumpftheit. Dabei wäre es für uns wichtig, emotionale Harmonie, Anerkennung und Sicherheit zu erleben. Einerseits sind Emotionen eine Triebfeder für viele Handlungen, andererseits hat auch die Gesundheit, die innere Zufriedenheit über das Immunsystem direkten Einfluß auf unser Wohlbefinden (vgl. Bell-Studie, Seite 304). Fehlt ein harmonisches emotionales Umfeld, so ist dies eine Keimzelle für diverse Stressoren, viele Unpäßlichkeiten und Krankheiten.

Gesundheitsmanagement

Bevor wir auf der körperlichen Ebene bereits starke Einschränkungen unserer Vitalkraft sehen und spüren, zeigen sich bereits feine Körpersignale bis Symptome – sozusagen Vorsteuergrößen. An diesen Vorsteuergrößen kann man den Zustand der verschiedenen Regelkreise des Körpers erkennen. Viele nehmen diese eigentlich nicht mehr wahr. Einen veränderten Zustand merken sie erst dann, wenn eine Funktionsstörung schon manifest geworden ist. Die Empfindungsfähigkeit ist so eingeschränkt, daß für viele ihr eigener Körper zur „Umwelt" geworden ist.

Im Bereich des persönlichen Gesundheitsmanagements haben wir den Übergang vom fixen Einzelwert von Puls, Hauttemperatur, Atmung, Hautwiderstand oder Gehirnpotential … zu Veränderungen aufgrund der sogenannten dynamischen Betrachtungsweise, anders ausgedrückt zu Fließgleichgewichten. Das sind mehrfach verknüpfte Wechselwirkungen, die sich im Zeitablauf ändern.

Als Verbindungsglied zwischen den beiden Bereichen Körpermanagement und Gesundheitsmanagement können beispielsweise Körperhaltungen angesprochen werden. Ist man etwas aufmerksam und geschult, zeigen sich durch bevorzugte Verhaltensmuster des Gehens, der Bewegung, der Atmung, welche bzw. wo Fixierungen und Blockaden vorhanden sind. Schulter, Arme und Hände sind Aktionsorgane des Menschen. In unseren Handlungen tritt unser Ich mit der Außenwelt in Verbindung. Störungen in diesem Bereich werden u.a. durch Probleme im Geben und Nehmen aufgezeigt, durch starre Muster von Kampf oder Resignation, auch durch die Unfähigkeit, nach dem zu greifen, was wir uns wünschen. Um seine eigenen Gefühle zu leben, muß man sie auch in ihrer vollen Intensität erleben, und dies geht nur, wenn man sie ausdrückt. Zu sagen, ich bin wütend, ist nicht dasselbe, wie zu fühlen, wie die Emotion durch den Körper brandet. Je länger etwas aufgestaut ist, desto stärker richtet sich die Energie gegen einen selbst oder wird später mit voller Wucht nach außen brechen. Jede zugrundeliegende Struktur zeigt einen homöostatischen Gleichgewichtszustand an und hat für sich genommen einen Sinn. Eine Wertung von richtig oder falsch gibt es dabei nicht. Es sollen lediglich eventuelle Veränderungen der persönlichen Struktur sowie die Öffnung des Energieflusses vorsichtig geschehen.

Gesundheit ist nicht nur die Abwesenheit von Krankheit! Die WHO (Weltgesundheitsorganisation) hat Ende der 80er Jahre ihre Definition von Gesundheit geändert und das körperliche Gesundfühlen um die soziale und emotionale Gesundheitskomponente erweitert. Eine Studie der Medical Association zeigt die Beeinflußbarkeit unseres Gesundheitszustandes durch uns selbst sehr deutlich. Nur etwa 10% der Faktoren, die unseren Gesundheitszustand ausmachen, hängen direkt von der Qualität der medizinischen Versorgung ab. Zu etwa 75% hingegen beeinflussen wir unsere Gesundheit selbst. Einflußfaktoren sind unser Lebensziel und zugrundeliegende Wertehaltungen.

Mentalmanagement

Hier sind wir im feinstofflichsten der angeführten Bereiche. Gedanken, Vorstellungen, Ideen, Wünsche steuern uns in unseren Entscheidungen und somit in unserem Handeln. Egal wie wir unsere Handlungen auch versuchen rational zu begründen, im Hintergrund stehen Wertestrukturen und unser Menschenbild. Durch dieses Raster sehen wir die Welt. Jedes fixierte Denken schränkt die Wahrnehmung ein. Je offener wir sind, desto klarer können wir die Realität, die Situation, die Wirkfaktoren erkennen, desto weniger werden wir enttäuscht. Speziell bei Veränderungen ist dies von essentieller Bedeutung. Gleichzeitig ist das mentale Management eines der schwierigsten Themen. Vorbedingung ist die Selbsterkenntnis, das Erkennen und Verändern persönlicher Raster. Hierbei entsteht oft der Wunsch nach einer allgemein gültigen Anleitung bzw. der gültigen Einteilung. Mitnichten, diese gibt es nicht. Mit dieser Unsicherheit leben zu können ist eine der Anforderungen. Jede Situation ist individuell unterschiedlich, daher ist sie als neu zu betrachten.

Der weiseste Mensch, den ich kenne, ist mein Schneider, denn jedes Mal, wenn ich zu ihm komme, nimmt er neu Maß an mir.

Alte Verhaltensmuster, Betrachtungsweisen und Ängste sind Hindernisse, die bis in unser heutiges Leben hineinreichen. Ungeachtet der Tatsache, daß sich die Situation und die Umstände geändert haben, reagieren wir nach dem Muster der alten Situation. Unser Gehirn ist wie ein Superspeicher. Der problematische Aspekt dabei ist, daß alles gespeichert wird und wie eine Art „Mülldeponie" wirken kann. Altlasten, Unaufgearbeitetes und Verdrängtes werden auf einmal zum Problem. Die Liste von Symptomen dafür ist lang und geht von Ängsten, Aggressionen über Lernblockaden, Sprechstörungen bis zum Zähneknirschen. Ähnlich wie bei der strategischen Planung oder der Potentialanalyse für das Unternehmen können anhand der Vorsteuergrößen die Möglichkeiten herausgearbeitet werden, um Hilfen für Entscheidungen bei der Umsetzung zu erhalten. Auch das persönliche Mentalmanagement ist wie der Willenbildungsprozeß in einem Unternehmen ein mehrstufiger Prozeß und muß wohl organisiert werden. Nur einzelne „Stimmungen" oder Gefühle werden zeitweise bewußt. Jeder sollte sich selbst einmal vor größeren Entscheidungen im Prozeß der Entscheidungsfindung beobachten. Die Stimmungen und Regungen reflektorisch zu betrachten bringt viele Erfahrungen und auch Sicherheiten für sich selbst. Die wesentlichen Kriterien des Mentalmanagements sind Klarheit in der persönlichen Sichtweise nach innen (betrifft Blockaden, Fixierungen) sowie nach außen (betrifft Filter, Weltbild).

Setzen Sie sich zum Ziel,

- Andersartigkeiten zu sehen und zu akzeptieren,
- im eigenen Energieniveau stabil zu bleiben, auch bei Störungen oder Streß von außen,
- Harmonie und Ausgeglichenheit im eigenen Kräftespiel zu erkennen, in die eigene Mitte zu kommen und ein Wechselspiel von Spannung und Entspannung zu erlernen.

In Situationen, in welchen man kreativ ist, Ideen oder Visionen hat, sind diese wesentlichen Punkte erfüllt. Ich nenne solche Situationen *vitale Momente*. Hier spielt sich das eigentliche Leben ab. Ziel ist es, sich in solche Momente nicht zufällig zu begeben, sondern diese öfter und willentlich zu kreieren. Die Kenntnis und die Beeinflußbarkeit des psychogenen Feldes scheint eine Schlüsselgröße dafür zu sein.

Ein wesentliches Hilfsmittel dazu ist das PCE-Training (siehe auch Seite 285). Es stellt, konsequent durchgeführt, im Körper mehr Energien zur Verfügung bzw. es werden dadurch auch bisher unbenutzte Gehirnteile aktiviert. Das Ergebnis ist eine Harmonisierung der Aktivität der Gehirnhälften sowie eine Erweiterung des Bewußtseins, die mit einem Auf- bzw. Ausbau der Visionsfähigkeit, der sozialen Kompetenz, der Erkenntnisfähigkeit sowie der Selbstsicherheit, aber auch des Immunsystems einhergeht.

Abschnitt 3
Psychogenes Feld im Management

> Der Künstler ist jemand, der zwei gegensätzliche Anschauungen hegen kann, ohne gelähmt zu sein.
>
> *F. Scott Fitzgerald*

Unternehmen und Mitarbeiter

Für jede Denk- bzw. Arbeitsleitung werden unterschiedliche Gehirnbereiche beansprucht. Damit ein Gehirnbereich aktiv sein kann, ist ein entsprechendes Gleichspannungspotential in diesem Bereich notwendig. Ist dieses Gleichspannungspotential nicht vorhanden, schweifen die Gedanken ab oder gehen zu einem anderen Thema über; man kann sich weniger gut konzentrieren. Das Gehirnpotential ist somit eine Kenngröße für die momentane Leistung des jeweils gemessenen Gehirnbereichs. Es ändert sich je nach Aufgabenstellung und Tagesverfassung, kann aber auch willentlich verändert werden. Bei der Erforschung des Aktionsniveaus sowie des Verhaltens des Gehirnpotentials zeigte sich eine jeweils persönlich relativ stabil bleibende Größe, bezogen auf relative Unterschiede von unterschiedlichen Gehirnbereichen. Auch in den dynamischen Veränderungen lassen sich Regelmäßigkeiten erkennen. Diese stabilen Größen sind ähnlich einer Formgröße einer dahinterstehenden Struktur, welche das Aktionsniveau grundsätzlich steuert. Die stabilen Größen in ihrer Gesamtheit sowie in ihrem dynamischen Verhalten – gemessen durch unsere speziellen Meßverfahren – bezeichnen wir als psychogenes Feld (vgl. Seite 21 ff.). Es kann über den gesamten Körper gemessen werden und ist charakteristisch für die Bewußtseins- und Wahrnehmungsstruktur einer Persönlichkeit.

Die grundsätzlichen Aussagen zur Rechts- oder Linkshirnigkeit sind Modellansätze. Als Ordnungsmodelle sind sie gut brauchbar. Zu berücksichtigen ist, daß jede Person ihre eigenen Verknüpfungen der inneren Regelkreise hat.

Je ausgewogener eine Persönlichkeit ist und je flexibler sie auf Situationen reagieren kann, desto besser kann sie aus ihrer Mitte heraus handeln und ihre persönlichen Potentiale nutzen (vgl. auch Kompetenzrad, Seite 272).

Personalmanagement

Gleichartige Persönlichkeitstypen mit rechts- oder linkshirnig dominantem psychogenem Feld verstehen sich schon durch Sprache und Auftreten besser miteinander, da eigene persönliche Seiten mit anklingen. Demgegenüber spricht der gegenseitig dominante Typ eigene persönliche Widerstände, Probleme, abgelehnte Ich-Struktur-Teile an und bringt sie zum Klingen. Damit ist dieser gleich von vornherein eher mit Ablehnung oder Minderbewertung konfrontiert.

Diese Erkenntnis, bezogen auf das Personalmanagement und auf die Personalauswahl, weist auf die Tendenz hin, daß beispielsweise ein linkshirnig dominanter Personalchef eher linkshirnige Mitarbeiter einstellen wird. Die Folge davon ist, daß das gesamte Unternehmen mit der Zeit einseitig dominante Mitarbeiter bekommt. Dies bedeutet außerdem, daß die Wahrnehmung und Informationsverarbeitung, so sie den Kunden, den Markt, den Wettbewerbskollegen betrifft, immer einseitiger wird. Gleiches läßt sich über das Auftreten den Zielgruppen gegenüber feststellen, das Herangehen an offene Fragestellungen, an Probleme sowie an das, was als Problemlösung akzeptiert wird. Stimmt die Art des Unternehmens mit der Problemlösungsvariante, die am Markt verlangt wird, und den Erwartungen der Zielgruppe überein, so entsteht Gleichklang, und das Unternehmen hat sich auf dieses eine Marktsegment optimal eingestellt. Ergeben sich in einem der Teilbereiche Veränderungen, reagiert das geschilderte Unternehmen einseitig, damit sinken die Wettbewerbschancen. Setzt sich dieser Prozeß nachhaltig durch, wird das Unternehmen immer stärker vom Markt verdrängt werden.

Die Auswirkungen einseitiger Dominanz nach außen finden wir in vergleichbarer Weise als Ausstrahlungen auf die Unternehmenskultur und auf die Organisationsentwicklung nach innen. Bei Gesprächen, Diskussionen, Verhandlungen argumentiert und bewertet eine linkshirnig dominante Persönlichkeit wie folgt: Sie verwendet

- logisch aufgebaute Argumente,
- rein „sachliche" Darstellungen,
- mehr Ziffern als Bilder und
- bevorzugt eine genaue Reihenfolge, eines nach dem anderen, die eingehalten werden muß, und wenn möglich eine geordnete Rednerliste.
- Andere Argumente werden als eher unsachlich abgetan.

Eine rechtshirnig dominante Gruppe agiert folgendermaßen:

- Viele Vorschläge und Ideen kommen wechselseitig, eher ungeordnet.
- Visionen werden geboren und verworfen.
- Einflußgrößen, die auf der eher emotionalen Ebene liegen, werden stärker bewertet als rein materielle Einflußgrößen usw.

Beide Teile haben ihre Berechtigung. Wo aber ein Teil in Reinform in Erscheinung tritt, entstehen eben nur eindimensionale Möglichkeiten. Unternehmensführungsfragen und Erfolge, speziell bei sich veränderndem Umfeld, sind nur nachhaltig lösbar, wenn beide Teile vorhanden sind. Eine Schnittfläche, an der diese Themen sich in Form von „Reibungsverlusten", firmeninternen Spannungen immer wieder zeigen, ergibt sich aus den Eigenarten unterschiedlicher Abteilungen, z.B. Produktion/Verkauf, Buchhaltung/Verkauf, Produktion/Forschung.

Tendenzmäßig sind in den jeweiligen Abteilungen aufgrund der Arbeitsanforderungen eher linkshirnig bzw. rechtshirnig dominante Mitarbeiter vorherrschend oder erfolgreicher. Diese Aussage ist bezogen auf Tendenzen in der Abteilungskultur. Der einzelne wiederum kann von der Abteilungskultur aus gesehen unterschiedlich bis konträr zu den anderen sein. Dies zeigt Spannungsverhältnisse auf, denen der jeweilige Mitarbeiter ausgesetzt ist. Egal an welchen Symptomen sich diese Spannungen zeigen und egal, ob sie bewußt oder unbewußt wahrgenommen werden, es hat Auswirkungen auf das Streßniveau, unter welchem die Arbeitsleistungen erbracht werden. Diese Wirkungszusammenhänge zeigen sich an den verschiedenen Themenstellungen des Managements.

Arbeitszufriedenheit

Die Arbeitsplatzbeschreibung zeigt es schon: Von den Möglichkeiten eines Mitarbeiters (1) wird nur ein Teilausschnitt (2) verlangt, oft aber auch noch zusätzliche Fähigkeiten (3), welche derzeit noch gar nicht ausgebildet sind. Die Kenntnis des eigenen psychogenen Feldes erleichtert oder ermöglicht präzisere Aussagen darüber, wo Anforderungs- und Eignungsprofile zu differenzieren bzw. deckungsgleich sind, ebenso darüber, wo Veränderungsmöglichkeiten vorhanden sind. Beurteilungskriterien sind Aktivierungs- sowie Anspruchsmöglichkeiten, ebenso die Blockierungen einzelner Bereiche.

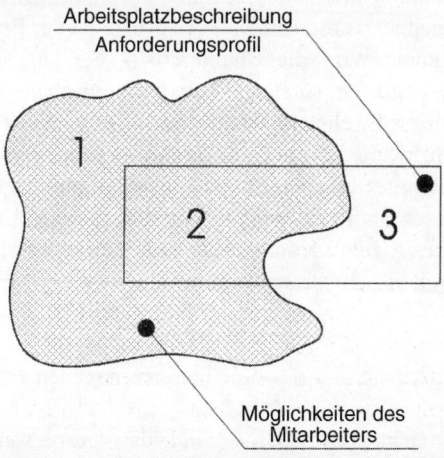

Mitarbeiterpotentiale: Anforderungs-/Ereignisprofil

Das verkannte Genie

Interessant ist der Aspekt, daß Personen mit einem ausgewogenen psychogenen Hirnfeld ausgeglichener reagieren und nicht nach der einen oder anderen Seite extrem auffällig sind. Bezogen auf ihre Entwicklungschancen sind sie daher eher benachteiligt. Erkennbar ist, daß sie mit den verschiedenen Gruppierungen des Unternehmens gesprächsfähig sind. Sie sind die geheimen Stützen ganzer Abteilungen. In solchen Personen schlummern Fähigkeiten, wie sie auch im obersten Management gefordert werden. Solche Fähigkeiten, gepaart mit einer langjährigen Kenntnis innerer Zusammenhänge eines Unternehmens sind Voraussetzungen für die erfolgreiche Ausfüllung einer Führungsposition.

Public Relations/Corporate Identity – PR/CI

Genauso wie eine einzelne Person ein psychogenes Feld besitzt, entwickeln sich für ein gesamtes Unternehmen ähnliche charakteristische Strukturen. Gründe dafür sind der Einfluß wesentlicher Führungspersönlichkeiten sowie – als Kerngröße – die sich herausbildende Unternehmenskultur. Je stimmiger ein klares Profil gezeichnet werden kann, desto größer ist der Eindruck bei der Zielgruppe. Wird die Charakteristik der angesprochenen Zielgruppe getroffen, so entsteht ein harmonischer Effekt. IBM erscheint mir z.B. eher linkshirnig dominant zu sein. Die entwickelte Software ist eher für Techniker; auch Textverarbeitungsprogramme sind mit allen Finessen ausgestattet. Man benötigt einen Sinn für Technik, um sich zurechtzufinden. Die Firmenfarbe ist Blau. Könnten Sie sich IBM mit roter Firmenfarbe vorstellen?

Veränderungen im persönlichen psychogenen Hirnfeld

Neueste Forschungen haben gezeigt, daß die persönliche Leistungskurve (siehe S. 296 f.) auch stark veränderbar ist. Voraussetzung dafür ist Energiezufuhr und Harmonisierung der Gehirnhälften sowie Auflösung von Blockaden etwa durch PCE-Training. Als Ergebnis zeigt sich eine Erweiterung des Bewußtseins, d.h. eine Steigerung der mentalen Leistungsfähigkeit, Visionsfähigkeit, Kreativität und anderer Fähigkeiten, die wir heute noch gar nicht abschätzen können. Das gelingt, wenn Sie bisher ungenutzte Gehirnteile aktivieren und somit die Umwelt besser, vollständiger, aber auch in einem höheren Komplexitätsgrad wahrnehmen können.

Die auf Seite 297 dargestellte Leistungskurve basiert auf der üblichen Voraussetzung, daß Aktionsniveau bzw. Aktivität auch körperliche Aktivität beinhalten. Dadurch stoßen Sie relativ rasch an einen Umschaltpunkt (Sie behindern sich selbst), und die Leistungsfähigkeit als Ergebnis sinkt wieder. So bewegt sich der größte Teil der Bevölkerung sogar zumeist zufällig auf der Leistungskurve hin und her.

Dies ist nicht als Vorwurf zu verstehen. Wir haben ja bisher nie gelernt, die persönliche Leistungsfähigkeit zu gestalten, bzw. wir haben keine Informationen bekommen, wie uns dies möglich ist. Körpertraining ist bekannt, mentales Training verpönt.

Die Lösungsmethode kann in drei Schritten erklärt werden:
1. Bewußtes Trennen körperlicher und geistiger Leistungsfähigkeit.
2. Harmonisieren der linken und rechten Gehirnhemisphäre (Aktivierung/Deaktivierung), d.h. auch Beweglichkeit der einzelnen Gehirnteile je nach äußeren Erfordernissen. Gleichzeitig Auflösung von verschiedenen Blockaden, da diese hinderlich werden bzw. Widerstand erzeugen, wenn Sie mehr Energie aktivieren wollen.
3. Zuführung von Energie ins Gehirn, d.h. verstärktes Aktivieren der einzelnen Gehirnregionen. Möglich wird das durch verschiedene biokybernetische Methoden. Wie unsere neuesten Forschungsergebnisse beweisen, ist die effektivste Methode das PCE-Training (vergleiche „Power für den ganzen Tag", Orac Verlag). Durch gezieltes An- und Entspannen des Beckenbodenmuskels (Pubococcygeusmuskel, PC-Muskel) kann meßbar

Energie aktiviert werden, die bis zum Gehirn aufsteigt. Dadurch können auch verschiedene Sensationen entstehen, z.B. Lichtblitze bei geschlossenen Augen oder ein Ton im Ohr (vergl. auch Seite 203).

Die Energieaktivierung verhilft zu einer starken Leistungssteigerung (Aufmerksamkeitssteigerung, Fokussierungsfähigkeit) im Einklang mit einer inneren Zufriedenheit. Diese Fähigkeiten erscheinen mir wichtig im Licht der gewaltigen Veränderungen, die in den nächsten 20 Jahren auf uns zukommen.

Teammanagement

Teammanagement bedeutet, die unterschiedlichen Fähigkeiten der einzelnen Teammitglieder, die unter anderem aus unterschiedlichen psychogenen Feldern resultieren, im Auge zu behalten, durch Aufgabenstellung und Interventionen in den arbeitsfähigen Bereich zu gelangen und dort zu bleiben, um ein gemeinsames Ziel zu erreichen. Dies erfordert höchst sensible Persönlichkeiten und die bewußte und unbewußte Kenntnis von Vorsteuergrößen, die hier wirksam werden können. Viele gute Manager besitzen ein rechtshirnig dominantes psychogenes Feld, obwohl sie es oft nicht wahrhaben wollen. Eine rechtshirndominante Person kann Zwischentöne erfassen, die logisch nicht erklärbar sind. Gerade diese Fähigkeit ist aber im Teammanagement oft von großer Bedeutung.

Die Zusammenstellung eines Teams

Wesentlich für ein funktionierendes Team ist ein alle Funktionen der Aufgabenstellung abdeckender Personenkreis. Bildlich läßt sich dieses Erfordernis gut in Form einer Torte oder eines Speicherrades darstellen. Fehlen einzelne Speichen oder fehlen Tortenstücke, ergibt sich ein unrunder Verlauf.

In einem Projekt äußern sich solche Unebenheiten vielleicht als Zeitverzögerungen oder als Konflikte. Aufgabe des Managements ist es, dies zu erkennen. Aufgabe der Führung ist es, einzelne Funktionsträger zu bremsen, andere zu fördern, um ein möglichst rundes Gebilde zu bekommen. Sogenannte *winning teams* können als solche runden Räder betrachtet werden. Da für viele die zugrundeliegenden Wirkfaktoren unbewußt oder zumindest schwer nachvollziehbar sind, entstehen Teams dieser Art eher zufällig, daher auch der Spruch „Never change a winning team".

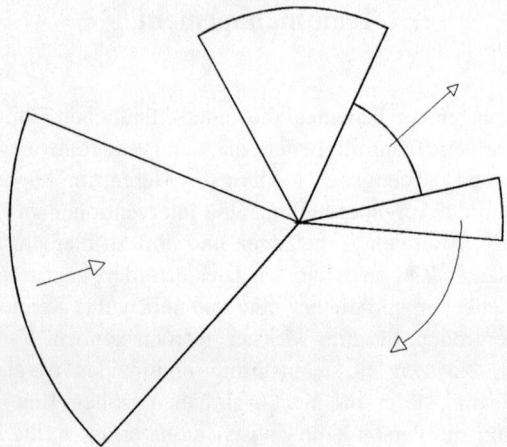

Beanspruchte Teamfunktionen

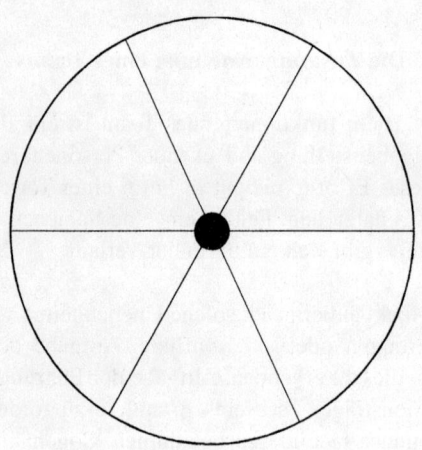

„Winning Teams"

Anregung

Folgende Fragen sind bei der Zusammenstellung eines Projektteams von Bedeutung:

- Ist zu jedem Themenkomplex eine Person im Team vorhanden?
- Wie tiefreichend sind die vorhandenen Kenntnisse?
- Zeigt ein Themenbereich weiße Flecken oder stärkere Klumpen?

Visualisieren Sie die Ergebnisse dieser Fragen in einem Kompetenzrad. Ein Beispiel dafür bietet Ihnen die folgende Abbildung:

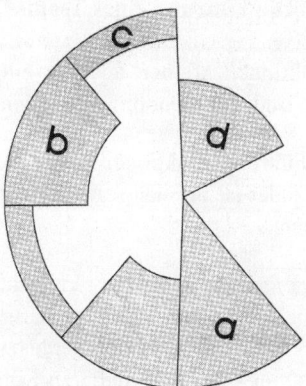

Darstellung von Potentialen

a = Erfahrung und Wissen zum Projektthema
b = Mittelmäßige Kenntnisse zur praktischen Verwirklichung dieses Projekts (handwerkliche Fähigkeiten etc.)
c = oberflächliche Kenntnisse von Normen und Gesetzen
d = Kenntnisse der Planungsstrategien (Netzplantechnik, strategische Konzepte etc.) ohne Erfahrung in der praktischen Anwendung

In diesem konkreten Projektteam fehlen Kompetenzen dafür, wie Projekte gestartet werden können, es fehlen ebenso neue Ideen und Visionen.

Schon allein die bildhafte Darstellung sagt sehr viel aus. Erstellen Sie auch ein persönliches Kompetenzrad, in dem Sie eintragen, welches Ihre Lieblingsthemen sind und welche Themen Sie nicht ausstehen können bzw. bei welchen Sie in Konflikt geraten. Es zeigt sich dann, wo Schwergewichte bestehen und wo Segmente fehlen, wo das Rad „eiert". Vergleichen Sie es mit den Kompetenzen des Teams. Welche Möglichkeiten noch vorhanden wären, zeigt sich dadurch deutlicher. Wichtig erscheint mir, Fragen stellen zu lernen. Wir brechen alle zu schnell zu den Antworten durch. Die richtige Frage ist meist schon mehr als die Hälfte der Lösung.

Die Führung eines Teams

Die Führungsfunktionen können auch in einem Team unterschiedlich verteilt und wahrgenommen werden:

- autoritär: alle Führungsfunktionen liegen in einer Hand
- demokratisch: jeder ist für sich selbst verantwortlich
- Zwischenformen

Schwierigkeiten ergeben sich bei Verzicht auf autoritäre Führungsfunktionen oft dann, wenn es darum geht, einzelne Personen einzubremsen oder aus sich herauszuholen, und zwar bezüglich des Umfangs ihrer verfügbaren Kompetenz oder bezüglich der Art ihres Auftretens. Selbststeuerung und das Erkennen der Relation zu den anderen Teammitgliedern in Art und Umfang des eigenen Auftretens gehört zu den schwierigsten Themen der Selbstführung sowie auch der Unternehmensführung. Zur Voraussetzung einer zufriedenstellenden Teamarbeit gehört somit:

- Selbsterkenntnis: Erkennen des eigenen Anteils
- Offenheit: Ansprechen der verschiedenen Themen im Team
- Umsetzung: Veränderungen planen und auch zulassen

Die wechselseitigen Verknüpfungen sowie die unterschiedlichsten Ausprägungsformen der einzelnen Punkte sind wiederum ein Hinweis auf die systemischen Zusammenhänge.

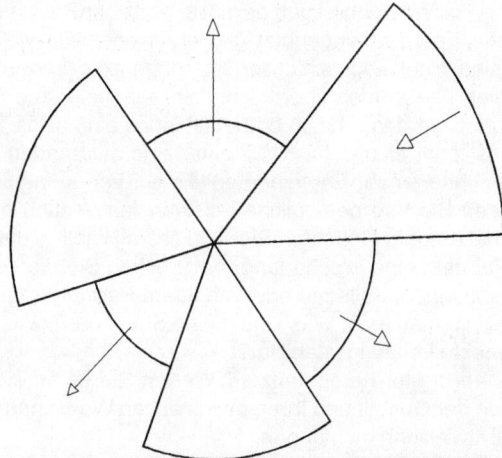

Teamfunktionen: Führung

**Kopfrezept Nr. 24:
Führungsfähigkeit**

Der persönliche Führungsstil spiegelt sich auf der inneren und äußeren Ebene wider. Wollen Sie sich auf die Anforderungen der Zukunft vorbereiten, empfehle ich, die beiden Ebenen zu beachten und schrittweise vorzugehen, um persönliche Potentiale auszuschöpfen.

Inneres Management

1 Vergleichen Sie die Anregungen zum Thema Mentaltrainingspanorama (Körpermanagement, Gesundheitsmanagement, Mentalmanagement). Setzen Sie diese Instrumente ein. Beachten Sie speziell das Thema Ernährung und Bewegung. Ohne eine solide Basis können sich höchstens einzelne Fähigkeiten entwickeln.
2 Wie bewußt erlebe ich mich? Welche Empfindungsfähigkeit besitze ich?
Machen Sie eine Kraftfeldanalyse aus dem Blickwinkel Ihrer Situation.

3 Welche Veränderungen gab es, sollte es geben? Wo sind persönliche Energien ungenutzt geblieben oder wie viele Themen sind nicht abgeschlossen? Unabgeschlossenes bindet Energien. Sie werden überrascht sein, wie viele „tote Hunde" Sie finden werden. Ehrlich betrieben ist es ein hartes Thema, aber es lohnt sich sehr. Nach einer solch klärenden Phase werden Ihnen mehr Energiepotentiale zur Verfügung stehen.
4 Zeichnen Sie Ihre persönliche Leistungskurve nach eigenen Einschätzungen. Beachten Sie in diesem Hinblick das tägliche Handeln eine Woche lang, besprechen Sie die Erkenntnisse mit einem Kollegen oder mit Ihrem Partner. Angelpunkte dafür können sein: Was sind meine Stressoren, was beeinflußt meine Leistungsstabilität?
5 Zeichnen Sie Ihr Kompetenzrad. Werten Sie es für sich aus. Je nach der Gestalt und Ihren persönlichen Wünschen gibt es zwei Entwicklungsrichtungen:
   - Weiße Flächen ausgleichen ergibt allgemeinen Überblick, die Gefahr ist ein Abrutschen in Mittelmäßigkeiten.
   - Stärken verstärken; dafür müssen Sie auch Teamfähigkeiten entwickeln, um mit Andersartigkeiten umgehen zu lernen. Die Gefahr ist, ein einseitiger Spinner zu werden. Die Chance besteht darin, Spitzenleistungen zu erreichen.

   Wie auch immer, damit haben Sie ein Instrument in der Hand, Ihr Eignungsprofil mit einem Anforderungsprofil zu vergleichen:
   - mit dem Ihrer momentanen Position,
   - mit möglichen zukünftigen Anforderungen.

   Vergleichen Sie Ihr Profil mit dem Führungskräfteprofil 2000 (Seite 250) sowie Ihrem persönlichen Wollen. Aus diesem Spannungspotential heraus können Sie nun weitere Schritte setzen.
6 Atmung. Beobachten Sie Ihren persönlichen Atemrhythmus in der Ruhesituation, z.B. jetzt beim Lesen oder in einer Belastungssituation. In einer streßreichen Entscheidungssituation denken Sie kurz an die Atmung und betonen die Ausatmung. Vertiefen und verlangsamen Sie die Atmung.

Äußeres Management

Nehmen Sie einmal eine Woche lang Ihre Umgebung unter dem Blickwinkel der folgenden Fragestellungen bewußt wahr:

1 Welchen Umgangsstil pflege ich?
2 Welche Erwartungshaltungen bestehen von wem (von mir bzw. an mich)?
3 Wie bewußt kenne ich Mitarbeiter, Kollegen, welche Erwartungshaltungen haben sie?
4 Teammanagement: Wie bewußt kann ich die Teamfunktionen jetzt erkennen? Kompetenzrad, beanspruchte Teamfunktionen, psychogenes Feld des Teams, Leistungsstandard!
5 Wie groß sind bereits meine systemischen Kenntnisse, wie geschult sind meine Blickrichtungen dafür?
6 Welcher Gehirntyp bin ich?
Wie stimmt der Test mit meiner Einschätzung überein?
Nach einer Woche Beobachtung: Wie stehe ich jetzt dazu?
7 Wie bewußt kann ich mich mit gegensätzlichem Verhalten auseinandersetzen?
8 Führen Sie eine Kraftfeldanalyse (vgl. Seite 300) mit Ihrem jetzigen Kenntnisstand durch.
9 Wiederholen Sie diesen Zyklus einmal pro Jahr oder auch dazwischen, wenn Sie es für nötig halten. Sie werden sehen, Ihre Effizienz wird in dem Maß steigen, wie Ihre Vitalkraft sich stärken wird. Sie werden damit mehr bewirken können, als Sie heute annehmen.

Kommunikation und Teamkultur

Die Kommunikation in Teamsitzungen ist oft geprägt von Schwierigkeiten, die sich aus unterschiedlichen Dominanzen der psychogenen Felder und der Hirnfelder einzelner Mitarbeiter ergeben.

Rechtshemisphärisch entstehen oft Spiele mit Worten und Wortbedeutungen (Symbole und Metaphern, vergleichbar auch den verschiedenen Sprüchen, die im Buch verstreut sind). Das, was darüber erfaßbar ist, geht über die reine Wortbedeutung, die auf dem Papier steht, weit hinaus. Worte sind für mich persönlich wie Symbole für die Gedankenbilder und Ideenwolken, die im Gehirn entstehen. Worte können daher sehr vielschichtig verstanden werden. Rechts wird der Wald wahrgenommen, links die Bäume. Bezogen auf eine Teamsitzung kann sich jeder jetzt ausmalen, was geschieht, wenn ein Verkaufsprofi von ei-

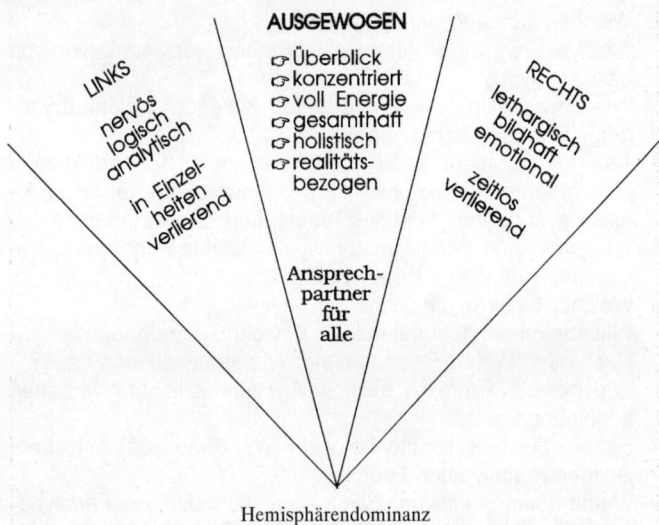

Hemisphärendominanz

nem Finanzmanager mit „objektiven Zusammenhängen" überzeugt werden soll. Das Argument: „Die multivariablen Investitionskoeffizienten für sein riesiges Verkaufsprojekt sind ja rückbezüglich der Dispositionselastizität und des Liquiditätspotentials sowie in Verbindung zur Anpassungsfähigkeit des Unternehmens an Beschäftigungs- und Strukturänderungen im Interesse der anteiligen Eigenkapitalstabilität zu bestimmen. Positiv zu berücksichtigen ist, daß die pauschale Wertberichtigung im zweiten Jahr bilanztechnisch schon möglich sein müßte."

Hier zeigt sich ein Dilemma zwischen rechtshirnigem Verkauf und linkshirniger Finanzplanung, das schon durch sprachliche Unterschiede oft zu Konflikten führt. In einem solchen Zwiespalt eine fruchtende „Konfliktkultur" entstehen und bestehen zu lassen, ist Managementqualität. Dazu ist es notwendig, über das übliche Ja-Nein-Denken in linearen Bahnen hinauszugehen. Daneben ist die Teamzusammenstellung in Hinblick auf die Aufgabenanforderungen ein wesentlicher Punkt. Je unterschiedlicher die Gehirnstrukturen der nötigen Teammitglieder sind, desto mehr Konfliktfähigkeit ist gefordert, aber dafür wird das Ergebnis viel höhere Qualität haben. Das ist auch ein Thema des *Synergiemanagements*. Das einfachste Beispiel für Synergie ist die Verbindung von zwei Wasserstoffatomen mit einem Sauerstoffatom. Aus den Eigenschaften der Elemente Wasserstoff und Sauerstoff lassen sich die Eigenschaften des Wassers nicht erklären. Die gleichen Überlegungen gelten bei der Berechnung des Firmenwertes einer Unternehmung. Das Ganze ist eben mehr als die Summe seiner Teile.

Konfliktkultur

Konflikte sind durch unterschiedliche Strukturen vorprogrammiert, sei es die Unternehmensstruktur, sei es die persönliche Struktur des psychogenen Feldes einzelner Mitarbeiter. Solche Konflikte erzeugen eine notwendige Spannung, die kreative Entwicklungen erst möglich macht. Es geht um eine Art Fließgleichgewicht, z.B. im Austausch zwischen Verkaufs- und Produktionsabteilung, welches in Balance gehalten werden muß. Erhält ein Bereich Oberwasser, so erhält eine Seite Übergewicht. Die Führungsfunktion besteht darin, die Balance wieder herzustellen. Auf die Abteilungen bezogen heißt das, die zurückgedrängte zu unterstützen. Ähnliches ist bei der Teamführung zu beachten. Ist eine Person zu dominant, oder ist ein Mitarbeiter von den anderen aufgrund seines unterschiedlichen psychogenen Feldes zu verschieden und wird an den Rand gedrängt, muß ein Ausgleich geschaffen werden. Ein Mitarbeiter in der Rolle eines „Blitzableiters" hält diese nicht lange durch; Ergebnis ist die sogenannte „innere Kündigung", die zu einer echten Kündigung führen kann. Für das betroffene Team bedeutet das einen größeren blinden Fleck. Die Kreativität sinkt, geringere Chancen auf nachhaltigen Erfolg sind die Konsequenz.

Die Lösung zu derartigen Problemen liegt in einer größeren *Konfliktfähigkeit*. Viele schließen viel zu rasch nach dem bekannten Muster von gut und schlecht oder nach den herkömmlichen Konfliktkriterien und vernachlässigen wertvolles Potential. Ein leichterer Zutritt ist Ihnen jetzt sicher durch die Kenntnis des psychogenen Hirnfeldes gegeben.

Leistungsniveau und Entscheidungsdruck

Je stärker der Druck, desto schlechter die Entscheidungen, denn je mehr Zeit Sie haben, desto besser ist es möglich, Informationen abzuwägen und in Ruhe zu entscheiden: eine Meinung, die oft vertreten wird; nur in dieser Art stimmt sie einfach nicht. Hinter einer solchen Aussage steht eher das Motiv der Suche nach Sicherheit, die in dieser Form gar nicht möglich ist. Mehrere Faktoren spielen hier eine Rolle.

- Voller Informationsstand für eine Entscheidung ist nie zu erhalten. Nach Untersuchungen können maximal 80% der möglichen Informationen erreicht werden. Den Rest bilden Unwägbarkeiten, welche immer vorhanden sind.
- Das Leistungsniveau einer Person kann je nach Rolle (Beruf, Freizeit, Hobby) sehr unterschiedlich sein.
- Die persönliche Leistungskurve kann auch je nach Aufgabenstellung (Musik, Technik, Rechnen ...) unterschiedliche Formen annehmen.

Die Leistungskurve

Als Kriterium für das Leistungsniveau kann das Gehirnpotential genommen werden. Einflußgrößen auf das Aktionsniveau sind z.B. Stressoren. Stressoren können Hektik oder zusätzlicher Zeitdruck, schnelle Änderungen oder aber auch Musik sein. Das Optimum der momentanen Leistungsfähigkeit ist im Scheitelpunkt (S) gegeben. Durch dieses Bild können wir jetzt mehrere Situationen gedanklich durchspielen. Die Aussagen werden immer nur auf eine momentane Situation bezogen.

- Ist man in der momentanen Situation vor dem Scheitelpunkt (S), kann zusätzlicher Druck durch verschiedene Stressoren hilfreich sein.
- Ist man über den Scheitelpunkt bereits hinausgekommen, so ist jeder Stressor hinderlich und senkt die Leistungsfähigkeit.

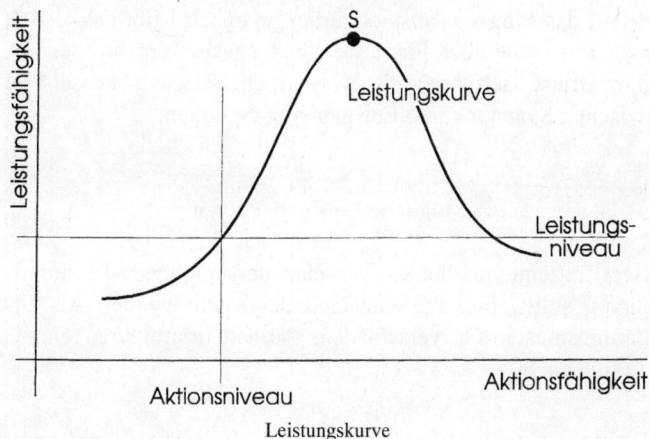

Leistungskurve

Durch Erfahrung hat jeder ein bestimmtes Handlungs-Reaktionsmuster aufgebaut. Je adaptierungsfähiger man dabei ist, desto höher sind die Fähigkeiten, auf geänderte Problemstellungen zu reagieren. Eine direkte Kenngröße dafür ist das jeweilige Gehirnpotential, welches die Konzentrationsfähigkeit zeigt.

Ausgangsposition für die Leistungskurve ist die allgemeine Situation. Ist die Leistungsniveaulinie bereits nahe dem Scheitelpunkt, bleibt nicht mehr viel Spielraum für zusätzliche Aufgabenstellungen oder Reaktionen bei Störungen übrig. Ein mögliches Kennzeichen dafür ist, daß bei kleinen Störungen eine unverhältnismäßig große Reaktion erfolgt. Metaphorisch kann man auch sagen, daß unter dieser Basislinie nicht aufgearbeitete, verdrängte Themen schlummern. Diese binden bereits viel an persönlicher Leistungskapazität. Zusätzliche Anforderungen können das Faß zum Überlaufen bringen. Meine zugrundeliegende Wertung ist: Je tiefer das Ausgangsniveau liegt, desto mehr Handlungsspielraum bleibt vorhanden; ebenso sind Spannung und Entspannung als Wechselspiel notwendig. Leider geht in unserer Gesellschaft die Tendenz nur in eine Richtung: und zwar in Richtung Leistungsdruck. Nur wer unter Druck ist, ist eine gefragte Person: der Herzinfarkt gilt als Erfolgsmedaille.

Auf das Eingangsbeispiel zurückgekoppelt heißt das, daß je nach Typ sowie nach Phase der Leistungskurve mehr oder weniger Druck zielführend ist. Wesentlich ist, das Wechselspiel zwischen Spannung und Entspannung zu lernen.

Mögliche Leistungskurven

Zwei Extreme aus der Kurvenschar der möglichen Leistungskurven sollen hier im einzelnen dargestellt werden. Als Erklärungsmuster für verschiedene Verhaltensstrukturen eignen sie sich ebenso.

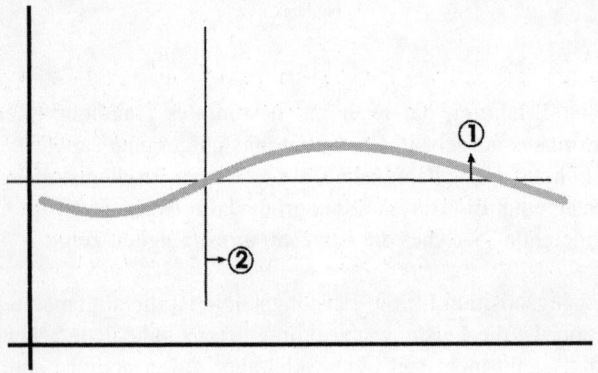

Mögliche Leistungskurve, Bild 1

Zu Bild 1: Wird die Person Störungen oder Stressoren (2) ausgesetzt, so haben diese kaum Auswirkungen. Aber sobald eine höhere Leistung (1) verlangt wird, ist es aus, und es entstehen Umkippeffekte.

Zu Bild 2: Diese Person ist leistungsmäßig höchst belastbar (1); sobald jedoch Stressoren (2) hinzukommen, entstehen sehr rasch Umkippeffekte. Ergebnis von Umkippeffekten können z.B. sein: Rückzug (Lethargie) oder Angriff (Wutausbrüche, Projektion von Schuld auf andere), auch alle Zwischenformen.

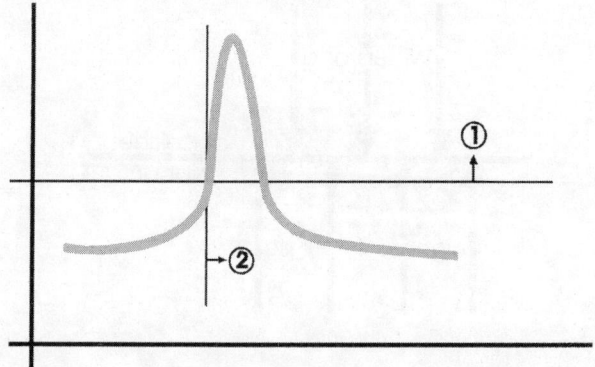

Mögliche Leistungskurve, Bild 2

Die Art der Reaktion hängt mit dem persönlichen Grundtypus zusammen (vagotonisch/sympathikotonisch). Grundlegend ist, daß man sich bei Umkippeffekten in einer überforderten Situation befindet und einerseits inadäquat reagiert (emotional über- bzw. unterreagiert), andererseits die Wahrnehmung äußerer Tatsachen eingeschränkt oder getrübt ist. Die Darstellungen von Unfallteilnehmern über den gesamten Ablauf des Vorfalls sind beispielsweise meist sehr unterschiedlich.

Anregung

- Zeichnen Sie Ihre persönliche Leistungskurve.
- Tauschen Sie Erfahrungen und Empfindungen mit anderen darüber aus.

Durch dieses Bewußtmachen kann eine Situation emotionalisiert werden; sie wird besprechbar. Die Chance, dadurch in eine arbeitsfähige Situation zu kommen, wird größer. Durch bewußtes bildhaftes Darstellen der Situation werden Alternativen bewußt; dies hilft aus vielen verfahrenen Situationen.

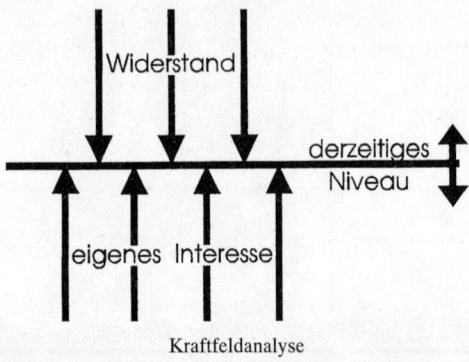

Kraftfeldanalyse

Die Kraftfeldanalyse

Egal welche Themen im Management bearbeitet werden, immer sind auch Widerstände vorhanden. Zwei Grundrichtungen sind möglich, um das derzeitige Niveau zu verändern.

- Eigene Kräfte verstärken. Nachteil: Ins System werden mehr Kräfte eingebracht. Dadurch kann es leicht instabil werden.
- Widerstände auflösen. Dieser Weg ist oft viel leichter und benötigt weniger Energie. Obendrein können Harmonie und Ausgleich entstehen. Es ist auch der oft unbedachte und vernachlässigte Weg. Er erfordert aber einerseits, genauer über die Kräfte- bzw. Widerstandsverteilung Bescheid zu wissen. Notwendig ist dabei, sich mit anderen Gedanken und Strukturen auseinanderzusetzen. Andererseits geht es auch darum,

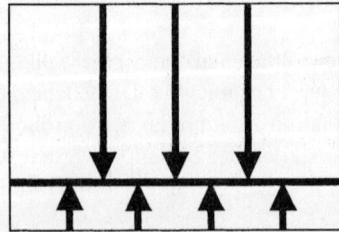

Kraftfeldanalyse – dynamische Betrachtung, Bild 1

notwendige Spannungsniveaus zu kennen und diese in Schwebe zu halten (vgl. Konfliktkultur, Seite 295). Mit zu beachten ist, daß zwischen eigenen Interessen und Widerständen kein Zwischenraum (Vakuum) oder Überlappungsteil entstehen soll. Die Folge wäre Verwirrung.

Dynamische Betrachtung der Kraftfeldanalyse

Das folgende Bild kann einige Situationen aus der Organisationsentwicklung darstellen. Weitere Anwendungsbeispiele sind Führungsstruktur, Kompetenzaufteilung sowie die dynamische Umwandlung einer autoritären Teamstruktur in eine demokratische. Erfolgt eine solche Umstellung zu schnell, entsteht möglicherweise bei einzelnen Mitarbeitern Verwirrung, die aus unterschiedlichen Erwartungshaltungen resultiert.

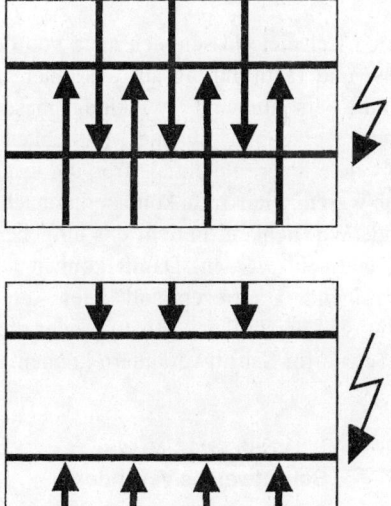

Kraftfeldanalyse – dynamische Betrachtung, Bild 2 und Bild 3

Bild 1 zeigt gleiche Erwartungshaltung, wobei
abwärts gerichtete Pfeile die Erwartungen und Ansprüche der
Mitarbeiter sind und
aufwärts gerichtete Pfeile die Kompetenzansprüche der Manager und Führungskräfte.

Bild 2 zeigt eine Überlappung. In diesem Bereich entstehen Streitigkeiten, Mißverständnisse, Konflikte: wenn z.B. einzelne Mitarbeiter weiter entwickelt sind, als das Management es zuläßt.

Bild 3 zeigt kompetenzleere Räume – verschiedene Tätigkeiten werden einfach nicht wahrgenommen. Jeder meint, der andere soll es tun. Z.B. beanspruchen die Mitarbeiter weniger, als das Management ihnen zugesteht.

Die Zustände 2 und 3 zeigen hohe Reibungsverluste an Kosten und Energie der Beteiligten an.

Die angeführten Beispiele lassen sich auch von der Ebene der Unternehmens- und Teamführung auf das innere Management und damit auf die persönlichen Entwicklungsphasen übertragen. Solche Muster zu erkennen gibt die Möglichkeit loszulassen. Damit werden viele innere Potentiale frei, die im „inneren Dialog" gebunden waren. Die Kräfte können nun nach außen in die uns umgebende Wirklichkeit, in dem uns umgebenden Umfeld zur Wirkung gebracht werden. Damit können wir effizienter werden. Das folgende Kopfrezept soll Ihnen Anregungen dazu geben, wie Sie eine persönliche Situation oder die Situation in einem Team Schritt für Schritt verändern können.

Kopfrezept Nr. 25:
Schrittweises Verändern

1 Zeichnen Sie eine Kraftfeldanalyse für die Sie am meisten belastende Situation.
2 Klären Sie, ob bzw. wie viele Mißverständnisse durch verhärtete Denkstrukturen darin enthalten sind, sowie die Vor- und Nachteile der bestehenden Situation.

3 Klären Sie,
- ob aus Ihrer Sichtweise gesehen ein „Widerstandspfeil" überhaupt besteht bzw.
- ob dieser vermeintliche Widerstand nicht auf ein ganz anderes Thema gerichtet ist.

4 Wollen Sie etwas ändern, so klären Sie, bei welchem Kräftepaar der geringste Aufwand nötig ist.

5 Finden Sie mindestens sechs Varianten für Ihr Vorgehen. Sie werden sehen, spätestens nach der zweiten Anlaufphase werden Sie mehrere Varianten finden. Sie werden für sich selbst erkennen können, wie verbohrt man oft an einzelnen „Lösungsvarianten" gearbeitet hat. Verwenden Sie dazu auch Ihre Kenntnisse aus der Leistungskurve sowie aus dem psychogenen Feld.

6 Entschließen Sie sich für eine Veränderungsvariante und eine Ersatzvariante.

7 Setzen Sie diese Variante
- in Abstimmung mit anderen,
- zeitlich in sinnvolle Schritte gegliedert,
- koordiniert mit den Unternehmensphasen um.

8 Erleben Sie bewußt Ihren Anteil am Erfolg. Beachten Sie, es waren mehrere daran beteiligt. Will ein einzelner immer die Oberhand behalten, wird ihm früher oder später die Hand erlahmen. Kosten Sie den Erfolg gemeinsam aus, so können Sie ein offenes Team aufbauen.

Streß und Vitalkraft

Selye hat in den 50er Jahren unseres Jahrhunderts die Streßsituation erstmals, und zwar folgendermaßen, beschrieben: „Streß ist die subjektiv bewertete Antwort auf eine objektiv wertfreie Situation."

Streß sichert das Überleben. In unserer heutigen reizüberfluteten Umwelt kommen wir aber immer wieder in Grenzsituationen und können auch natürliche Reaktionen nicht mehr ausleben, da sie gesellschaftlich sanktioniert sind (Ärger, Angst, Wut). Eine Studie über Herzinfarktpatienten zeigt, daß sie alle über ein sehr ähnliches Set an Verhaltensmustern verfügen. Es ist eine typische Form, mit Konflikten umzugehen, sein Leben zu führen, seine Zeit zu organisieren.

Eine Reihe von aufschlußreichen Untersuchungen, bekannt geworden als *Bell-Studie*, führte die Psychologin Susanne Kobasa von der Universität New York durch.[1]

Entgegen der üblichen Tendenz, Menschen zu untersuchen, die in streßreichen Situationen krank werden, drehte sie den Spieß um; sie untersuchte, wer gesund blieb. Dabei wählte sie 200 Manager der Bell-Telephone-Company aus. Bell hatte zu jener Zeit das absolute Telefonmonopol in den USA, bis der Konzern aufgrund amerikanischer Antikartellgesetze in verschiedene unabhängige Gesellschaften aufgegliedert wurde. Es war eine gigantische Umstrukturierung, die für Manager und Mitarbeiter mit viel Chaos, Streß und Unsicherheit verbunden war. Die Untersuchung umfaßte diesen Zeitraum, und Kobasa fand heraus, daß trotz der enormen Belastung nur ein Teil der untersuchten Gruppen häufiger krank wurde, ein anderer Teil blieb gesund. Die gesunden Manager zeigten ein ganz typisches Profil, das sich in den drei Vitalfaktoren zusammenfassen läßt.

Die drei Vitalfaktoren

- Ein *Verantwortungsgefühl*, sich selbst, der Familie, der Arbeit und den wichtigen Dingen gegenüber.
- Das Gefühl, in seinem Leben *Kontrolle* ausüben zu können und Einfluß zu haben.
- Die Fähigkeit, Veränderungen als *Herausforderung* und nicht als Bedrohung anzusehen.

Zu der Gruppe, die häufig krank wurde, gehörten die Manager, die sich in turbulenten Zeiten der Umstrukturierung machtlos und bedroht fühlten. Das persönliche Verhalten und die psychische Verfassung haben also direkten Einfluß auf die Gesundheit, das Immunsystem und die Vitalkraft. Wer sich machtlos, hilflos und ausgeliefert empfindet, wendet sich von dem Problem ab und schiebt es auf die lange Bank. Er entwickelt ein Vermeidungsverhalten.

---

1 Vgl. Grünn, H.: *Die innere Heilkraft*. Düsseldorf: Econ, 1990, S. 215–220.

Verantwortung, Kontrolle und Herausforderung sind die drei Vitalfaktoren, deren Grundstein schon in der Kindheit gelegt wird. Nachgeholt werden kann dieser Prozeß im Biofeedbacktraining. Zu jedem Zeitpunkt seines Lebens kann der Mensch versuchen, es in die eigene Hand zu nehmen.

Zum Abschluß finden Sie im Bild unten ein Beispiel für einen Managerstreßtest. Innerhalb kürzester Zeit sind dadurch Rückschlüsse auf einerseits den momentanen Streßwert sowie andererseits auf den persönlichen Streßtyp (vagotonisch/sympathikotonisch) möglich. Es lassen sich genauere Informationen zur Bestimmung der Leistungskurve eruieren.

Streßtest bei der Fa. TANDON

Visionäres Führen

Noch vor ein paar Jahren waren Visionen etwas für wirklichkeitsfremde Philosophen. Heute ist der Begriff in aller Munde, insbesondere im Management. Die Visionsfähigkeit ist eine der wesentlichen Faktoren im Anforderungsprofil eines Managers geworden.

Große Unternehmer und Erfinder waren stets auch Visionäre. Ihre Vorstellungskraft war immer zielgerichtet. Sie hatten eine Idee und fanden den Weg zu ihrer Verwirklichung. Die traditionelle Betriebswirtschaft muß hier einen neuen Sprung machen zu neuen Verhaltenskonzepten, die von fließenden Wahrscheinlichkeiten ausgeht und nicht mehr von rational erfaßbaren Zielvorstellungen (vgl. auch das Unternehmens-Planungspanorama im äußeren linken Feld: Wo die Erfolgspotentiale kenntlich werden, ist eine andere Denkstruktur notwendig. Seite 270).

Vision ist der Ausdruck des Willens, „handelnd in die Zukunft aufzubrechen". Die Qualität der Vision bzw. Intuition und Entscheidung steigt, je besser beide Hirnfelder sich ausbalancieren können und Anteil am Entscheidungsprozeß haben. Für einige Entscheidungen, erscheint mir, sollte das rechte Hirnfeld eher dominant sein, z.B. in bestimmten Phasen der Personalentscheidung, der Strategieplanung usw. In der Zeitspanne des Entscheidungsprozesses soll auch der Arbeitspunkt um den Scheitelpunkt der Leistungskurve liegen.

Rechtshirndominante Entscheidungen

In Studien über Topmanager zeigt sich immer wieder, daß diese sich bei kritischen Entscheidungen oft auf eine innere Stimme bzw. ein Gefühl verlassen. In besonders kritischen Situationen, also unter hohem Leistungsdruck, haben sie noch so viel Entspanntheit, um darauf zu hören. Man benötigt innere Freiheit, um überhaupt solche Regungen möglichst ungefiltert wahrnehmen zu können.

Von außen gesehen entsteht der Eindruck, der Manager müsse noch zusätzlich irgendwelche Informationsquellen haben, um so sicher entscheiden zu können. Diese zusätzlich aufgenommenen Informationen sind aber die rechtshirnig aufgenommenen Zwischentöne, das, was sozusagen zwischen den Zeilen empfunden und aufgenommen werden kann. Quellen dafür sind u.a. die latenten Inhalte der Körpersprache, des Tonfalls oder das Zwischen-den-Zeilen-Lesen. Diese Informationsquellen sind aber, weil keine analytisch verifizierbaren Daten, sehr schwer kommunizierbar. Sie sind analog-ganzheitlich im Gehirn gespeichert und können digital-verbal kaum kommuniziert werden.

Visionen – Illusionen

Was wir heute in einem Unternehmen tun, ist das Produkt unseres Denkens von gestern. Was wir heute denken und entwickeln, werden wir morgen im Unternehmen sehen. Deshalb ist die Beschäftigung mit Visionen, dem Wunschbild unseres zukünftigen Unternehmens, der positive Weg nach vorne. Visionen helfen, daß alle an einem Strang ziehen. Illusionen stehen ohne Bezug zur Realität. Auch diese Phase ist wichtig, nur muß sie gebündelt werden und auf Möglichkeiten zielgerichtet sein. Das eine ist ohne das andere nicht lebensfähig. Visionen, von mehreren getragen, haben die Tendenz, sich zu verwirklichen.

Die Blüten von heute sind die Marmelade auf dem Brot von morgen.

Biokybernetik als Leitfaden

Biofeedbacktraining ist eine zielsichere Hilfe für die Umsetzung von Veränderungs- und Entwicklungsschritten. Daß die Themen Konzentration, Leistungsfähigkeit, Streßabbau ... bearbeitet gehören, ist unbestritten. Das „Wie" bleibt zumeist offen. Dies ist verständlich, da diese Themen innere persönliche Wirkfaktoren betreffen, d.h., sie sind nur subjektiv wahrnehmbar, daher kaum vergleichbar und wertbar. Noch dazu liegen viele davon unter der persönlichen Wahrnehmungsschwelle. Dadurch bleiben manche Anstrengungen auf der Strecke und versanden. Genau an diesem Angelpunkt setzt das Biofeedbacktraining bzw. das Biokybernetische Training ein. Durch die modernsten Möglichkeiten der Elektronik sowie der Kenntnis der vollständigen systemischen Verknüpfungen können Körpersignale gemessen und interpretiert werden. Aus diesem Ergebnis gilt es dann einen Trainingsplan zu entwickeln.

Das Biokybernetische Training ist hilfreich am Anfang, später wird es nur mehr für Überprüfungen und Zwischenchecks benötigt. Der Hauptteil ist und bleibt das Selbsttraining. Sie, als Leser dieses Buches, können über die angegebenen Anregungen und Tips sowie durch die Ausführungen der Zusammenhänge bereits sehr viel erreichen. Es ist die Frage der persönlichen Konsequenz und der gewünschten Genauigkeit beim Ergebnis, ob Sie direkt ein Biokybernetisches Training ansetzen wollen.

Durch die steigende Selbsterkenntnis zeigt sich, wo persönliche Stärken, wo Schwächefelder liegen, wo „offene Türen" sind sowie welche Methode am zielführendsten ist. Biokybernetisches Training in Verbindung mit dem psychogenen Feld ist wie ein Blick in einen Spiegel und erlaubt die Sicht auf das Substantielle der Formkräfte der Persönlichkeit.

> Das Leben ist nicht ein Problem, das man lösen muß, sondern eine Erfahrung, die man leben muß.
>
> *Sören Kierkegaard*

Lexikon

A

Ableitung: Abgreifen bioelektrischer, als Biosignal nutzbarer Potentiale mittels Elektroden zum Nachweis von Potentialdifferenzen an Geweben und Organen, z.B. EEG, EKG oder EMG. Entsprechend der gewählten Elektrodenplazierung unterscheidet man zwischen bipolarer und monopolarer Messung. I.w. Sinne auch das Registrieren anderer physikalischer Biosignale (z.B. Temperaturveränderungen) mittels spezieller Meßfühler.

AC (alternating current): s. Wechselstrom

Adrenalin: Hormon des Nebennierenmarks, das den Sympathikus aktiviert.

Aktionspotential: der Signalfortleitung dienende, kurzzeitige Umkehr oder Änderung des Membranpotentials am Axon der Nerven- bzw. Muskelzelle.

Aktivierung: eine Funktion oder einen Mechanismus in Tätigkeit setzen bzw. bereits vorhandene Aktivität steigern.

Aktivität: allgemeine Bezeichnung für jegliche Art von hauptsächlich durch innere Bedingungen ausgelöster Tätigkeit des Organismus, und zwar sowohl der einzelnen Elemente wie Zellen, Gewebe oder Organe als auch des Gesamtorganismus. Der Begriff wird manchmal als Gegenstück zum Begriff Reaktion, der durch äußere Bedingungen ausgelöste Tätigkeit umfaßt, verwendet, und zwar sowohl für physiologische als auch für psychologische Sachverhalte.

Alarmreaktion (alarm reaction): Notfallreaktion, gekennzeichnet durch eine extrem starke Aktivierung des Sympathikus.

Akupunktur: alte Heilmethode der chinesischen Medizin. Einstechen von Nadeln in die Haut bestimmter Körperpunkte, an denen die erkrankten Organe Zonen mit erhöhter Schmerzempfindlichkeit haben.

Allergie: Überempfindlichkeit des Körpers gegen Genuß, Berührung oder Einatmung bestimmter Umweltstoffe. Das können Nahrungsmittel, Pflanzen, Arzneimittel, Putzmittel, Infektionserreger oder Kleiderstoffe sein. Zu den allergischen Krankheiten zählen unter anderen Heuschnupfen, Asthma, Ekzeme und Magen-Darm-Störungen.

Alphawellen: relativ große, rhythmische Gehirnwellen mit einer Frequenz von 8–12 Hz, die im EEG auftreten. Sie werden mit Entspannung in Zusammenhang gebracht.

Amplitude: Scheitelwert, d.h. jeweils größter Wert einer periodisch veränderlichen Größe. Ist auch ein Maß für die Stärke eines elektrischen Signals, wobei dann das Volt die Maßeinheit darstellt.

Amnesie: Erinnerungslosigkeit. Zeitlich begrenzte Gedächtnislücke, meist nach Unfällen, epileptischen Anfällen und bei Geisteskrankheiten.

Analgesie: Schmerzunempfindlichkeit.

Analog-Digital-Umwandler: Gerät, welches ein kontinuierliches physiologisches Signal in einzelne Stufen umwandelt; dies ist eine Voraussetzung zur quantitativen Datenerfassung im Computer.

Anästhesie: Unempfindlichkeit, Empfindungslähmung, auch Bezeichnung für Narkose.

Angstbewältigungstraining: Verfahren der Verhaltenstherapie, wodurch der Patient lernt, bei sich selbst die ersten Anzeichen von auftretenden Spannungen zu beachten und dann unmittelbar mit Entspannungsreaktionen zu beginnen, bevor sich eine ausgeprägte Angstreaktion ausbilden kann.

Antibiotika: Sammelbegriff für Stoffe, die das Wachstum und die Vermehrung von Bakterien hemmen und sie töten. Die wichtigsten Antibiotika werden aus Pilzkulturen gewonnen, zu ihnen zählen Penicillin, Streptomycin. Sie sind Heilmittel gegen Infektionskrankheiten und Geschwulste.

Antidepressiva: Medikamente, die seelische Schwermut und Depressionen lindern.

Antikörper: Eiweißstoffe der Körperzellen, die das Eindringen artfremder Stoffe in die Blutbahnen abwehren. Wird das Immunsystem mit Antigenen konfrontiert, bildet es häufig Antikörper. Die meisten dieser Zucker-Eiweiß-Moleküle (Glykoproteine) sind γ-förmig und streifen wie Spürhunde durch Blut und Lymphe: Jeder dieser Antikörper kann mit seinen beiden Armen zwei Antigen-Moleküle gleichzeitig festhalten und auf diese Weise etwa Krankheitserreger zusammenklumpen. Antikörper können sich an in den Körper eingedrungene Fremdstoffe heften, sie dadurch „opsonisieren" (griech. *opsonein* = schmackhaft machen) und Freßzellen sowie Komplement aktivieren. Ein stecknadelkopfgroßer Tropfen Blut enhält Milliarden von Antikörpern.

Aorta: größe Körperschlagader; entspringt der linken Herzkammer.

Apathie: Teilnahmslosigkeit.

Apokrine Schweißdrüsen: eine Art von Schweißdrüsen, die vor allem in den Achselhöhlen und im Genitalbereich vorkommt und nicht wie die ekkrinen Schweißdrüsen primär auf „psychische" Stimulation reagiert.

Appetitzügler: Arzneimittel zur Dämpfung des Appetits. Sie haben häufig Nebenwirkungen und sollten nur nach Rücksprache mit dem Arzt genommen werden.

Artefakt: störendes, unerwünschtes Signal bei einer physiologischen Messung, beispielsweise hervorgerufen durch eine brüske Körperbewegung oder 50-Hz-„Brummstörung" der Netzspannung.

Arterie: vom Herz wegführendes Blutgefäß.

Asthma: anfallsweise auftretende Behinderung der Atmung.

Asthma bronchiale: kurze Anfälle mit Atemnot und erschwertem Ausatmen durch Verkrampfungen in den Bronchien, dabei Anschwellen der Schleimhäute und Absonderung von zähem Schleim. Ursachen dafür sind neben krankhaften Veränderungen häufig auch nervöse Reizbarkeit und Allergien.

Aufmerksamkeit: allgemeine und vielseitig verwendete Bezeichnung für die wahrnehmungsmäßige Selektion eines bestimmten Reizes oder Reizmusters, die Bestandteil einer komplexen Reizsituation sind. Dabei passen sich die Sinnesorgane und/oder das Zentralnervensystem auf eine für die betreffenden Reize optimale Weise an, so daß die Nervenerregungen optimal werden.

Ausgangsdaten: in einer Ruhelage gemessene physiologische Funktion, ohne daß eine Aufgabe gestellt oder eine Intervention vorgenommen wird. Dient als Basis, um die Wirksamkeit von Maßnahmen nachweisen zu können, mit denen man die betreffende Funktion zu verändern versucht (Synonyme: Basline, Grundkurve, Grundlinie).

Auslöser: ein Reiz oder eine Reizkonfiguration, die ein ganz bestimmtes Verhalten hervorruft.

Autogenes Training: von J.H. Schultz entwickelte Methode, durch eine Art autosuggestiver Entspannung bestimmte Körperfunktionen zu beeinflussen und so z.B. Spannungszustände, Schmerz oder Schlaflosigkeit zu überwinden.

Autonomes Nervensystem: s. vegetatives Nervensystem.

Autosuggestion: Form der Suggestion, die ein Individuum ohne äußere Einwirkungen bei sich selbst vornimmt und wodurch es sein eigenes Verhalten und Erleben beeinflußt. Autosuggestion kann sich auch auf den körperlichen Bereich auswirken und wird deshalb bei Entspannungstechniken angewendet.

B

B-Zellen: entstehen – außer beim Ungeborenen – im Knochenmark, reifen in lymphatischen Organen und gelangen von dort in Blut und Lymphe. Gemeinsam mit den T-Zellen sind sie Hauptakteure der spezifischen Immunantwort: Sie produzieren Antikörper. Auf der Oberfläche trägt jede B-Zelle Antikörper eines bestimmten Typs, mit denen sie selektiv einen Ankerplatz auf einem Antigen erkennen kann. Gleichzeitig wird das Antigen auch von antigenpräsentierenden Zellen und T-Zellen entdeckt, die daraufhin Botensubstanzen aussenden. Die jeweils betroffenen B-Zellen empfangen diese chemische Botschaft, vermehren sich und werden zu Plasmazellen. Diese können bis zu 2000 identische Antikörper pro Sekunde herstellen. Gleichzeitig entstehen B-Gedächtniszellen, die das erkannte Antigen in Erinnerung behalten.

Basaltemperatur: nach dem Aufwachen gemessene Temperatur am Morgen.

Bereitschaftspotential: ein langsames, ansteigendes negatives Potential im EEG, das Bewegungen oder anderen Antwortreaktionen vorangeht (bis zu 1,5 Sek.) und sie begleitet.

(Gray, Walter: Bereitschaftswelle)

Beschäftigungstherapie: wichtige ergänzende Maßnahme zur Wiederherstellung, insbesondere bei Patienten mit Erkrankungen der Bewegungsorgane und bei Prothesenträgern.

Betawellen: rhythmische Gehirnwellen im EEG, die eine Frequenz von ungefähr 14 bis 30 Hz aufweisen und meist im wachen, aufmerksamen Zustand auftreten.

Bindegewebe: Füll- und Stützgewebe des Körpers.

Biofeedback: Rückmeldung von nicht direkt wahrnehmbaren physiologischen Prozessen wie z.B. Herzfrequenz, Blutdruck, elektrische Muskel- oder Hirnaktivität durch ein wahrnehmbares Signal. Man benötigt dazu einen Biorezeptor, der die betreffende Organfunktion erfassen und als elektrische Potentiale darstellen kann. Diese Potentiale werden verstärkt und in direkt wahrnehmbare visuelle oder akustische Signale umgeformt. Mit solchen exterozeptiven Feedbackschleifen kann der Organismus lernen, auch sog. unwillkürliche oder autonome Körperfunktionen ähnlich wie willkürliche Körperbewegungen zu kontrollieren, d.h., autonome Reaktionen werden operant konditioniert.

Bioklimatik: Wissenschaft, die sich mit der Wirkung von Klima und Wetter auf Menschen, Tiere und Pflanzen befaßt.

Biologie: Lehre vom Leben.

Biologisch: Lebewesen betreffend.

Biopotential: elektrischer Potentialunterschied zwischen zwei an einem Organismus angebrachten Meßstellen. Entsteht durch die Aktivität biologischer Systeme, z.B. durch Muskelkontraktion oder Gehirnaktivität.

Blindversuch: Versuchsanordnung, bei der entweder der Versuchsleiter bzw. die Versuchsperson oder auch beide (Doppelblindversuch) die entscheidenden Bedingungen der Versuchsdurchführung nicht kennen. Der Doppelblindversuch wird speziell auch zum Testen der Wirksamkeit von Pharmaka eingesetzt. Dabei wissen weder der Versuchsleiter noch die Versuchsperson, wer die zu testende Substanz und wer das Kontrollpräparat (Placebo) erhält. In der psychologischen Diagnostik wird der Blindversuch als Kontrollverfahren verwendet, wobei der beurteilende

Psychologe nur die Testdaten und/oder die Verhaltensprotokolle sieht, nicht aber den Patienten selbst.

Blutdruck: der in den Gefäßen des Körper- und Lungenkreislaufs herrschende Druck. I. e. Sinne der auf Herzhöhe gemessene arterielle Blutdruck im Körperkreislauf; der Höchstwert (während der Herzkammerkontraktion) wird als systolischer und der Tiefstwert als diastolischer Blutdruck bezeichnet.

Blutvolumen: relativ langsame Änderungen der im Finger oder in anderen Körperteilen vorhandenen Blutmenge, die sich mit der Methode der Photoplethysmographie messen lassen.

Bruttonationalprodukt, BNP: die von einer Volkswirtschaft erwirtschafteten Werte, bezogen auf eine Periode.

C

Catecholamine: s. Katecholamine.

Cholesterin: in Galle, Nebennieren, Gehirn und Blut vorkommender fettähnlicher Alkohol, dessen Funktion im Körper bis heute noch nicht restlos geklärt ist. Gallensteine bestehen vorwiegend aus Cholesterin.

Chromosomen: faden- oder schleifenförmige Bestandteile der Zellkerne, auf denen die Erbanlagen angeordnet sind.

D

DC: s. Gleichstrom

Dehnungsmeßstreifen: ein Fühler, der seinen elektrischen Widerstand ändert in Abhängigkeit von dem Ausmaß, in dem er gedehnt wird; wird z.B. bei der Messung der Atmung angewendet.

Delirium: rasch verlaufende geistige Störung mit Trübung des Bewußtseins, Sinnestäuschungen, Aufgeregtsein und Irrereden.

Deltawellen: rhythmische Gehirnwellen mit großer Amplitude und einer Frequenz von 1 bis 3 Hz, die während des Tiefschlafs im EEG auftreten.

Dendriten: kurze Fortsätze an der Nervenzelle, die normalerweise über die Synapsen aufgenommene Erregungen zum Zellkörper leiten.

Depression: Verstimmung, Niedergeschlagenheit, traurige Verfassung.

depressiv: mit Verstimmungen verbunden.

Desensibilisierung: Maßnahmen, die dazu geeignet sind, die Koppelung von furchtinduzierenden Reizen mit Angstreaktionen zu löschen. Der Effekt der angstauslösenden Reize wird dabei durch tiefe Muskelentspannung vermindert oder ganz getilgt. Synonyme: Desensitisation, Desensitivierung.

Diabetes mellitus: Zuckererkrankung.

Diastole: Erschlaffungsphase eines sich rhythmisch kontrahierenden muskulösen Hohlorgans, insbesondere der Herzkammern.

different: verschieden, ungleich.

Drüsen: Sekretionsorgane. Die kleinen Drüsen sind einzellig. Die großen Drüsen haben einen komplizierten Aufbau, wie etwa die Bauchspeicheldrüse.

E

Echtzeitverarbeitung: Funktionsweise eines Computers, der die eintreffenden Daten gleichzeitig mit dem zu kontrollierenden Experiment verarbeitet.

Eiweiße: aus Aminosäuren zusammengesetzte Naturstoffe, sie sind ein Hauptbestandteil alles Lebendigen.

Ekkrine Schweißdrüsen: eine Art von Schweißdrüsen, die sich hauptsächlich auf der Handfläche und der Fußsohle befinden und vom sympathischen Teil des vegetativen Nervensystems innerviert werden; sie unterscheiden sich von anderen Schweißdrüsen, weil sie primär auf „psychische" Stimulation reagieren und nicht auf erhöhte Temperatur.

Ekstase: Verzückung, seelischer Erregungszustand.

Elektrode: elektrisch leitende Kontaktfläche, die der direkten oder indirekten Zuführung elektrischer Potentiale oder der Ableitung elektrischer Biopotentiale aus dem Körper dient.

Elektrodenpaste, -gel: elektrisch leitfähige Paste zur Herstellung eines guten elektrischen Dauerkontaktes zwischen Hautoberfläche und Elektrodenfläche.

Elektrodermale Aktivität: durch die Aktivierung der Schweißdrüsen bedingte Veränderungen der elektrischen Eigenschaften der Haut, die sich als Hautwiderstand, Hautleitwert oder Hautpotential erfassen lassen.

Elektrodermatogramm: Messung des Hautwiderstandes und der tageszeitlichen Schwankungen, die vom Feuchtigkeitsgrad der Haut abhängen.

Elektroenzephalogramm, EEG: Aufzeichnung der durch die Gehirnaktivität erzeugten bioelektrischen Potentialschwankungen, die sich mit Elektroden ableiten lassen, die man auf die Kopfhaut klebt.

Elektrogastrogramm: Aufzeichnung der Aktionsströme der Magenmuskulatur mit einer aktiven Elektrode, die man entweder im Mageninneren oder über dem unteren Magenabschnitt auf der Hautoberfläche anbringt.

Elektrokardiogramm, EKG oder **ECG:** aufgezeichneter zeitlicher Verlauf der bioelektrischen Potentiale bzw. Potentialdifferenzen, die bei der Erregungsausbreitung und Erregungsrückbildung in der Herzmuskulatur entstehen.

Elektrokardiographie, EKG: Methode zur Erkennung von Herzkrankheiten durch Messen der Aktionsströme des Herzens, die in Form von Kurven aufgezeichnet werden. Ein Elektrokardiogramm (EKG) kann bei Schwangerschaften auch die Herztöne des Ungeborenen aufzeichnen.

Elektromyogramm, EMG: Aufzeichnung der Zeitspannungskurve der durch die Muskelaktivität erzeugten elektrischen Potentiale; die Messung wird mit Hautoberflächenelektroden (Oberflächen-EMG) oder mit Nadelelektroden vorgenommen, die man in den Muskel einführt.

Elektromyographie, EMG: Methode, die Aktionsströme von Muskeln aufzuzeichnen. Die von der Haut abgeleiteten Ströme werden elektrisch verstärkt und sichtbar gemacht.

Emotionalität: gefühlsmäßige Wertung, Gesamtheit der gefühlsmäßigen Zustimmung oder Ablehnung.

Endorphine: endogen gebildete, in ihrer Wirkung morphinähnliche Eiweißmoleküle; sie beeinflussen die Übertragung vom Schmerzsignalen im Nervensystem. Sie reagieren mit spezifischen Opiat-Rezeptoren der Nervenzellen und fungieren offensichtlich als Nervenbotenstoffe in Gehirn und Rückenmark. Streß führt zu vermehrter Ausschüttung von Endorphinen, die wahrscheinlich auch an der

Entstehung von Glücksgefühlen und der Regulation von Antrieb, Angst, Wut und Sexualität beteiligt sind.

Entspannungstechniken:
Techniken, die dazu verhelfen, durch psychische Belastung erzeugte Spannungs- und Erregungszustände abzubauen, wie z.B. Autogenes Training, Progressive Entspannung, Atemübungen, gezieltes Organtraining mit Biofeedback, Yoga oder Meditationsübungen. Diese Verfahren gehen von der Tatsache aus, daß psychische Vorgänge eng mit körperlichen verknüpft sind.

Epilepsie: Fallsucht. Erbliche oder als Folge von Verletzungen und Geschwüren auftretende Gehirnerkrankung. Krampfanfälle mit Zuckungen des ganzen Körpers, röchelnder Atmung, Schaum vor dem Mund, Bewußtlosigkeit, unkontrolliertem Wasserlassen. Die Ursachen sind bis heute noch nicht völlig erforscht, man vermutet als Ausgang Stoffwechselstörungen im Gehirn.

Evoziertes Potential: durch Reizung eines Sinnesorgans oder seiner efferenten Nerven auslösbare Potentialveränderungen im Gehirn, die in der Regel als Summenpotentiale mit auf der Kopfhaut befestigten EEG-Elektroden abgeleitet werden.

F

Feedback: aus der Nachrichtentechnik bzw. der Kybernetik stammende Bezeichnung, welche heute für jegliche Art von Rückmeldungssystemen verwendet wird, die auf mehr oder weniger automatische Weise den Vollzug, die Wirksamkeit oder den Grad der Angemessenheit einer bestimmten Tätigkeit oder Handlung anzeigen. Synonyme: Reafferenz, Rückkopplung, Rückmeldung, Rückwirkung.

Fourier-Analyse: Methode zur Zerlegung von Zeitreihen in Sinuskurven.

G

Galvanische Hautreaktion, GHR, HGR (Hautgalvanischer Reflex) oder **GSR** (galvanic skin response): veralteter Begriff für die elektrodermale Aktivität.

Galvanometer: Gerät zur Bestimmung von elektrischen Strömen, deren Stärke und Richtung.

Ganglion: Ansammlung von Nervenzellen außerhalb des zentralen Nervensystems.

Gegenkonditionierung: Heranbilden einer alternativen Reaktion auf einen bestimmten Reiz oder eine bestimmte Reizsituation, wobei die neue Reaktion mit der ursprünglichen, unangebrachten Reaktion unvereinbar ist. Ein Spezialfall der Gegenkonditionierung ist die sog. reziproke Hemmung.

Generalisierung, allgemeine: die Anwendung von früher Gelerntem in ähnlichen neuen Situationen. Bei der Konditionierung unterscheidet man zwischen Reizgeneralisierung und Reaktionsgeneralisierung. Generalisierung tritt normalerweise spontan auf, muß aber in therapeutischen Fällen, wenn es um die Ausweitung von Behandlungseffekten geht, durch besondere Maßnahmen unterstützt werden. Reizgeneralisierung ist dabei die Übertragung von gelernten Reaktionen auf andere Reizbedingungen oder Situationen, Reaktionsgeneralisierung ist die Ausdehnung der Wirksamkeit von konditionierten Reizen auf Verhaltensweisen oder Reaktionen, die nicht direkt behandelt worden sind, die aber mit den behandelten Reaktionen zusammenhängen.

Generatorpotential: der Zustand eines Rezeptors, nachdem er erregt und teilweise depolarisiert worden ist. Wenn die Depolarisation fortgeführt wird bis zur Erregungsschwelle, produziert das Generatorpotential einen Nervenimpuls.

Gewebe: Zellverbände aus gleichartigen Zellen, die zusammengefügt die Organe der Lebewesen bilden. Bei Menschen und Tieren unterscheidet man Epithel-Gewebe. Muskel-Gewebe, Stütz- oder Bindegewebe, Nerven-Gewebe, Blut.

Gewöhnung (Habituation): Abnahme der Reaktionsbereitschaft, die eintritt, wenn der die betreffende Reaktion auslösende Reiz wiederholt dargeboten wird. Die verminderte Reaktion des Körpers auf ein Medikament bei längerer Einnahme. Entweder muß die Dosis erhöht oder ein anderes Präparat verschrieben werden. Gewöhnung bedeutet aber auch Vorstufe zur Sucht, also Abhängigkeit von einer Droge.

Glatte Muskulatur: aus spindelförmigen Muskelzellen bestehendes Gewebe, das die Wände der Eingeweide und Blutgefäße auskleidet. Wird durch das vegetative Nervensystem innerviert.

Gleichspannungspotential: das G. zwischen verschiedenen Hirnbereichen zeigt die Aktivität der darunterliegenden Gehirnzellen an.

Gleichstrom, DC: nur in einer Richtung fließender elektrischer Strom.

H

Habituation: s. Gewöhnung

Halluzination: krankhafte Form der Sinnestäuschung, die ohne äußere Reize entsteht. Die Vorstellungen weichen oft gänzlich von allen realen Möglichkeiten ab.

Hautleitwert: reziproker Wert des elektrischen Hautwiderstandes, bestehend aus einer als Hautleitwertniveau bezeichneten tonischen und einer als Hautleitwertreaktion bezeichneten phasischen Komponente.

Hautpotential: elektrische Potentialdifferenz zwischen einer Oberflächenelektrode, die auf einer mit zahlreichen Schweißdrüsen versehenen Hautpartie angebracht ist, und einer Referenzelektrode. Das Hautpotential besteht aus einer als Hautpotentialniveau (skin potential level, SPL) bezeichneten tonischen und einer als Hautpotentialreaktion (skin potential reaction, SPR) bezeichneten phasischen Komponente.

Hautwiderstand: elektrischer Widerstand der Haut, bestehend aus einer als Hautwiderstandsniveau bezeichneten tonischen und einer als Hautwiderstandsreaktion bezeichneten phasischen Komponente.

Herz: muskulöses Zentralorgan des Blutkreislaufs. Beim erwachsenen Menschen ein faustgroßer, etwa 300 g schwerer Hohlkörper aus Muskelgewebe, der im Kreislauf die Funktion einer Druck- und Saugpumpe hat. Mit 1/375 PS wirft das Herz 60–80mal in der Minute das Blut aus seinen Hohlräumen aus.

Herzinfarkt: Folge eines plötzlichen Ausfalls der Blutzufuhr zum Herzen, meistens durch ein Blutgerinnsel in einem Herzkranzgefäß.

Homöopathie: Heilverfahren, bei dem die Kranken nur solche Mittel – in stark verdünnter Form – bekommen, die bei Gesunden ähnliche Erscheinungen wie die zu bekämpfende Krankheit hervorrufen.

Homöostase: beruht auf einem Modell selbststabilisierenden Verhaltens, wobei alle Teilsysteme vollkommen miteinander verbunden sind und einem Fließgleichgewicht zustreben. Selbstregulation des Körpers zur Erhaltung eines dynamischen Gleichgewichts in den internen Prozessen, die für die richtige Temperatur, Ernährung, Sauerstoff- und Flüssigkeitsgehalt sorgt. Das dadurch gewährleistete konstante innere Milieu sichert die Körperzellen gegen wechselnde Umweltbedingungen ab.

Hormone: Wirkstoffe, die von den Drüsen mit innerer Sekretion in die Blutbahn abgesondert werden und in bestimmter Weise die Stoffwechselvorgänge im Körper steuern. Ein Ausfall oder die Überproduktion eines Hormons rufen immer schwerere Störungen hervor, zum Beispiel Zuckerkrankheit bei Insulinmangel.

Hypertonie: vermehrte Spannung in einem Organ. In erster Linie Bezeichnung für alle Zustände, die mit erhöhtem Blutdruck einhergehen.

Hyperventilation: übermäßige Atmung.

hypnagog: zum Schlaf führend, den Schlaf betreffend.

Hypnoid: dem Schlaf, der Hypnose ähnlich.

Hypnose: künstlich herbeigeführter Zustand der Bewußtseinseinengung einer Person.

Hypnotika: Schlafmittel.

Hypophyse: Hirnanhangdrüse, wichtiges Organ der inneren Sekretion. Ein etwa bohnengroßer Körper, der mittels eines Stiels an der Gehirnbasis befestigt ist. Übergeordnetes, hormonelles Steuerzentrum des Körpers.

Hypothalamus: Teil des Zwischenhirns, der wichtige Vorgänge im Körper steuert, unter anderem die Wärmeregulation, Wach- und Schlafvorgänge, Blutdruck und Atmungsablauf, Stoffwechsel und Schweißsekretion.

Hypotonie: herabgesetzter Blutdruck, oft als Dauerzustand, mit rascher Ermüdbarkeit, Ohnmachten, Leistungsschwäche. Er ist anlagebedingt oder eine Folgeerscheinung nach schweren Krankheiten, Operationen, Infektionen.

Hysterie: zusammenfassender Begriff für eine Reihe seelischer Reaktionen mit gesteigerter Empfindlichkeit. Im weiteren Sinne gehören Geltungssucht, theatralisches Gebaren und große Erregbarkeit dazu.

I

IC (integrated circuit): integrierte Schaltung, elektronischer Bauteil.

Ideomotorisch: ohne Mitwirkung des Willens, unbewußt.

Intuition: unmittelbare, plötzlich aufleuchtende Idee. Unmittelbares Wissen.

Immunantwort: Bei der spezifischen Immunantwort ziehen Antikörper und Abwehrzellen gegen einen spezifischen Erreger in den Abwehrkampf. Beim ersten Aufeinandertreffen – der primären Immunantwort – reagiert die Körperabwehr noch langsam. Schneller, konzentrierter und heftiger ist die sekundäre Antwort: Gedächtniszellen beschleunigen die Mobilisierung des Immunsystems und erhöhen die Schlagkraft. Neben dieser selektiven und anpassungsfähigen Reaktion spielt die nichtspezifische Immunantwort eine wichtige Rolle bei der Verteidigung: Freßzellen und Komplement unterscheiden nicht, was sie vernichten.

Immunglobulin IG:
a) **IgG:** ist das Haupt-Immunglobulin im Blut. Ihm gehören drei Viertel aller Antikörper an. IgG sorgt für lang andauernde Immunität nach einer Infektion oder Impfung. Nur Antikörper der Klasse G treten aus dem mütterlichen Blut von der Plazenta in den Kreislauf eines ungeborenen Kindes über und schützen es nach der Geburt vor Infektionen, bis das Neugeborene nach zehn bis zwölf Wochen selbst IgG produziert.
b) **IgA:** kommt am zweithäufigsten vor (15–20 Prozent der gesamten Ig-Menge): In Körperflüssigkeiten wie Tränen, Schweiß und Speichel, im Schleimhautsekret der Atem-, Verdauungs- und Geschlechtsorgane verhindert IgA, daß Krankheitserreger in den Körper gelangen.
c) **IgM:** (Mengenanteil 10 Prozent) ist der größte Antikörper: Das Molekül besteht aus fünf sternförmig verbundenen „Ypsilons" und kann daher besonders wirksam Antigene binden, Bakterien „verkleben" und Komplement aktivieren. Bei einer Infektion werden zuerst IgM-Antikörper gebildet.
d) **IgD:** machen weniger als ein Prozent der freien Antikörper-Moleküle im Blut aus. Hauptsächlich sitzen sie auf der Oberfläche von B-Zellen und könnten eine Rolle bei deren Entwicklung spielen. Ihre genaue Funktion ist aber unbekannt.
e) **IgE:** besetzen die Oberfläche basophiler Granulozyten (im

Blut) und der Mastzellen (in Schleimhäuten). Als freie Moleküle treten sie im Blut äußerst selten auf. Die IgE-Menge ist fast immer erhöht bei Wurm-Infektionen und Soforttyp-Allergien.

Immunität: Unempfindlichkeit gegenüber Infektionen, man unterscheidet Seuchenfestigkeit und Giftfestigkeit.

Immunregulation: Zur Dämpfung einer Immunantwort kommt es, wenn in der „Nettobilanz" aus fördernden und hemmenden Regulationsmechanismen die unterdrückenden Wirkungen überwiegen. Wie und welche Mechanismen zusammenwirken, ist noch weitgehend unbekannt. Auch das Gehirn ist bei der Immunregulation beteiligt: Fast alle der bis jetzt geprüften Hormone wirken auf das Immunsystem.

Impedanz: aus verschiedenen Komponenten zusammengesetzter elektrischer Gesamtwiderstand eines Wechselstromkreises.

Indikation: Heilanzeige; Umstände und Gründe, die zur Anwendung eines bestimmten Heilverfahrens führen.

indiziert: angebracht, angezeigt, angeraten.

Infarkt: Gewebstod durch plötzliche Unterbrechung der Blutzufuhr, vorwiegend am Herzen = Herzinfarkt, in der Lunge, im Gehirn = Apoplexie.

Inion: deutlich durch die Haut fühlbarer Knochenvorsprung in der Mitte des Hinterhauptbeines, der als anthropologischer Meßpunkt dient.

Innervation: Aktivierung eines Organs oder einer Zelle durch die damit verbundenen Nervenfasern.

Insulin: in den Zellen der Bauchspeicheldrüse gebildetes Hormon, das für den normalen Blutzuckerspiegel verantwortlich ist.

Interface: Schnittstelle oder Kontaktfläche zwischen zwei Systemen; z.B. zwischen einem Computer und einem Meßgerät oder zwischen einer Elektrode und dem Hautgewebe.

Integration: Methode zur Verarbeitung eines bioelektrischen Signals, um es z.B. als Biofeedback zu verwenden. Der Integrationswert entspricht jeweils der Kurvenfläche, die das betreffende Signal während einer bestimmten Zeitperiode aufweist.

Ionen: elektrisch geladene Teilchen, die aus Atomen oder

Molekülen bestehen, denen ein oder mehrere Elektronen entweder hinzugefügt oder entzogen wurden.

K

Kammerflimmern: unregelmäßige Herztätigkeit durch ungleichzeitiges Zusammenziehen der einzelnen Muskelfasern. Es ist die häufigste Ursache für den Herztod in Sekunden.

Kampf-Flucht-Reaktion: s. ergotrope Reaktion.

Katalepsie: Starrsucht. Beibehalten einer Körper- oder Gliederstellung über längere Zeit, auch wenn sie sehr unbequem ist. Viele Kranke mit Katalepsie lassen sich wie Wachsfiguren biegen; Katalepsie kommt bei Epilepsie, Hysterie und in Hypnose vor.

Katecholamine: Gruppenbezeichnung für die aromatischen Amine Adrenalin, Noradrenalin und Dopamin.

Kapazität: Eigenschaft, die es einem Körper oder Stromkreis erlaubt, elektrische Ladungen zu speichern. Sie entspricht der gespeicherten Ladung dividiert durch die elektrische Spannung und wird in Farad ausgedrückt.

Kapillare: Haargefäß im Blutgefäßsystem, das dem Stoffaustausch dient.

Konstitution: Körperbeschaffenheit, die gesamte Veranlagung.

Kontraindikation: Umstand, der gegen ein Heilverfahren oder gegen die Einnahme eines Medikaments spricht.

Kontraktion: Zusammenziehung eines Muskels.

Kreuzkorrelation: wird unter anderem dazu benutzt, Zeitunterschiede in ähnlicher EEG-Aktivität zu bestimmen, die von zwei verschiedenen Lokalisationen abgeleitet wurden.

Kognition: umfassender Oberbegriff für all jene psychischen Vorgänge, Fähigkeiten und Funktionen, durch die das Individuum bewußte Kenntnis von seiner Umwelt und sich selbst erhält. Dazu gehören: bewußte Wahrnehmung, Denken, Erkennen, Vorstellen, Urteilen, Gedächtnis, Lernen, Sprache usw. Verhalten, das unter kognitiver Kontrolle steht, wird als kognitives Verhalten bezeichnet und vom sog. emotionalen Verhalten unterschieden.

Kognitive Übung: Einüben bzw. geistiges Nachvollziehen

eines bestimmten Verhaltens durch bloße Vorstellung und ohne aktive Betätigung.

Konditionierung: experimentelles Verfahren bzw. lebenswichtige Erfahrung, die dazu führt, daß eine umschriebene Reaktion oder ein Verhalten von bestimmten Bedingungen abhängig wird und deshalb mit großer Wahrscheinlichkeit durch diese Bedingungen wieder ausgelöst werden kann.

Kortikal: beschreibt die Funktionen der Prozesse, die mit der Großhirnrinde in Verbindung stehen.

Kortison: Hormon der Nebennierenrinde.

L

Latent: versteckt; verborgene Krankheitszeichen.

Latenz: Zeitraum zwischen dem Auftreten eines Ereignisses, das eine Reaktion kontrolliert, und dem Einsetzen der Reaktion. Zeitweiliges Verborgenbleiben von Krankheiten oder krankhaften Veränderungen.

Leitwert: wird als Maß der elektrodermalen Aktivität verwendet; entspricht dem reziproken Wert des elektrischen Widerstandes. Die Maßeinheit ist das Mikrosiemens.

Legasthenie: Leseschwäche, angeborene Schwäche, Worte und Texte richtig zu lesen oder zu schreiben.

Lethargie: Schlafsucht, Benommenheit, völlige Teilnahmslosigkeit.

Lymphozyten: Immunzellen, die zu den weißen Blutkörperchen gehören und sich aus den Stammzellen des Knochenmarks entwickeln. B- und T-Zellen sind Lymphozyten.

M

Mantra: indisches Wort mit spezieller oder spiritueller Bedeutung, auf das während einer Meditation die Aufmerksamkeit gerichtet wird.

Management: ein Unternehmen auf ein Ziel hin steuern.

Membranpotential: Potentialunterschied an der Zellmembran als Folge einer ungleichen Ionenverteilung. Bildet im unerregten Zustand das Ruhepotential, im erregten Zustand das Aktionspotential.

mental: geistig; den Verstand, die Psyche, das Denkvermögen betreffend.

Migräne: meist halbseitige Kopfschmerzen, die anfallsweise auftreten. Sie sind bei Frauen häufiger als bei Männern. Ursache sind vermutlich Krämpfe in den Blutgefäßen des Gehirns.

Motivation: hypothetisches Konstrukt zur Erklärung von Verhalten. Umfaßt alle nicht unmittelbar aus äußeren Reizen ableitbaren Variablen, die das Verhalten bezüglich Intensität und Richtung beeinflussen oder kontrollieren. Dazu gehören die teils bewußten, teils unbewußten Vorgänge, die mit den Begriffen Antrieb, Bedürfnis, Drang, Gefühl, Interesse, Motiv, Trieb, Wille usw. bezeichnet werden.

N

Nebennierenmark: Teil der Nebenniere, die Adrenalin ausscheidet.

Nerven: aus Nervenfasern bestehende Leitungsbahnen, in denen die vom Zentralnervensystem ausgehenden Erregungen weitergeleitet werden.

Nervensystem: Gesamtheit des reizaufnehmenden und -verarbeitenden Nervengewebes, das die Lebensfunktionen steuert und koordiniert.

Nervenzentren: die im Gehirn und Rückenmark liegenden Ausgangspunkte der verschiedenen Nervengebiete.

Netzfilter (50–60 Hz notch filter): verringert nur ein enges Band im Bereich der Netzfrequenz von 50 Hz, während alle anderen Frequenzen ungehindert passieren können. Dient der Unterdrückung von Störungen durch die Netzfrequenz.

Neuritis: Nervenentzündung.

Neurodermitis: ekzemartige, stark juckende Hauterkrankung, bei der nervöse Einflüsse eine Rolle spielen. Sie beginnt meistens schon in der frühen Kindheit.

Neurose: zusammenfassende Bezeichnung für verschiedene seelische Störungen aufgrund einer Fehlverarbeitung von Erlebnissen. Sie äußert sich in Angst, Verstimmungen, Kontaktschwäche und Leistungsunfähigkeit; eine der Hauptformen der seelischen Krankheiten.

Noradrenalin: Hormon des Nebennierenmarks und Neurotransmitter des Sympathikus, der an den Endigungen der sog. adrenergen Nervenfasern freigesetzt wird.

O

Ohm: Maßeinheit für den elektrischen Widerstand. Ein Kilo-Ohm ist eintausend Ohm, ein Mega-Ohm ist eine Million Ohm.

Organisationsentwicklung: betrachtet vorwiegend die Entwicklung der weichen Faktoren, in Abstimmung mit der gesamten Unternehmensentwicklung.

Orientierungsreaktion: relativ unspezifische Hinwendungsreaktion des Organismus auf einen für ihn neuartigen Reiz mit dem Zweck, veränderte Umweltsituationen schnell und adäquat zu erfassen, um sofort darauf angepaßt reagieren zu können.

P

Pallium: Mantel des Großhirns aus grauer Rindensubstanz.

Pankreas: Bauchspeicheldrüse. 15–22 cm lange Drüse in der Bauchhöhle, mündet in den Zwölffingerdarm. Ihre Funktionen sind zum einen die äußere Sekretion, also Absonderung von Bauchspeichel in den Zwölffingerdarm. Zum anderen die innere Sekretion, die Bildung von Insulin und Glucagon in den Zellgruppen.

Pankreasdiabetes: durch Erkrankung oder Entfernung der Bauchspeicheldrüse entstehende Zuckerkrankheit, da Insulin fehlt.

Paradigma: ein Begriffssystem, das das wissenschaftliche und gesellschaftliche Denken einer bestimmten Epoche beherrscht. Ein Paradigma gibt nicht nur eine klare Definition dessen, was Wirklichkeit ist, sondern auch, was sie nicht ist oder unmöglich sein kann. Es wird weiter nicht in Frage gestellt und dient als Grundannahme für die Wahrnehmung und das Denken des Menschen.

Parapsychologie: Grenzgebiet der Psychologie, das sich mit der Erforschung psychischer und psychophysischer Erscheinungen beschäftigt, die mit den bekannten Naturgesetzen weder erklärbar noch begreifbar sind. Ausdruck 1889 von Dessoir geschaffen.

Parasympathisches Nervensystem: kranosakraler Teil des autonomen Nervensystems; bewirkt gewöhnlich die Gegeneffekte zum sympathischen Nervensystem.

PCE-Training: Aktivierung von Energie durch gezieltes An- und Entspannen der Beckenbodenmuskulatur.

Penicillin: aus Schimmelpilz gewonnenes Antibiotikum.

Peripheres Nervensystem: sämtliche Nervenstrukturen, die sich außerhalb des Gehirns und des Rückenmarks befinden.

Peristaltik: spiralförmiges Zusammenziehen muskulöser Hohlorgane, um ihren Inhalt vorwärtszubewegen; zum Beispiel von Magen und Darm.

Phobie: Zwangsangst vor bestimmten Dingen, zum Beispiel vor großen Menschenansammlungen und in geschlossenen Räumen.

Placebo-Therapie: Eingabe eines „Scheinmedikaments", das einem bestimmten Arzneimittel nachgeformt ist. Es enthält keinerlei pharmazeutische Wirkstoffe und soll lediglich zeigen, ob ein Patient suggestiv beeinflußbar ist und auch auf Scheinmedikamente eine Reaktion zeigt.

Polygraph: Gerät zur Aufzeichnung von zwei oder mehreren Signalen, die verstärkt und danach auf Papier ausgeschrieben werden.

Poren: Schweißlöcher der Haut.

Präventivbehandlung: Maßnahmen, die den Ausbruch einer Krankheit verhüten sollen.

Progressive Entspannung: von E. Jacobsen entwickeltes Entspannungstraining. Die betreffende Person lernt dabei, zunächst die am einfachsten zu kontrollierenden Muskeln zu entspannen, dann einzelne Muskelgruppen, bis sie schließlich dazu gelangt, den ganzen Körper zu entspannen.

Propriozeptoren: Eigenrezeptoren, die als sensible Endorgane auf Zustand und Zustandsänderungen des Halte- und Bewegungsapparates ansprechen.

Psychoakustik: die Lehre von der psychischen Wirkung von Tönen, Musik, Geräuschen und Frequenzen auf den Menschen.

Psychoanalyse: Aufdeckung seelischer Vorgänge und Zusammenhänge, die die Wurzel für psychische Störungen sein können.

Psychogalvanischer Reflex, PGR: Veralteter Begriff für die Hautwiderstandsreaktion.

Psychogenes Feld oder **psychogenes Hirnfeld:** ein meß-

und darstellbares, individuelles Energiefeld, das von der Verhaltens- und Denkstruktur des einzelnen abhängig ist. Im Institut für angewandte Biokybernetik und Feedbackforschung (1983) entdeckt und definiert.

Psychogenes Ganzfeld: ein meß- und darstellbares, individuelles Energiefeld, das von der Verhaltens- und Denkstruktur des einzelnen abhängig ist und das sich aus dem Hirn- und Körperfeld des Menschen zusammensetzt. Im Institut für angewandte Biokybernetik und Feedbackforschung (1983) entdeckt und definiert.

Psychologie: Lehre vom menschlichen Verhalten.

Psycho-Neuro-Immunologie: eine neue, interdisziplinär angelegte Wissenschaft, die sich mit den Wechselwirkungen zwischen Psyche und Abwehrkräften, zwischen Gehirn und Immunsystem beschäftigt.

Psychopharmaka: Sammelbezeichnung für Arzneimittel, die anregend oder dämpfend auf die Psyche wirken.

Psychose: Geisteskrankheit, die vollkommen unerwartet auftritt und einen Menschen völlig verändern kann.

Psychosomatik: medizinisch-psychologisches Arbeits- und Forschungsgebiet, das sich mit den Beziehungen zwischen körperlichen und psychischen Erscheinungen befaßt. Die Lehre von den Beziehungen zwischen Leib und Seele.

Psychotrop: auf die Psyche einwirkend.

Puls: durch die Herztätigkeit in den Schlagadern entstehende Blutwelle.

Pulsamplitude: Amplitudengröße des individuellen Pulses.

Pulswelle: durch die Herzkammerkontraktion bewirkte Druckwelle im Blutkreislauf.

Pulswellen-Laufzeit: die Zeit, die eine Pulswelle benötigt, um vom Herzen zu einer entfernten Stelle zu gelangen; sie ist abhängig vom Blutdruck.

Pupille: Sehloch, kreisförmige Öffnung in der Regenbogenhaut des Auges.

Q

Querdenken: wenn Erkenntnisse eines Bereichs auch auf andere übertragen und/oder verglichen werden, um zugrundeliegende gemeinsame Strukturen herauszuarbeiten.

Quergestreifte Muskulatur: s. Skelettmuskeln.

R

Redundanz: Doppelinformationen, um den Informationswert sicher und ohne Fehler weiterzugeben (z.B. Dienstag, 30.4.91)

Reflex: unwillkürliches Zusammenziehen eines Muskels durch äußeren Reiz.

Refraktär: unempfindlich, nicht beeinflußbar.

Regeneration: Wiederherstellung, Heilung, zum Beispiel Ergänzung zerstörter Gewebe.

Regression: Verjüngung in Hypnose, bei welcher der Betreffende sich in frühere Lebensjahre zurückversetzt fühlt. Zurückfallen auf frühere Entwicklungsstufen, zum Beispiel bei Geisteskrankheiten. Rückgehen in der Zeit (Hypnose), Altersregression.

Rehabilitation: Wiedereingliederung Behinderter in ihre Umgebung und in den Arbeitsprozeß.

Reiz: (Stimulus): allgemeine und umfassende Bezeichnung für jede Veränderung, die innerhalb oder außerhalb des Organismus auf eines oder mehrere Sinnesorgane einwirkt und nach der Weiterleitung der nervösen Erregung eine spezifische Zustandsänderung des Organismus, oder von Teilen davon, auslöst.

Reiz, aversiver: Reiz, den ein Organismus als unangenehm bewertet und deshalb zu vermeiden versucht.

Rezeptor:
1. Spezialisierte Zellen oder Zellbestandteile, die mit Sinnesnerven verbunden sind und durch jeweils entsprechende Reizqualitäten erregt werden. Allgemein werden 4 Klassen unterschieden, nämlich Licht-, Mechano-, Chemo- und Thermorezeptoren.
2. Zellorganzellen im Nervensystem, die auf Neurotransmitter ansprechen und der Erregungsübertragung dienen.
3. Molekül an der Oberfläche von Zellen, mit dessen Hilfe unter anderem Antigene erkannt werden. Die bekanntesten Rezeptoren der Immunzellen sind: Antikörper, T-Zell-Rezeptoren und MHC-Rezeptoren.

Ruhepotential: bioelektrische Potentialdifferenz zwischen Innen- und Außenseite erregbarer biologischer Membranen im unerregten Zustand.

R-Zacke: markante positive Zacke im EKG, die durch die Depolarisationsausbreitung in der Herzkammermuskulatur entsteht und den Beginn der Herzkammerkontraktion anzeigt.

S

Schilddrüse: 10–60 g schwere, aus Bläschen bestehende Drüse mit innerer Sekretion. Sie produziert ein jodhaltiges Hormon, das in den Bläschen gespeichert wird. Es steigert den Stoffwechsel, regt im Kindesalter das Wachstum an und fördert die Muskel- und Nerventätigkeit.

Schilddrüsenüberfunktion: Vermehrung des Drüsengewebes mit weichem Kropf, Unrast, Schlafstörungen, Glanzaugen, Menstruationsstörungen, Abmagerung.

Schilddrüsenunterfunktion: Unterentwicklung des Drüsengewebes mit Jodmangel; die geistige Aktivität kann herabgesetzt sein, häufig bei angeborener Form.

schizoid: seelisch gespalten, kontaktarm, ungesellig.

Schizophrenie: Bewußtseinsspaltung, Geisteskrankheit.

Schmitt-Trigger: Gerät, das elektronisch auf ein bestimmtes Spannungsniveau reagiert und dies z.B. einem Computer signalisiert.

Schnarchen: rasselndes Geräusch beim Atmen, entsteht durch Flattern des Gaumensegels bei wechselndem Luftdruck zwischen Nasen-Rachen-Raum und Mund.

Schock: akuter körperlicher und seelischer Störungszustand, vorwiegend aufgrund heftiger Einwirkung von außen wie Unfall, Verwundung, Schreck. Das Nervensystem reagiert darauf organisch mit einer Zentralisation des Kreislaufs, nur noch das Herz, das Gehirn, die großen Gefäße werden mit Blut versorgt. Der Puls ist beschleunigt und kaum noch tastbar, ebenfalls beschleunigte Atmung, blasse und kühle Haut, kalter Schweiß, kalte Gliedmaßen.

Selbstsicherheitstraining: Verfahren der Verhaltenstherapie, das erlaubt, gestörte soziale Interaktionen bzw. soziale Ängste gezielt und systematisch zu behandeln. Die heute gebräuchlichsten Methoden bestehen meist aus einer Kombination von verschiedenen Techniken wie Verhaltensübung, Modellernen und operanter Konditionierung. Sie variieren je nach den implizierten Definitionen der Begriffe Selbstsicherheit bzw. Selbstunsicherheit.

Selbstsuggestion: s. Autosuggestion

Sensation: Empfindung

Sensibilisierung: Empfindlichmachen des Körpers oder verschiedener Körperteile durch Zuführen körperfremder Stoffe.

Sensibilität: allgemeine Bezeichnung für die generelle Fähigkeit des Organismus, Reize zu empfinden bzw. durch Reize erregt zu werden.

Sensitivität: Empfindlichkeit. Bezeichnet die Fähigkeit, auf eine bestimmte Reizung oder Reizveränderung von geringer Intensität zu reagieren. Sinnesempfindungen, die nicht von Auge, Ohr, Geschmack oder Geruch hervorgerufen werden.

Sensorisch: auf die Sinne bezogen.

Siemens: Maßeinheit für den elektrischen Leitwert. Entspricht dem reziproken Wert des in Ohm gemessenen elektrischen Widerstandes. Ein Millisiemens ist ein tausendstel, ein Mikrosiemens ein millionstel Siemens.

Signifikanz: In der Statistik gilt ein Resultat als signifikant, wenn es nicht durch Zufall entstanden sein kann.

Skelettmuskeln: Quergestreifte Muskeln, die den Rumpf und die Gliedmaßen fixieren und bewegen. Die Innervation erfolgt durch das animale Nervensystem.

Somatisch: den Körper betreffend.

Somnambule(r): durch Hypnose in sogenannten magnetischen Schlaf gesunkene Person = Hypnotisierte(r). In diesem somnambulen Zustand treten häufig paranormale Wahrnehmungen und Erscheinungen auf. Als Somnambule bezeichnet man auch Schlafwandler („Mondsüchtige").

Spektralanalyse: ein computerunterstütztes EEG-Verfahren zur Berechnung der Grundaktivität und deren Inbezugsetzen zum Gesamtspektrum.

Sportherz: mit Schlagverlangsamung verbundene Herzvergrößerung bei Sportlern.

Stammzellen: aus den Stammzellen im Knochenmark entstehen rote Blutkörperchen und Blutplättchen sowie die Mehrzahl der Immunzellen: B- und

T-Zellen, Monozyten und Granulozyten.

Streß: umfassende Bezeichnung für alle physischen und psychischen Belastungszustände, die Veränderungen im autonomen Nervensystem bewirken und bei zu großer Intensität oder Dauer zu psychosomatischen Störungen führen können. Entscheidend ist in erster Linie die psychische Komponente, d.h. das Erleben dieser Belastungen und Bedrohungen sowie die Ungewißheit, ob man sie bewältigen kann.

Stressoren: äußere Informationen, die auf eine Person wirken. Ein und derselbe Stressor kann unterschiedliche Reaktionen hervorrufen.

Subliminal: unterschwellig.

Suggestion: allgemeine und umfassende Bezeichnung für die Beeinflussung psychischer und physischer Prozesse durch Vermittlung einstellungsverändernder, verbaler Botschaften. Suggestion wird in der Psychotherapie in Form von Autosuggestion bzw. Fremdsuggestion durch den Therapeuten, z.B. bei der Hypnose oder zur Unterstützung von Entspannungsmethoden, angewendet. Der Grad der suggestiven Beeinflußbarkeit eines Individuums wird als *Suggestibilität* bezeichnet.

Sympathikotonie: Verschiebung des vegetativen Gleichgewichts zugunsten des sympathischen Systems im Sinne einer erhöhten Erregbarkeit; kommt meist im Rahmen einer konstitutionellen vegetativen Labilität vor.

Sympathisches Nervensystem: thorakolumbaler Teil des autonomen Nervensystems; bewirkt gewöhnlich die Gegeneffekte zum parasympathischen Nervensystem.

Symptom: jedes Anzeichen oder Kennzeichen einer Krankheit bzw. eines abnormen physiologischen oder psychischen Zustandes. Die Gesamtheit aller Symptome, die eine bestimmte Krankheit oder Störung begleiten, wird dagegen Syndrom genannt.

Symptomverschiebung: Theorie, die besagt, daß die bloße Eliminierung eines Symptoms durch Verhaltenstherapie, Hypnose oder Suggestion das Auftreten eines anderen Symptoms bewirke. Sie beruht auf der Annahme, die Persönlichkeit sei ein geschlossenes Energiesystem und ein bestimmtes Problemverhalten oder Symptom somit Ausdruck eines inneren

Triebkonfliktes. Die Frage der Symptomverschiebung bildet die theoretische Hauptkontroverse zwischen Verhaltenstherapie und Psychoanalyse.

Synapse: der Freiraum oder die Spalte zwischen aneinandergeschalteten Nervenzellelementen.

Synapsis: Verbindung von Nervenabschnitten untereinander und zum ausführenden Muskel.

Syndrom: s. Symptom.

System: besteht aus wechselseitig aufeinander wirkenden und rückwirkenden Einzelteilen. Wenn mehrere vorher getrennte Systeme in Beziehung treten, kann daraus ein neues, übergeordnetes System entstehen.

System, geschlossenes: ohne Außenkontakt. Die meisten naturwissenschaftlichen Modelle.

System, offenes: äußere Informationen können Einfluß nehmen auf innere Systemzustände.

Systole: die sich rhythmisch wiederholende Kontraktion eines muskulären Hohlorgans, insbesondere die dem Blutauswurf dienende Kontraktion der Herzkammern.

T

T-Zellen: T-Zellen sind thymusabhängig. Nach ihrer Entstehung im Knochenmark werden sie in der Thymusdrüse dazu „erzogen", körpereigene Strukturen als „selbst" zu erkennen. Neben den B-Zellen stellen sie die wichtigste Abwehrtruppe der spezifischen Immunantwort. In Blut und Lymphsystem nehmen sie ihre umfangreichen Aufgaben wahr. Die wichtigsten: die Zerstörung virusinfizierter Zellen, die Aktivierung von Abwehrzellen sowie deren Unterdrückung. Völlig verstanden ist die Funktion der T-Zellen noch nicht. Fremde Antigene ertasten sie mit ihren T-Zell-Rezeptoren. Wie die B-Zellen vermehren sich die T-Zellen bei einer Immunantwort und bilden Gedächtniszellen.

T-Helfer-Zellen: erkennen Antigene auf antigenpräsentierenden Zellen und alarmieren die Abwehr: über Botenstoffe veranlassen sie B-Zellen, Antikörper zu bilden, aktivieren Makrophagen und T-Killer-Zellen. Sie erkennen Antigene üblicherweise in Verbindung mit Molekülen der MHC-Klasse II. Der Aids-Erreger befällt unter anderem T-Helfer-Zellen.

T-Killer-Zellen: töten vor allem virusbefallene, aber auch krebsig entartete Körperzellen. Sie erkennen Virus-Antigene auf der Zelloberfläche zusammen mit den Antigenen der MHC-Klasse I, docken an und bringen die angegriffene Zelle zum Platzen.

T-Suppressor-Zellen: hemmen B- und T-Zellen und verhindern dadurch überschießende Immunreaktion. Ihre Funktionsweise ist ungeklärt.

Tachykardie: beschleunigte Herztätigkeit durch körperliche Anstrengung oder seelische Erregung.

taktil: den Tastsinn betreffend.

Tempore: Schläfe.

Testosteron: männliches Geschlechtshormon.

Thermistor: ein Gerät, das seinen elektrischen Widerstand in Abhängigkeit zu seiner Temperatur ändert.

Thetawellen: rhythmische Gehirnwellen im EEG, die eine Frequenz von 3,5–7 Hz aufweisen und beim Übergang vom Wach- zum Schlafzustand auftreten.

Tiefpaß-Filter: läßt nur Frequenzen passieren, die unterhalb einer bestimmten Frequenz liegen.

Tomographie: spezielles Schichtaufnahmeverfahren, mit dem zum Beispiel die Lage von Tumoren exakt festgestellt werden kann.

tonisch: den Spannungszustand des lebenden Gewebes, vorzugsweise von Muskeln und Blutgefäßen, betreffend.

tonisieren: stärken, kräftigen.

Tonus: Spannungs- bzw. Erregungszustand eines Gewebes, insbesondere der Muskulatur (Muskeltonus), der Blutgefäße (Gefäßtonus) oder des vegetativen Nervensystems (Sympathikotonus, Vagotonus).

Toxine: Giftstoffe, die von Bakterien, Pflanzen und Tieren gebildet werden beziehungsweise bei deren Zerfall entstehen.

toxisch: giftig.

Trance: ein veränderter, die freie Willensbestimmung ausschließender Bewußtseinszustand, der autosuggestiv oder auf hypnotischem Weg herbeigeführt werden kann, manchmal auch spontan auftritt. Zustand, bei dem die Herrschaft über den Körper aufgehoben ist, zum Beispiel in tiefer Hypnose.

Tranquilizer: beruhigend wirkendes Arzneimittel

U

Unbewußt: seelische Vorgänge, die sich außerhalb des Wachbewußtseins vollziehen.

Unternehmenskultur: Gesamtheit der Werte und Normen, welche auch Handlungsregeln beinhalten (ähnlich einem Paradigma, bezogen auf ein Unternehmen).

V

Vagotonie: dauerhafte Verschiebung des vegetativen Gleichgewichts im Sinne einer erhöhten Erregbarkeit oder eines Überwiegens des parasympathischen Systems.

Vasomotorik: Bewegungsprozesse der Blutgefäße, basierend auf spontaner Aktivität (basaler Tonus) sowie nervalen und humoralen Einflüssen auf die Blutgefäßmuskulatur, die zu Vasokonstriktion oder Vasodilatation führen.

Vegetatives Nervensystem: Teil des peripheren und zentralen Nervensystems, der – als Gegenstück und Partner des animalen Nervensystems – den vegetativen Funktionen dient, d.h. der Regulation der unbewußten inneren Lebensvorgänge (Aufrechterhaltung der Homöostase) sowie deren Anpassung an die Erfordernisse der Umwelt. Wird auch als viszerales oder autonomes Nervensystem bezeichnet und besteht aus den beiden Antagonisten Sympathikus und Parasympathikus.

Vene: Blutader; Gefäß, in dem Blut zum Herzen fließt.

Verdauungskanal: Gesamtheit aller der Verdauung dienenden Organe von der Speiseröhre bis zum After.

Vision: Darstellung zukünftiger Gegebenheiten. Ein Ausdruck des Willens, handelnd in die Zukunft aufzubrechen.

Vigilanz: Grad der Bereitschaft des Organismus, auf äußere Reize mit adäquatem Verhalten zu reagieren (s. auch Aufmerksamkeit). Wachheit.

Volt: Maßeinheit für die elektrische Spannung. Ein Millivolt ist ein tausendstel, ein Mikrovolt ein millionstel Volt.

Vorsteuergrößen: sind Kenngrößen, die sensibler reagieren und die eine Reaktion der betrachteten Faktoren anzeigt, noch bevor diese eine sichtbare Reaktion zeigen.

W

Weiche Faktoren: Gegensatz sind „harte Faktoren", z.B. Kosten, Gewinn ... Diese können zumeist direkt beeinflußt werden und haben ursächliche Zusammenhänge und Auswirkungen. Weiche Faktoren sind indirekt erkenn- und beeinflußbar. Sie reagieren zeitverzögert mit großer Elastizität, sind aber die bestimmenden Motive im Hintergrund.

Wechselstrom: elektrischer Strom, der in meist sinusförmiger Weise periodisch seine Richtung ändert.

Widerstand: ein Maß für die Kraft, die dem Durchlaufen des Stroms durch einen Leiter entgegengestellt wird; verhält sich reziprok zur Leitfähigkeit.

Z

Zentrales Nervensystem, ZNS: Gehirn und Rückenmark.

Zeit-Konstante: Die Zeit, die erforderlich ist, damit ein Signal auf 63 Prozent seiner Spannung zurückkehrt.

Zystostatika: Medikamente, die das Wachstum und die Vermehrung von Zellen hemmen. Sie werden vor allem bei der Krebstherapie eingesetzt.